老年素质教育：实验与案例

（2015–2019）

王向群　蔡向东　主编

上海教育出版社

编委会

名誉主编 陈铁迪 罗世谦

主　　编 王向群 蔡向东

副 主 编 周鸿刚 赵增辉 查正和

编　　委 （按姓氏笔画排序）

王向群 王　霞 刘网红 周鸿刚

查正和 赵增辉 蔡向东

序一

老年素质教育理念的提出，是老年教育所具有的教育属性的必然要求，对提升广大老年学员的综合素质具有重要意义。如何把老年素质教育理念融入老年教育实践，在老年教育实践中体现这样的理念，是我们非常关注的课题。

为推动上海老年素质教育的发展，在上海市教委统一部署下，2012 年，上海市老年学校素质教育指导中心（以下简称“素质教育指导中心”）在上海市老干部大学挂牌成立。成立以来，素质教育指导中心通过走访调研、理论研究、建立实践基地和实验区、开展素质教育实验项目等活动，推进老年素质教育进校园、进课堂、进教材、进团队、进网络，取得了较好的成绩。

2015 年，上海市教育委员会下发了《关于在老年教育中培育和践行社会主义核心价值观的指导意见》，使上海老年素质教育工作的开展有了更加明确的指导思想。在此基础上，素质教育指导中心开始在全市范围内组织开展“老年素质教育实验项目”活动，通过实验项目的形式，积极推进老年素质教育融入老年教育全过程，引导老年人“内化于心，外化于行”，努力培育、自觉践行社会主义核心价值观，全面提升自身综合素质。

从 2015 年至 2019 年，素质教育指导中心在全市组织开展了三轮老年素质教育实验项目。经过各级各类老年学校和广大老年教育工作者的不断努力，三轮实验项目取得了丰硕成果。《老年素质教育：实验与案例（2015—2019）》就是在这些成果基础上精选编撰而成的，今天即将出版，真是可喜可贺！这本书集结了上海各级各类老年学校在老年素质教育方面的新探索、新实践、新经验、新成果，为我们呈现了老年素质教育与教育教学、课程建设、中华优秀传统文化、校园文化、学习团队、志愿服务等相互融合的实验案例，具有典型示范意义。这是素质教育指导中心积极推进老年素质教育工作的阶段性成果，对总结梳理老年素质教育发展的内在脉络，宣传推广老年素质教育有益的经验做法，进一步扩大老年素质教育的社会影响具有重要作用。

新时代背景下，我们要站在建设学习型社会、提高国民素质的高度，结合上海城市发展要求和上海老年人特点，秉持立德树人、以人为本的理念和原则，持续探索创新，着力提升老年人在科学、健康、信息等方面的素质水平，提升老年人的自我效能感和幸福感，让广大老年人跟上时代发展步伐，共享时代发展成果，做新时代的风范长者！

上海市老干部大学名誉校长
陈铁迪
2020 年 10 月

序二

八年前，铁迪老校长高瞻远瞩，在全国率先提出了老年素质教育的办学理念。上海市老干部大学承担了全市老年学校素质教育指导中心的工作，通过持续探索推进，老年素质教育办学理念的影响不断扩大，共识不断凝聚。

开展老年素质教育，引导老年学员积极培育和践行社会主义核心价值观，应该成为我们老年学校的重要使命。这对于我们上海市民整体素质的提升，对于我们上海文明城市的建设，对于我们上海全球卓越城市的建设，都具有积极意义。

2020年是贯彻实施《上海市老年教育"十三五"发展规划》的收官之年，也是谋划"十四五"发展规划的关键一年。如何推进本市老年教育新一轮创新发展，持续提升老年教育内涵发展水平，需要我们积极思考，认真研究，科学谋划。总体而言，经过"十三五"的发展，本市老年教育在学校布局、空间环境、硬件设施等外延式发展方面已经达到较高水平，但在老年教育内涵发展方面仍然需要进一步加强探索。我认为，开展老年素质教育是上海老年教育内涵发展的有力支撑，应该成为我们重点关注的课题。

在这样的背景下，我很高兴看到上海市老年学校素质教育指导中心编印出版《老年素质教育：实验与案例（2015—2019）》一书。这本书中呈现的实验与案例，让我们看到了素质教育指导中心历经五年时间，在全市各级各类老年学校组织开展素质教育实验项目研究的丰硕成果。当今，我们非常需要这样沉下心来、扎根学校、深耕细作的实践精神，以持续探索老年素质教育发展新模式，为上海老年教育内涵发展提供助力。

老年素质教育实际上是在回答老年教育培养目标相关问题，也就是老年人应该具备怎样的综合素质，怎样提高老年人的综合素质，以及老年人如何用自身所学继续参与社会、服务社会等。这些都是老年教育的核心问题。开展好老年素质教育，对上海老年教育整体发展水平的提升具有重要意义。希望上海市老干部大学在推动老年素质教育工作上继续给予支持和帮助，希望老年素质教育指导中心深入总结工作经验，积极谋划发展布局，以创新驱动提升上海老年教育内涵建设水平，为新时代上海老年教育发展作出更大贡献！

上海市教育委员会副主任

倪闽景

2020年10月

目录

教育教学与老年素质教育

复旦大学博士生讲师团在老年大学开展社会主义核心价值观宣讲的实验 复旦大学老年大学 / 2
引导教师在课堂教学中激发学员正能量的实验 上海市退休职工大学 / 11
适应老年素质教育要求，提高教师教学能力的实验 松江区泗泾镇老年学校 / 20
老年素质教育教学方法运用与创新的实验 崇明区向化镇老年学校 / 29
在社区老年教育中探索“茶馆式”课堂教学模式的实验 嘉定区安亭镇老年学校 / 37
老干部大学履行老干部党校职能的实验 宝钢老干部（老年）大学 / 45

课程与老年素质教育

传统文化课程助推老年人文化素养提升的实验 上海老龄大学 / 51
在老年大学课程建设中开展中华传统文化教育的实验 上海闵行老年大学 / 58
以“感悟生命”课程为载体开展老年素质教育的实验 静安社区学院 / 64

关于老年生命教育课程设计的实验
——以虹口区老年大学为例　上海市虹口区业余大学 / 70
在班级教学中培养终身学习品格的实验
——基于“书法文化研讨班”的教学实践　徐汇区虹梅路街道社区（老年）学校 / 78
多层次、全方位发挥课程对老年素质教育引领作用的实验　上海大学老年大学 / 85

中华优秀传统文化与老年素质教育

开设人文系列讲座，弘扬中华优秀传统文化的实验　上海市老干部大学 / 92
在老年大学开展“孝贤文化”建设的实验　奉贤区老年大学 / 100
在老年群体中开展珠心算课程建设和推广的实验
徐汇区华泾镇社区（老年）学校 / 107
在老年教育中弘扬本土优秀传统文化的实验　金山区老年大学 / 114
基层老年学校传承本土优秀传统文化的实验　普陀区宜川路街道老年学校 / 119

校园文化与老年素质教育

在践行“长者风范”中推进老年素质教育的实验　上海老年大学 / 127
在老年大学校园文化建设中融入社会主义核心价值观的实验
上海老年大学徐汇分校 / 138
在老年大学开展感恩教育，提升学员素质的实验　上海师范大学老年大学 / 142
加强校园文化建设，提升老年学员素质的实验
浦东新区洋泾社区（老年）学校 / 146

加强班级文化建设，提升老年人学习品质的实验
——以松江区石湖荡镇老年学校为例　松江区石湖荡镇老年学校 / 153
聚焦班级文化建设，推动班级开展素质教育的实验　上海老年大学浦东分校 / 167
强化班级文化建设，创建特色打浦校园　黄浦区打浦桥街道老年学校 / 175

学习团队与老年素质教育

建设“学在黄浦”微信公众号，推进老年学习团队建设的实验
黄浦区老年大学 / 186
基于“乐进”理念开展素质教育，推进老年大学学习团队文化建设的实验
长宁区老年大学 / 194
在学习团队建设中强化校方支持和引导，推进老年素质教育的实验
杨浦区老干部大学 / 200
加强学习团队文化建设，推动素质教育全面实施的实验
宝山区大场成人中等文化技术学校 / 205
丰富老年学习团队学习元素的实验　崇明区老年教育工作小组办公室 / 213
引导学习团队运用微信群进行学习的实验　闵行区七宝镇老年学校 / 221

志愿服务与老年素质教育

倡导老有所为，通过志愿服务推进老年素质教育的实验
上海市退休职工大学 / 228
倡导志愿精神，加强学校志愿者队伍建设的实验　上海老龄大学 / 234

在老年素质教育中发挥学员主体作用的实验
——创建老年学生会自主管理模式的实践探索　松江区老年大学 / 244
开展生命教育，促进老年人服务社会的实验　静安区老年大学 / 250
讲述身边的学习故事
——加强老年教育宣传员队伍建设的实验　普陀区老年大学 / 256
以志愿服务为抓手，推进老年素质教育实践基地建设的实验
复旦大学老年大学 / 262

老年教育新探索与老年素质教育

老年大学开展学员党组织建设的实验　松江区老年大学 / 268
上海安亭·江苏花桥“学悦双城”老年教育一体化建设的实验
嘉定区安亭镇老年学校 / 276
采用“1+N”师资配送方式建立“网上学习圈”的实验
宝山区吴淞成人中等文化技术学校 / 282
加强老年教育示范学习点建设，优化老年素质教育平台的实验
闵行区马桥镇社区（老年）学校 / 289
以“1号里·欣家园”为平台，探索老年教育融入社会治理途径的实验
闵行区吴泾镇老年学校 / 295
以乡村茶馆为载体，丰富农村老年人学习途径的实验
松江区新浜镇成人中等文化技术学校 / 302

后记 / 310

教育教学与老年素质教育

复旦大学博士生讲师团在老年大学开展社会主义核心价值观宣讲的实验

复旦大学老年大学

一、实验背景

近年来，上海市老年学校素质教育指导中心着力推动老年学校素质教育在课程建设、课堂教学、师资建设等方面的深化发展，复旦大学老年大学作为高校老年大学的一员始终积极响应并努力探索。2013 年开始，我校着手引入复旦大学博士生讲师团（以下简称复旦博讲团）的师资和课程资源，开拓不同类型的课程，开展社会主义核心价值观宣讲，加强老年素质教育内涵建设。

二、项目概况

（一）实验目的

本次实验的主要目的有三个：（1）论证类似于复旦博讲团性质的青年学生（教师）组织能否为老年教育系统提供师资储备并丰富课程种类；（2）论证面向社会一般群体设计的社会主义核心价值观宣讲课程能否通过复旦博讲团这样的媒介高效地渗透进老年教育单位并被老年学员接受；（3）论证青年讲师群体能否通过老年教育平台的课堂教学过程获得不一样的社会经验，从而提高自身的素质修养水平。

（二）实验方案

表 1　实验方案

时间	阶段	工作内容	目标	材料	备注
2016 年 4 月至 5 月	项目申报	填写申报表	—	—	与合作单位协商合作意向

（续表）

时间	阶段	工作内容	目标	材料	备注
2016 年 5 月至 6 月	实验设计	课程计划	讨论形成课程列表	课程菜单	—
2016 年 6 月至 9 月		文件准备	设计实验所需的调查表及其他支持性文件	开题报告、项目预算、合作框架协议等	—
2016 年 9 月	实验执行	初始调研	对参与实验的学员和教师的初始情况进行统计评估	学员初始情况调查表、教师初始情况调查表等	—
2016 年 9 月至 2017 年 6 月		课程推进	按计划授课	—	安排摄影摄像
		宣讲引入	按计划在授课过程中引入核心价值观课程宣讲，并将其扩大到整个老年大学范围	宣传视频和传单等	安排专题讲座，在合适的汇演、展示活动中穿插短报告
2017 年 6 月		期末反馈	再次对参与实验的师生进行调研	课程评估表、教师反馈表	—
2017 年 6 月至 9 月	统计与分析	数据统计	把两次调研的数据进行统计和对比	分析报告	—
2017 年 9 月至 10 月		专题调研	针对统计结果中存在疑义或表达不清的部分开展进一步调研	—	组织参与实验的部分人员审议数据结果
2017 年 10 月	成果汇报	结题汇报	以书面形式完成项目论文	结题报告	完成项目决算等行政手续

（三）复旦博讲团概况

2002 年 4 月成立的复旦博讲团是复旦大学研究生走出校园、服务社会的一种方式，更是其丰富校园学术生活的重要组成部分。自成立以来，博讲团组织复旦大学优秀研究生为社区、学校、军营、企业提供各类讲座，推广优秀文化，开展时事解读，进行理论宣讲，为社会提供服务，累计开办讲座千余场，得到校内外人士的好评。除了常规讲座，博讲团还组织了“纪念中国共产党成立九十周年”“社会主义核心价值观宣讲”等紧扣党的方针政策的系列专题讲座，引起了社会的极大关注，在研究生中产生了良好的影响。2012 年 3 月，复旦博讲团荣获“上海市志愿服务先进集体”称号。

三、理论意义与实践经验

根据上海市老年学校素质教育指导中心的相关文件和指示，我校以“不强制，不简单说教”为首要原则，在社区教育志愿者的积极配合与宣传下，加强正面引导，依靠校园文化建设营造良好的学习氛围，鼓励学员相互启发、相互带动，积极参与本次实验项目。

实验先导阶段，我校通过校园文化建设激发老年学员不断完善自我、加强自我教育、提高自身素质的热情。随后，我校通过一系列配套措施，使学员直观地认识到校方对于该实验项目的高度重视及将其做实、做好的决心。为了培育这项课程，我校在场地、排课、经费等方面进行了周全的部署。

（一）项目存在的充分性

《上海市教育委员会关于在老年教育中培育和践行社会主义核心价值观的指导意见（沪教终〔2015〕2 号）》文件指出，在老年教育中培育和践行社会主义核心价值观具有重要意义，各老年教育机构应当把推动社会主义核心价值观“进校园、进课堂、进教材、进团队、进网络”，传播社会正能量，发挥示范引领作用，促动老年人自我学习、自我管理、自我提升、自我发展作为基本任务。强调社会正能量传播，守好老年课堂的政治阵地是复旦大学老年大学的一贯原则。2015 年秋季，我校邀请博讲团对原有的文学班学员宣讲社会主义核心价值观专题，抽样调研后，根据反馈情况，结合时政热点更新报告内容，在下一学期开办“中国梦、法治梦”系列讲座，要求老年大学各班骨干听讲。我校抽样调查了 20 位听众，统计数据表明，经过学习，90% 的老年学员从“不了解相关政策”上升为“基本了解相关政策”，所有学员都“希望有机会了解更多社会主义核心价值观的内容”。课后，我们积极引导各班骨干把讲座情况介绍给班级学员，为之后开设 16 节课的“文化专题讲座”课程打好学员基础。

为了论证面向社会一般群体设计的社会主义核心价值观宣讲课程能否通过复旦博讲团这样的媒介高效地渗透进老年教育单位并被老年学员接受这个命题，我校特别安排博讲团在复旦大学老年大学年终会演的三个分场（声乐、舞蹈、戏曲）内，作了“最新人口政策”等报告，使平时难以接触相关知识的声乐、舞蹈、戏曲班学员近距离接受了社会主义核心价值观教育，受益学员约 450 人次。听讲学员表示，很高兴能够在年终会演的场所听到这样的报告，并为博讲团讲师在社会主义核心价值观宣讲课中表现出的自信和熟练感到钦佩。

（二）项目存在的必要性

在实践过程中，我校与博讲团联合开设的“文化专题讲座”课程，内容偏向人文、社科方面，比较典型的主题有中国传统文化、古代丝绸之路、上海乡土民俗、历代诗词鉴赏等，完美契合老年素质教育中“弘扬中华传统文化”的需要，对振奋民族精神、增强民族自豪感和责任感、提高民族自尊心和自信心、促进社会主义精神文明建设具有直接的正向作用。

从教学方式层面来说，该课程在设计之初就特别强调充分激发教师和学员的积极性、主动性、创造性，根据老年学员的特点，创设宽松的授课环境，采用“关键词法”“讨论法”等授课形式，模糊师生界限，鼓励自由对话，引导老年学员重塑经验，以“课程建设者”的姿态投入学习。在课堂中，学员和教师的角色可以互换，时间和内容可以调整，发言顺序可以打乱，但因为大家的目的一致——都在享受一堂精彩的课，课堂气氛活跃、充满生机，同时秩序井然、主题鲜明，完全不像一群老年人在一起上课。从老年素质教育内涵建设层面可以看出，合作开设课程很有必要。

从师资和课程开发层面来说，我校作为上海市老年教育师资培训中心——文史类师资培训基地，从 2016 年起每年负责开展一至两次全市性的老年教育文史类师资培训。在选择授课教师时，我校特意安排复旦大学退休老教授和博讲团成员共同授课。老教授的深厚底蕴和儒雅气质给听众带来莫大的享受，青年才俊的勃发英姿和崭新视角令在场师生惊喜连连。从以上实践不难看出，在各大老年教育机构都试图提高自身素质教育内涵的背景下，老年教育市场非常渴求高水平的师资和课程资源，而复旦博讲团的服务内容正好契合了市场的需求，受到了大家的欢迎。

（三）从代际交流层面分析项目的延展性

实践中发现，我校与博讲团共同开发的课程在老年学员和青年讲师之间搭建了一个和谐的代际沟通平台，新老两代人，甚至祖孙三代人可就同一话题展开讨论，并给予对方更多的理解。在课堂上，我们经常可以听到学员和讲师在热烈讨论，针对某些社会现象，老同志可以讲述他们亲历的历史事件，介绍背景信息，讲师可以从青年人的角度阐释自己对社会现象的认知过程及判断逻辑，这种深入的交流能有效促进代际间的理解，缓和代际间的矛盾，对提高老年人的精神生活质量非常有帮助。

青年讲师群体能够通过老年课堂教学过程，获得不一样的社会经验，从而提高自身的素质。复旦大学关心下一代工作委员会（以下简称关工委）的老教授、老年学理论研讨班的老同志也经常参与到博讲团的课程中来，他们就教学方法、内容设置等问题提出了许多专业修改意见，帮助讲师快速提升自身素质，进而使整个合作项目出现双赢的局面，使效益得到延展。

四、量表分析与问题对策

（一）量表分析

我校实验项目的最大特色是专门为课程设计了20余组量表，涉及被试对象背景情况、课程内容偏好、信息掌握程度、对任课讲师的评价或建议等，全面监控实验的各个环节。现将部分实验量表的测试数据及分析结果展示如下：

2016年9月12日（第二周）

【量表二】请在以下10项关于电子产品及服务的列表中选出自己最需要了解的3项内容。

微信类　　（统计结果：发出15张，回收有效问卷10张）

1. 如何设置朋友圈权限　（4/10）
2. 如何关注公众号　（4/10）
3. 如何使用微信支付　（5/10）

电脑类

4. 如何发电子邮件　（3/10）
5. 如何使用电子地图　（6/10）
6. 如何在网上购物　（7/10）

服务类

7. 如何收发快递　（2/10）
8. 如何用手机叫出租车　（7/10）
9. 如何在网上挂号　（4/10）
10. 如何在网上查询银行账单　（4/10）
11. 如何自动支付水电费　（6/10）

小结：根据以上信息，我们精准了解了老年学员的喜好，并据此向博讲团定制下一阶段的课程。

2016 年 9 月 23 日（第三周）

【量表三】请您回忆一下最近一次参加组织生活或者政治学习是什么时候？您所知道的最新的时政新闻是什么？

1. 您的政治身份：中共党员　民主党派人士　无党派人士　其他

2. 您的年龄：

3. 您最近一次参加组织生活或者政治学习是什么时候？

4. 您大概学习了什么内容？

5. 您目前最关心的时政新闻是什么？

6. 从实际情况出发，对您影响最大的三类政策分别是什么？

小结：发出 25 张，回收有效问卷 15 张。中共党员 5 人，民主党派人士 1 人，群众 9 人。70 岁以上 1 人，60 到 69 岁 10 人，50 到 59 岁 4 人。

最近一次参加组织生活或者政治学习在 1 年内的 3 人，在 5 年内的 2 人，在 10 年内的 1 人，无法明确的 8 人，在 30 年前的 1 人。学习内容包括习近平总书记重要讲话精神、党章、入党誓言、八荣八耻等。最关心的新闻关键词出现频率：经济 7 次，峰会 2 次，医保 2 次，房地产 2 次。最关心的政策关键词出现频率：养老 10 次，医疗 10 次，住房 2 次，教育、税收、食品安全、旅游、公务员、子女就业、弱势群体、治安、外交各 1 次。

结合以上数据，我们和博讲团在后续课程中重点关注养老、医疗、宪法等专题，更好地契合老年学员的实际需求。

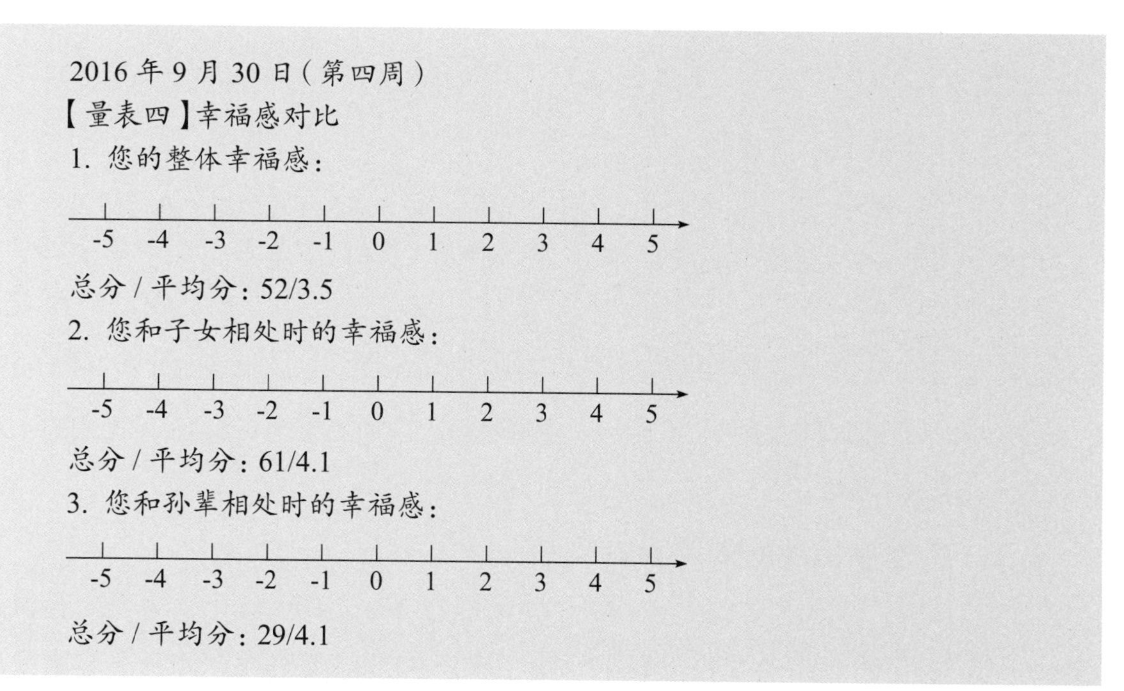

2016 年 9 月 30 日（第四周）

【量表四】幸福感对比

1. 您的整体幸福感：

-5 -4 -3 -2 -1 0 1 2 3 4 5

总分 / 平均分：52/3.5

2. 您和子女相处时的幸福感：

-5 -4 -3 -2 -1 0 1 2 3 4 5

总分 / 平均分：61/4.1

3. 您和孙辈相处时的幸福感：

-5 -4 -3 -2 -1 0 1 2 3 4 5

总分 / 平均分：29/4.1

4. 您和其他社交对象相处时的幸福感：

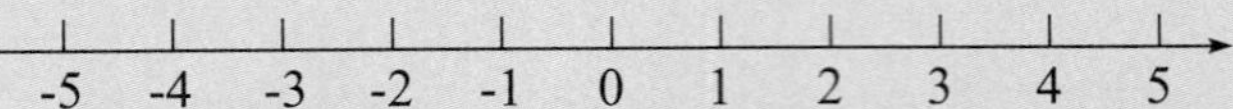

总分 / 平均分：40/3.9

5. 您在原来工作环境中的幸福感：

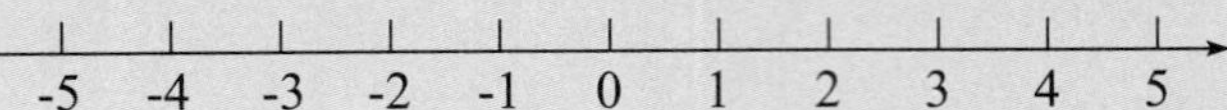

总分 / 平均分：43/2.9

小结：发出 25 张，回收有效问卷 15 张。

同样的问卷我们在第十六周又发了一遍，测试所得数据为：

1. 您的整体幸福感：

总分 / 平均分：66/3.9

2. 您和子女相处时的幸福感：

总分 / 平均分：72/4.2

3. 您和孙辈相处时的幸福感：

总分 / 平均分：35/4.3

4. 您和其他社交对象相处时的幸福感：

总分 / 平均分：42/4.0

5. 您在原来工作环境中的幸福感：

总分 / 平均分：45/3.2

小结：由数据可知，测试的总体参与人数增加了，积极性提高了，成绩普遍小幅提高。

2016 年 11 月 4 日（第八周）

【量表七】亲密关系一：如果子女必须真实全面地回答您的三个问题，您想问什么？

（测试关注点：子女最不愿与长辈多交流的方面。）

小结：发出 18 份，回收有效问卷 8 份，其中，婚姻关系 5 次，工作压力 5 次，子女个人健康 4 次，子女心理健康 2 次，第三代教育 4 次，孝敬老人 3 次，人际关系 1 次。老年人最关心的是子女的私生活和健康情况，希望从子女处了解孙辈的学业情况，对子女未来能否尽心赡养自己存在疑虑。

结合以上数据，我们要求讲师在后续课程中多与老年学员交流相关内容，通过代际对话增进理解。

（二）实验中出现的主要问题

首先，对比 2013 至 2015 年实际开设课程与 2016 年计划开设课程内容覆盖范围可以发现，博讲团的课程内容主要集中在思想道德素质教育和身心健康素质教育方面，存在明显的短板，讲述面偏窄，见图 1。

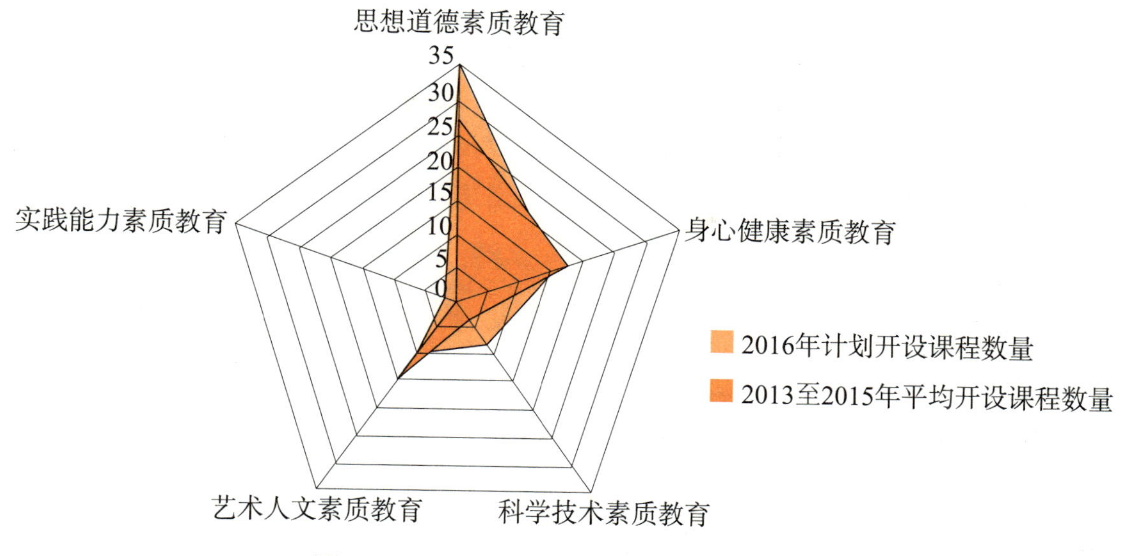

图 1 课程内容覆盖范围对比（单位：门）

其次，部分老年学员对当前课程的参与愿望不是非常强烈，甚至不愿意花费一个小时试听课程，存在实验数据对比度不高和真实性不强的问题。

（三）问题解决方案

我们充分认识到，老年素质教育是一个庞大的系统工程。博讲团在打造课程特色的同时，不断充实完善课程内容。针对课程覆盖范围存在短板的问题，博讲团在讲师招聘和其他学生社团资源开发两方面进行了探索，于 2016 年大幅增加科学技术素质教育相关课程，对实践能力素质教育方面的课程进行了有益的尝试。客观上，绝大多数老年学员最初是从寻找乐趣、排解寂寞的角度来认识老年大学的，但从终身教育的理念出发，老年大学的学习可以提升学员的快乐感，使其内心充实、素质提高、人格完善，最终提高其生命质量。所以，为了激发老年学员的参与热情，应进一步拓宽宣传渠道，增加相关课程出现频率，让老年学员真正获益。

2017 年春季，博讲团先后派出法学院、社会发展与公共政策学院、马克思主义学院的讲师，开办了“组织、动员与超越——从国共的‘党力’与‘军力’的对比中认识中流砥柱”“社会主义核心价值观中的和谐”“在白海中战斗——上海‘周公馆’的先烈故事”三次讲座，每次讲座均设计前、后测问卷，学员记名答卷。这样的实验设计有助于获得更多连续、真实的实验数据。数据统计分析结果表明，前测客观题正确率为 23.5%，后测关联客观题正确率 62.9%，后测关联客观题正确率普遍高于前测客观题正确率。

五、总结

老年人群已经成为社会不可忽视的重要力量，其自身素质的提高对和谐社会构建和社会文明进步具有重要作用。在适当引导和激励的作用下，老年学员能够更加自觉地投入学习，有效提升自身素质，凝聚正能量，对整个社会产生积极影响。项目进行过程中，我校始终大力弘扬以爱国主义为核心的民族精神，倡导学员学习中华优秀传统文化，引导学员积极践行社会主义核心价值观，帮助学员获得更好的学习体验，展示长者风范，传播社会正能量。

经过与博讲团近两年的合作和实验，我校初步总结出本项目的五大实践意义。一是显著拓宽了师资渠道，优化了教师梯队的年龄结构。二是大幅度提高了课程资源的数量，授课形式和教学方法上更加丰富和灵活。三是有效整合高校优势资源，为关工委、老教授协会、青年讲师（学生）团体提供了交流的渠道。四是在老年学员和青年讲师（学生）之间搭建了一个和谐的代际沟通平台。新老两代，甚至祖孙三代人可就同一话题展开讨论，并给予对方更多的理解。五是为青年讲师（学生）提供了预演甚至试错的机会，对其未来发展有很大的帮助。

（结项时间：2017 年）

引导教师在课堂教学中激发学员正能量的实验

上海市退休职工大学

一、项目实验选题意义

（一）满足提升老年素质教育内涵的需要

党和国家领导人明确指出："要切实把社会主义核心价值观贯穿社会生活的方方面面，要通过教育引导、舆论宣传、文化熏陶、实践养成、制度保障等，把社会主义核心价值观内化为人们的精神追求，外化为人们的自觉行动。"

上海市教育委员会在《关于在本市老年学校中开展素质教育的指导意见》中指出："老年学校开展素质教育，对于老年群体践行社会主义核心价值观提高思想道德素养，对于引领老年学员全面发展凝聚社会进步的强大正能量，具有重要意义和深远影响。"

我们认为，素质教育最重要和最具有现实意义的核心内涵是提高学员的思想素质、道德素质、行为素质、心理素质。素质教育是终身教育的组成部分。

（二）课堂教学是老年学校开展素质教育的重要平台

课堂教学是老年学校的主要教育形式，是教师在进行知识技能传授的同时，融入社会主义核心价值观教育，凝聚和激发学员正能量的最经常、最普遍的有效践行平台。因此，我们把这个平台作为进行素质教育实验的重要场所。

（三）授课教师是激发学员正能量的主要担当者

授课教师是本项实验活动的主角，是课堂中激发学员正能量的主要担当者。我们要引导教师在传授知识技能的同时，确切、自然、艺术地融入或宣讲社会主义价值观，激发学员正能量。因此，引导好教师的工作是本项实验活动成功的重要前提。

（四）验证老年学员在学习知识技能中接受正能量教育的效果

老年学员是接受正能量教育的主体。学员课后把思想转化为言行，是实验活动效果的重要体现。我们希望学员在学习课程的同时，把正确价值观内化于心，外化于行，努力陶冶思想道德情操，完善自我。

总之，本项实验活动根据所选课程的教学要求，精心设计课堂教学方案，认真研究如何把社会主义核心价值观具体内容融入教学实践，并动员广大师生积极参与，以获得良好的体验。

二、项目实验设计

（一）成立项目实验工作小组并确定工作方针和工作步骤

学校成立了由常务副校长挂帅，包括教务、办公室、课题组、班主任等人员在内的项目实验工作小组，并根据本校实际情况确定了点面结合、引导沟通、精心备教、重在实验的工作方针，规划了一般示范实验课程和重点示范实验课程。学校积极与授课教师沟通实验指导思想，落实撰写实验教案以便实施。

工作步骤：（1）宣传介绍实验意义；（2）与教师沟通交流，设计撰写课程教案；（3）实施示范实验课程教学；（4）收集示范课后师生的反馈意见，评估实验活动效果；（5）撰写实验总结报告。

（二）做好宣传动员工作

为了提高参加项目实验活动的教师和学员乃至全校师生对这项活动的认识，工作小组草拟了题为《引导教师在课堂教学中激发学员正能量的实验》的宣传提纲，通过播放视频、团队学习、沟通交流等形式向全校师生宣讲素质教育实验活动的主题思想、实验步骤、具体要求和社会主义核心价值观主要内涵。

（三）确定一般示范（面）与重点示范（点）实验课程

一般示范实验课程的确定过程，由校领导、教务处教师、工作小组成员选择有代表性的课程参加听课与评估。一般示范实验课程具体包括“皇家拉丁舞”“世界名曲欣赏”“行草”“经络穴位疗法”“实用中医保健”“中医推拿”“旅游英语”“数码摄影进修”“休闲舞步操”“吴湖帆山水艺术研修”等。

重点示范实验课程是指在一般示范实验课程的基础上，选择教学水平比较高、思想素质比较好的教师教授的课程。教师应精心设计和撰写课堂教案，找准激发学员正能量的教学切入点，把课程内容融会贯通，自然、生动地进行阐述，帮助学员把思想转化为行动，以达到项目实验的效果。

（四）引导教师设计和撰写教案，找准教学切入点

此项工作是整个实验活动的重点。一份符合实验要求的教案是教师上好实验

课的必要前提。为此，课题组编写了《上海市退休职工大学素质教育项目实验示范教学课教案参考提纲》，供授课教师参考。

（五）计划用3个月时间完成实验示范课的实施与评估

考虑到实际情况，计划用3个月时间完成11节实验示范课的实施与评估。

（六）收集示范课后师生的反馈意见（或体验感受）

示范课后师生的反馈意见是示范课教学效果的重要验证，而学员对教师在课堂上结合教学内容所传递的正能量的体验感受，能够反映实验效果，是本项目实验的核心部分。

（七）总结项目实验工作，撰写项目实验报告

召开专题分析评估会，总结实验的成败经验及存在的不足，实践后再认识本项目实验活动，据此撰写实验报告，向上海市老年学校素质教育指导中心汇报。

三、项目实验实施情况报告

（一）一般示范实验课程实施情况

一般示范实验课程内容大致分为艺术、保健、技能操作三类。

1. 艺术类

舞蹈属于艺术修养课程，是老年学员比较喜爱的课程，最能陶冶老年人的情操。

教授皇家拉丁舞的张琰老师认为，在21世纪，舞蹈教育将朝着高雅艺术的方向发展，但作为素质教育的舞蹈美育必将回归国民教育（社会主义核心价值观教育）。张琰老师在课堂中，不仅认真教授示范拉丁舞舞步组合与肢体技巧，穿插讲解舞步表现时应有的“目无困难、心无烦恼”的舞姿神态与心态，帮助学员建立一种全新的心理空间，还把舞蹈礼仪与平时生活中的行为举止规范结合起来。许多学员说，我们学的不仅是拉丁舞，还有对生活的热爱态度与进取信心。

世界名曲欣赏是我校的特色课程。姜中薇老师实验时讲授“奏鸣曲式”，以《悲怆》和《春天》为欣赏例曲，要求学员感受音乐给人心灵带来的冲击，追求乐观健康的生活方式。学员深有体会地说，音乐欣赏使人从内到外变得高雅起来，待人接物时更有教养，人与人的关系也和谐起来。

教授“行草”的辛冠亚老师在实验课中对学员说：“练习‘行草’不仅能让书写者体会到大草气势的字形美，还能激发书写者的灵感与悟性，抒发书写者的感情与性情，可谓心动、神动、眼动、手动。”行书临摹的内容是很重要的。辛老师

是有心人，平时非常注意收集妙语警句和领袖经典语录，再到《书谱》中找字，制作习帖，供学员临摹。课堂上，辛老师在讲授书法技巧的同时，讲解习帖的内涵，让学员在习帖的过程中，接受正能量的熏陶。

2. 保健类

保健养生课是学校拥有最多学员的课程。延缓衰老，减少病痛是老年人的实际需求。保健养生也有个正确引导的问题。

教授“经络保健疗法”的周德老师认为，祖国传统医学中悬壶济世的思想与现今的助人为乐、志愿服务精神相吻合。他在实验课教学中传授经络保健疗法技能，把自己的亲身经历作为案例，鼓励学员用学到的技法为他人减除病痛，使学员深受启发。

教授“实用中医保健”的陈小翠老师在实验课上讲到癌症患者的保健时，提出了老年人如何树立正确的生死观和疾患观问题，引发不少老年学员的思考与讨论。学员听课后深有体会地说：“学习保健知识是为了过上有质量和有尊严的晚年生活。我们一定要直面现实，笑对人生，敬重生命，善待生命，调整心态，战胜疾病。”

教授“推拿保健”的赵金亮老师在实验课上把正能量切入点放在推拿理念上。他认为，理念影响推拿技能的发挥与成效，无论是推拿者还是被推拿者，都要保持好的情绪和好的精神状态，不急不躁，舒缓压力。有些老年人很容易发脾气上火，这与保健理念是背道而驰的。学员反映，赵老师把保健推拿与人的情感联系起来的养生理念使自己受到很大鼓励与启迪。

3. 技能操作类

“会声会影”属于技能操作类课程，教授该课程的俞全基老师抓住课程特点，引导学员把爱国、敬业、诚信、友善等正能量内容，自然、艺术性地融入视频制作。老年学员借助电脑软件，把心爱的老照片和现在时尚的新照片制作成视频，配上适合的音乐，变成让人赏心悦目、回味无穷的视频音乐短片，使短暂变成恒久，丰富了晚年精神生活。

一般示范实验课程的实施，在学校师生中产生了良好的反响。教师在课程教学中正能量的传递与激发，使课堂教学互动气氛更为活跃和生动，让学员有了更多的感悟，为重点示范实验课程做了很好的舆论准备工作。

（二）重点示范实验课程实施情况

1. 梅兰竹菊“四君子”画学习与欣赏实验课的实施情况、课后反馈、实验评估

（1）实施情况

该公开课于 2015 年 9 月 21 日下午在学校教学楼 614 教室进行，课时 90 分

钟，由刘怡慈老师讲授，实到听课学员 42 人。上海市老年学校素质教育指导中心领导应邀旁听并课后指导。校领导及项目实验工作小组成员参与听课。

根据教案，刘怡慈老师先介绍了“四君子”画的历史渊源和“四君子”自强不息，高洁傲岸，劲节扬气，坚贞自守的共同内在精神品性，接着具体分析了四种植物的生长特点与习性，剖析了古代文人墨客赋予其的具有人格品性的文化象征。在讲解“四君子”的构图形式和技法表现时，刘老师根据当今时代社会主义核心价值观的标准，肯定了“四君子”的道德精华，也指出了“四君子”道德观的历史局限性。

刘老师在讲授结束时进行了教学总结，希望学员学习“四君子”画时，把梅兰竹菊的君子品行转化为社会主义核心价值观所倡导的洁身自好、与人为善、高风亮节、诚信做事的行为修养准则。刘老师认为，只有争当爱国、敬业、诚信、友善的君子，老年人的生活才能多一点清新，少一点烦恼。

（2）课后反馈

有学员认为，在这堂课中，自己既学习了经典画作的历史渊源、表现灵感、创作技法，又理解了“四君子”由表及里的内涵意境，感受到了“四君子”挺霜傲骨、不同流合污、谦虚谨慎的高尚品质。有学员颇有感触地说，老年人学画，不仅要学习表现技法，还要理解画中意境，提升晚年精神生活质量。还有学员针砭时弊，认为现代社会中很多不良现象产生的根源就是真善美的正能量传播得不够，听了刘老师的课后，不仅自己要践行，还应该把“四君子”的高尚品德传递给周围的亲人、朋友，尤其是下一代。

（3）实验评估

刘老师在讲授“四君子”画的特性时，比较全面地诠释了其品性的深刻内涵，并引申到社会主义核心价值观的精神内核，使学员受到了一次生动的思想品德教育。

由于是公开课，教师与学员显得比较拘谨，课堂互动较少，气氛比较沉闷。教师正能量教学切入点有些平淡，课堂上没有出现品行激励高潮，学员表现机会较少，但基本达到实验课要求。

2. 英语文明礼貌用语场景对话练习实验课的实施情况、课后反馈、实验评估

（1）实施情况

该重点实验公开课于 2015 年 9 月 21 日上午在学校教学楼 704 教室进行，由江联苹老师讲授，实到听课学员 31 人。校领导及项目实验工作小组成员参与听课。

根据教案，江老师先介绍了本课教学目的和要求，接着让学员通过三组特定场景练习英语对话，获得英语场景交流的语言体验，掌握特定语境语气表达方法。

江联苹老师借助三组特定场景（即候机厅、飞机舱内、餐馆）进行英语对话教学时，用词恰当，语调丰富，语气柔和，及时引入“从我做起，从文明做起”“轻言慢语，不扰他人”“尊重服务，礼貌待人”“节约用餐不浪费”等教育内容，启发学员在对话中注重正能量的传递，在轻松对话中提高对精神文明的认识并身体力行。

在课堂中，共有 24 人次参加练习交流，气氛较为活跃。江老师课堂用英语讲解率为 75.0%。

江联苹老师在教学总结时指出，希望学员无论是在国内还是在国外，都要注意自己的言行举止，自觉弘扬礼仪之邦的优良传统，做有尊严、有礼节的中国公民。

（2）课后反馈

实验课后的学员座谈会上，大家踊跃发言。有学员说，江老师把英语口语练习对话的语气语调与所反映的文明礼仪结合得很自然，让学员既练习了英语口语，又受到了正能量的启发教育，心情很愉快。还有学员说，自己当小学生的时候就受到过文明礼貌教育，今天结合英语口语练习又一次学习，感到十分亲切，社交文明礼仪要活到老学到老，不能轻视，要为下一代当好榜样。学员一致认为，老年大学的课堂应该充满正能量，不仅要提高学员的知识技能素质，更要提高其思想道德素质，帮助学员修炼自我，完善自我。

（3）实验评估

该实验课通过三组特定场景练习英语对话，用英语表达正能量的切入设计得很成功。江老师调动了学员大胆讲英语的积极性，让学员在会话中感受到文明礼仪的重要性与实用性，进而带动更多老年人注意自己的行为修养，形成和谐真诚的社会风气，达到实验课要求。

3. 摄影视角艺术的价值观表现及运用实验课的实施情况、课后反馈、实验评估

（1）实施情况

该实验公开课于 2015 年 10 月 12 日下午在学校教学楼 608 教室进行，课时 110 分钟，由瞿敏老师讲授，实到听课学员 37 人。校领导及教务处工作人员、办公室教师、课题组成员等参加了听课。

瞿敏老师借助自己亲历的事件，诠释摄影作为艺术行为具有鲜明的价值观取

向，摄影作品传递正能量的关键是摄影者本身要充满正能量，而摄影的视角构图基本可以确定作品的价值观。瞿老师介绍了摄影背景视角、人物视角、色彩视角等三要素的具体表现方法，分析了摄影作品例图，要求学员通过拍摄反映新时期主流价值观的作品，来进一步丰富和提升自己的精神生活。

瞿老师在教学总结中指出："摄影学习者要不断锤炼自身的道德素养，思想领先于技巧，要想学好摄影，首先要做一个脱离低级趣味的人。"

（2）课后反馈

实验课后的学员座谈会上，大家一致认为，瞿敏老师在教授摄影视角艺术方法时，传递了很多正能量。瞿老师要求作品背景鲜明，能够反映主题。有位学员拍了一张外滩的"国庆之夜"，瞿老师说，如果画面中有位人民警察在维持交通治安就更完美了。说到人物拍摄，学员感受最深的是瞿老师要求他们在寻找拍摄视角时，一定要抓拍人物的形象表情，特别是面部表情，以反映时代感与幸福感（尤其是老年人）。学员反映，瞿老师对摄影者的思想素质与行为素质要求很高，她认为，只有充满正能量的人才能创作出传播社会真善美的作品。在瞿老师的引导下，摄影班成为互相鼓励、和谐相处、凝聚力强的优秀班集体。

（3）实验评估

瞿老师讲授了摄影视角运用方法，重点引导学员用背景、人物、色彩等要素表现作品主题思想，使学员明白摄影的方法、艺术要为摄影作品主题服务，而鲜明主题的视角构图源于摄影者的思想水平与正能量的聚集。

该实验课中，教学互动不够，学员表现机会较少，正能量融合切入不够自然。

四、项目实验的重点与难点

在项目实验进行过程中，我们发现，设计撰写好实验课教案是工作的重点。整个实验的重心，就是引导任课教师以适合的方式把社会主义核心价值观融入教学。剧本（教案）写好了，主角（教师）演出的质量就高，主体（学员）接受教育的程度就深，实验效果就出来了。

项目实验课的难点是找准诠释正能量的教学切入点，找到课程知识与素质教育内涵的融合点，并将其明确、自然、艺术地渗透到课堂教学中。这不是简单的 1 + 1 = 2，也不能靠单调生硬的说教。教师要让学员在兴奋中产生感悟，形成转变的冲动，这样才能达到素质教育实验课的目的。

五、实施工作中的不足

（一）实施项目实验活动的意义宣传不够

学校作为素质教育实践基地，对在全校范围内开展这项点面结合的实验示范课活动的意义宣传不够。学校虽然进行了视频宣传，但对教师引导沟通不够，对学员动员宣讲不够，使得部分教师准备的实验教案质量不高，部分学员不明确实验课的目标，实验效果不明显。这些情况约占总实验课的 30.0%。

（二）正能量教学融合性切入不够

素质教育项目实验课的核心是引导教师把正能量内容明确、自然、艺术地融入课堂教学，激发学员内心的正能量，使学员的综合素质得到提高。通过观察一系列的实验课，我们发现，只有少部分教师比较自觉地做到了这一点。有些教师形式上向这方面靠拢，但实际授课内容比较枯燥。要想尽善尽美地融入正能量教学，教师应该不断沟通、不断探讨、不断实践。

（三）实验课教师与学员在切入点上互动不够

正能量教学切入点是实验课的点睛之笔与重中之重，教师在课堂中应有意识地使用启发、提问、回答、联想、综述等方式促进师生互动，这样才能充分激发学员的正能量，效果才会好。在梅兰竹菊“四君子”画学习与欣赏重点公开实验课中，教师将“四君子”的品性内涵诠释得很精彩，但教师与学员互动较少，课堂气氛比较沉闷，学员表现机会较少，影响了切入点的渲染与展开。

六、对项目实验工作的几点认识

（一）教师应注重激发老年学员的正能量

我们认为，老年人具有与其他人群不同的特质，所以在接受素质教育时也会有不同的表现特点。现在就读的这一批老年人，青少年时代接受的正能量教育是非常充分的，他们内心蕴藏着丰富的正能量因子，即使经历了时代变迁，人生观、世界观会发生变化，对现实生活形成了自己固有的看法，但稍加引导就会激发他们的正能量。我们落实本项目实验工作时，要注重老年人在接受素质教育时的这些表现特点。

（二）引导教师工作是素质教育实验课的重中之重

我们认为，教师是素质教育实验课的主要担当者，教师对老年学校开展素质教育意义的认识尤为重要，教师的认识正确充分是试验成功的前提。为了引导教师，学校大致要做三方面工作：（1）与教师一起学习社会主义核心价值观的内容及其实际表现；（2）与教师共同探讨确定激发学员正能量的切入点，鼓励教师生动自然地进行诠释；（3）要求教师撰写好实验课的教学方案，把素质教育的内容在教案中以文字的形式反映出来（说明如何切入和诠释），在实施中总结改进。

（三）老年学校应该形成素质教育制度，做到常态化和有效化

我们认为，素质教育是对人的思想行为进行转化的工作，是一种持久、反复的工作，仅靠几位教师、几堂实验课是远远不够的，老年人的素质教育更是如此。教师要把平时的教学作为素质教育的实验课，而学校要通过建立制度，把老年素质教育的理念、内容、方法，覆盖到学校的每一门课程中，体现到学校的每一堂课中，反映到每一位教师的教案里，让每一个在老年学校学习的学员都能在课堂里接受正能量的教育，使这项工作常态化和有效化。这应该是我们开展“引导教师在课程教学中激发学员正能量的实验”活动的真正目的。

（结项时间：2015 年）

适应老年素质教育要求，提高教师教学能力的实验

松江区泗泾镇老年学校

一、实验背景及意义

20 世纪 90 年代以来，中国的老龄化进程加快。65 岁及以上老年人口从 1990 年的 6299 万增加到 2000 年的 8811 万，占总人口的比例由 5.57% 上升为 6.96%，预计到 2040 年，65 岁及以上老年人口占总人口的比例将超过 20.00%。面对这一状况，十八届五中全会通过的《中共中央关于制定国民经济和社会发展第十三个五年规划的建议》要求积极开展应对人口老龄化的行动。老年学校应发挥自身教育优势，以良好的课程体验与教学品质吸引广大老年学员进校学习，为应对人口老龄化作出积极贡献。

经过多年的发展，老年教育体系日趋完善，成果日益显著，老年学员对课程的需求和要求也随之提高。他们不再满足于学会课程内容，而是希望有丰富的课堂教学组织形式和活跃的课堂气氛，以促进自身学习。开展本轮实验有利于在老年群体中形成老有所学、老有所乐、老有所为的终身学习风尚。

老年教育课程内容的特殊性，决定了老年学校需要大量专业知识丰富的专职和兼职教师，但青年专职教师往往缺乏教学经验，部分兼职教师又未受过系统的教育教学技能培训，这与教师来源、制度功能、工作任务、科研氛围、方法指导等多种因素有关。开展老年素质教育教师教学能力提高的实验是教师内在需求，因此，需要通过实验，立足实际，着眼发展，以人为本，改革创新，为教师教学能力提高保驾护航。

二、教学能力概念界定

为了推进老年素质教育，教师不仅要满足爱岗敬业、专业知识扎实等基本要求，还要满足思想、知识、技能等方面更广泛和全面的要求，具体包括教育教学组

织能力、沟通协调能力、老年素质教育课程开发技能、良好的言语文字表达能力、社会调查能力。

三、实验目标

(一)形成老年教育课程开设路径

在学校各类班级中，运用多种教学方式，分析每种教学方式在各班的使用效果并解释异同；在不同类型的班级中，运用同种教学方式，比较分析各类班级的学习成效，总结哪一类班级适用哪一种教学方式，形成可借鉴的教学方式。

(二)形成老年教育教师专业素养提升的方法

通过专家多种类、多层次的教师培训，提高见习教师、青年教师、骨干教师的教育教学能力；借助教学比赛，提升教师的教学热情，促进教师全面发展；鼓励教师集体备课，交流经验，取长补短，共同成长。

四、现状分析

本校老年教育的教师主要由专职教师和兼职教师组成。专职教师是老年教育师资队伍的骨干力量，在老年教育工作中扮演多种角色，一般承担老年学校的教学、管理、组织工作，是推进老年教育向前发展的主力军。兼职教师是老年教育师资队伍的主体力量，由学校本着开放合理的标准进行选拔，凡是有专长、有技能的人才都可以成为老年教育的兼职教师，目前主要包括在职和退休教师、工程技术人员、卫生医护人员、文化艺术工作者等专业人员。因此，老年教育的教师大多具有较强的专业知识，学员对他们有较高的认可度。但是，我校老年教育经过多年发展后，在教学方面出现了瓶颈，如老年教育教师信息化能力与水平不能满足当前教学需求。为此，学校以问卷调查的方式对广大专兼职教师及学员开展调查研究，以期解决学校在教育教学方面存在的问题，从而更好地满足广大老年学员的学习需求。

(一)基本情况分析

问卷调查结果显示，我校专兼职教师共 37 人，男教师占比 64.90%，女教师占比 35.10%(见图 1)，退休教师占比 62.20%(见图 2)，师范专业毕业的教师占比 13.5%。根据这些数据，我们可以得出结论，我校男教师多、退休教师多、师范专业毕业的教师少。

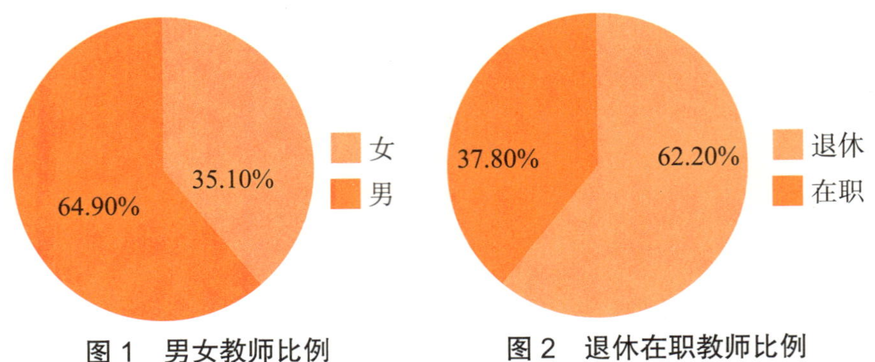

图 1　男女教师比例　　图 2　退休在职教师比例

（二）教育教学情况分析

通过问卷调查，实验小组发现了几个具有代表性的问题：

第一，根据多媒体技术熟练程度调查结果（见图 3），我校 12 位教师不能熟练使用多媒体技术。这说明我校教师的信息化水平整体不高。

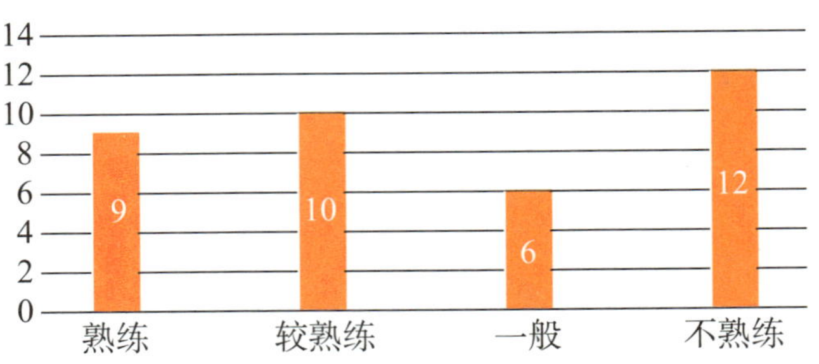

图 3　多媒体技术熟练程度调查结果（单位：人）

第二，根据图 4，教师普遍认为自己缺乏教育教学知识和技能，而缺乏语言表达和组织能力、知识陈旧、专业基础知识不扎实是教师教学能力不高的主要原因。可见，教师迫切需要提高教育教学方面的知识和技能。

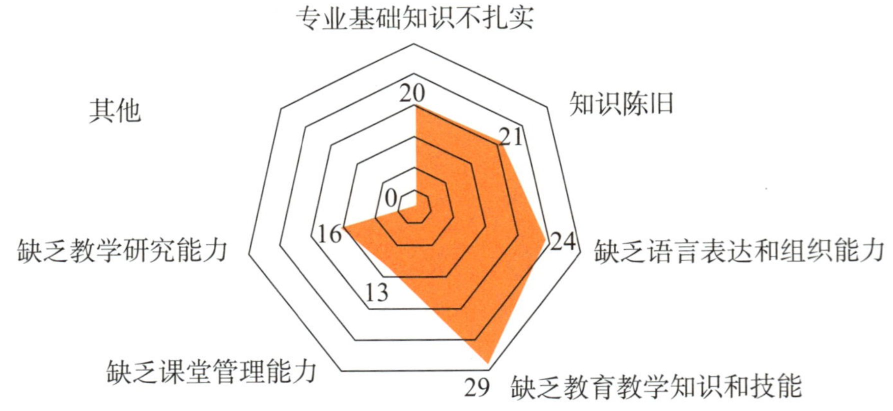

图 4　教师缺乏的教学能力（多选题，单位：人）

第三，就提升教师教学能力的有效方式（见图 5）来看，多数教师认为，教学实践是最有效的方式，其他依次是岗前培训、“传帮带”的带教指导、教研活动、教学竞赛、自我进修、教学培训、外出进修、学历提升、从事科研工作、参加学术会议。

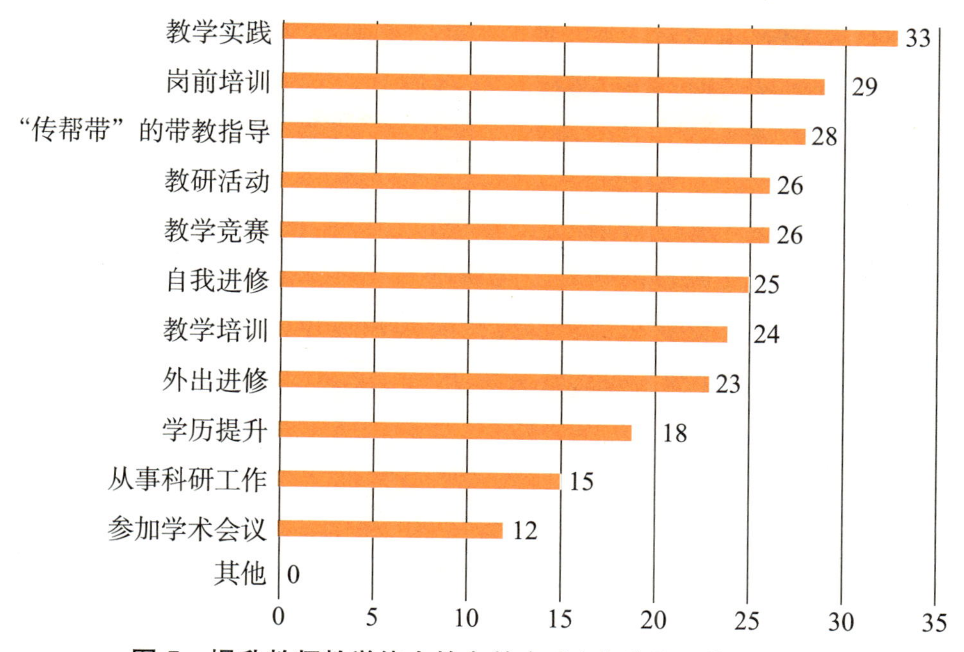

图 5　提升教师教学能力的有效方式（多选题，单位：人）

第四，就教师个人教学影响因子（见图 6）来看，影响最大的是尊重与认可，其他依次是工作环境、薪酬福利、信息交流与共享、个性张扬与创新。可见，教师最在意的是学校、学员、同事对自己的尊重与认同。

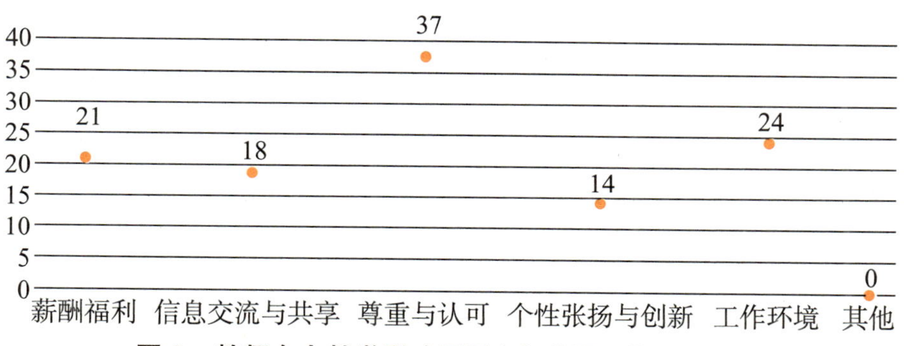

图 6　教师个人教学影响因子（多选题，单位：人）

（三）成因分析

1. 教师信息化水平整体不高

基本信息调查结果显示，我校超过一半的教师是退休教师，他们大多没有接受过系统的信息技术培训，掌握多媒体技术的水平和能力有限，造成学校教师的信息化水平整体不高。

2. 部分教师教学能力偏低

老年教育的课堂上主要活跃着年轻的专职教师和年长的兼职教师两类教师。年轻的专职教师从学校毕业后直接进入老年学校，而且很多并非社区（老年教育）专业毕业，缺乏课堂实践经验，需要适应老年教学特点。多年来，学校以能者为师的开放态度招聘老年教育教师，所以，兼职教师多为非师范专业毕业人员，没有经过系统的教师教育课程学习，没有接受过专门的教师职业训练。因此，从这两类教师的现状看，他们的课堂教学基本功（包括组织教学语言、板书、根据实际情况选择教学方法等能力）需要进一步提高。

3. 部分教师对老年教育的认识存在偏差

有很长一段时间，不少人对老年教育的认知仅仅停留在为老年人提供休闲、娱乐、健康教育，部分教师也是这样认为的。实际上，老年教育承担着终身教育的任务，要满足广大老年人日益增长的高层次、高质量的精神文化课程学习需求。

五、实验过程

（一）提高教学团队综合实力

教师专业发展需要专家专业引领，需要特级教师、骨干教师、学科带头人实地讲课，这样才能把高深的理论与精湛的教学技艺结合在一起，既让教师转变观念，又让教师掌握操作技能，更好地促进其专业发展。

1. 岗前培训

结合市、区教育部门的要求，我校为见习教师安排指导教师，副校长、事业办主任等亲自挂帅，在校内进行岗前培训，并委托兄弟学校每周对见习教师进行课程指导与训练，鼓励他们把所学知识与教育实际结合起来，把知识发展变为专业发展（特别是教育教学技能发展），成为合格的教师。

> 在校内外指导教师和见习教师的共同努力下，我校见习教师通过教学基本功大赛、区级公开课等相关比赛的磨砺，最终斩获松江区优秀见习教师的荣誉。

2. 提高培训

针对各类教师的教学水平和能力，学校为全校教师、青年教师、骨干教师制订了不同的培训计划和目标：（1）对全校教师进行专业化培训，邀请兄弟学校、社会机构等单位的优秀同仁来校授课，提高学校教师的整体业务水平；（2）通过对青年教师校内“一对一”师徒带教，让他们在老教师的带领下提升教育教学能力；（3）鼓励骨干教师积极参与市级、区级各类培训班，并要求他们在提升自己的同时，参与制定学校教育教学的目标与方向，激励有条件的教师开设新课程。

多位学校骨干教师报名参加松江区社区学院开办的茶艺、陶艺、中医养生等师资培训班。部分骨干教师完成学习后，积极开展团队孵化，在校内开设陶艺班，受到了老年学员的热烈欢迎。

3. 集体备课

集体备课有利于教师取长补短。为保证课程效果与质量，对于相似主题、类型的课程，教师先进行集体备课，分析教学对象，厘清教学重难点，再结合自身特点进行教学设计。

为继续深化学校品牌特色项目——孝德教育，学校成立孝德教育宣讲团，并进行集体备课。各位教师先从自己的理解出发，构想课程内容，再取长补短，形成各具特色的课程内容，向广大居民推行孝心教育，营造和谐的社会氛围。

4. 校际交流

学校通过与兄弟学校开展校际交流活动，促进教师共同成长，进一步丰富校本教研内涵。实验开展期间，学校与区内外各兄弟学校通过参观考察的方式开展校际互动、交流活动，学习兄弟学校的先进经验。此外，我们还接待各单位、团体来校交流，如接待少数民族教师代表团，与他们交流书画、面塑、舞蹈等特色课程开设经验等。经过这些跨校、跨区域的考察交流，双方教师互相借鉴有益经验，为今后成长奠定基础。

除了考察学习，学校还利用地域优势，与邻近街镇的上海市松江区九亭镇成人中等文化技术学校（简称“九亭成校”）、上海市松江区洞泾镇成人中等文化技术学校（简称“洞泾成校”）结成“泗联之缘”教育区域联盟，建立校际间的教研机制和资源共享机制，并共同形成了规章制度。联盟定期开展交流活动，共享特色教育资源，开阔教师教学思路，丰富学校教育课程。

（二）开展课堂教学评价

课堂教学评价是促进学生成长和教师专业发展、提高课堂教学质量的重要手段。学校领导小组采用随时“进门听课”的方式，随机听不同教师的课，促进师生共同成长。领导小组通过听课了解各班级和教师的基本情况，教师通过评课了解自己上课的优势与劣势。完成课堂教学评价后，教师接受领导小组的建议，在课堂上运用多种教学组织形式与教学方法，丰富学员的课程体验，如教授平板电脑课程的教师在班级授课的基础上，根据学员实际，对学习效果不理想的学员进行一对一教学，鼓励其他学员小组合作学习；教授英语课程的教师运用讲授法、讨论法、练习法等，促进学员学习。

经过学校、教师和学员多方的共同努力，学校多位教师经过培训指导后，踊跃报名参加区级教学大赛，获得了二等奖、三等奖等荣誉。

（三）提升信息技术水平

1. 构建信息沟通平台

学校利用现代信息技术手段，组建校园 QQ 群、微信群等交流平台，并安排专职教师为平台的运行提供技术保障。教师可随时随地利用网络平台，以文字、多媒体等方式将自己日常的生活感悟、教学心得、教案设计、课堂实录、课件等上传发表。这不仅有利于教师自我反思，还能有效实现同行之间信息资源的共享和借鉴。通过参与回复、讨论，教师可以了解其他教师的思想，学习他人的经验，使原本无法解决的问题得以顺利解决，在思想观念与知识结构方面实现跨越式的提升和发展。

2. 开设信息技术培训课程

以我校教师现有的现代教育技术运用水平，很难满足老年素质教育的需求。为了更好地适应新时期教育教学工作，教师必须熟练掌握信息技术手段，提高教学水平和技能。为此，学校以“面向全员，突出骨干，按需实施，分类指导”为培训原则，制订教师信息技术培训计划。学校根据教师实际情况，组织全体教师学习办公应用软件的使用方法与技巧，在专职教师中试点学习微课程的制作方法和网络课程应用软件的操作方法等。很多教师在学习后深受启发，坚持理论与实践相结合，在实际工作中运用所学知识，提高自身教学能力与素养。许多教师互相取长补短开展合作，一起提高和完善学校课程建设。

我校品牌特色课程烹饪深受广大居民喜爱，但受班级人数限制，很多居民无法参与其中。为满足更广大居民的学习需求，学校决定试点开设烹饪微课程，因教授烹饪的教师已年逾古稀，缺乏相关信息技能，我校青年教师在学习微课程制作方法后，主动提供帮助，两位教师合作完成的“泗泾十大名菜”获得上海市微课大赛三等奖。

（四）搭建师生沟通平台

现代教育认为，课堂教学不仅包括知识传递，还包括师生之间的情感交流。因此，想要提高课堂教学质量，必须加强师生之间的交流与沟通。为提升教师与学员之间的有效沟通，学校着力搭建师生沟通平台：首先，每学期初，组织所有教师召开座谈会，了解教师在课堂教学中存在的困难，调查教师对于学校、班主任、学员的要求；其次，每学期末，向所有学员发放满意度调查问卷，了解学员对学校、班主任、教师的看法；最后，整合双方意见，进行相应调整。

召开全体教师座谈会时，很多教师提出，免费教学的方式导致学员对自我缺乏约束性，降低了出勤率。教师认为自己的教学得不到尊重与认同，从而影响自身教学的积极性与质量，建议学校收费开班。针对这一情况，学校博采众议、群策群力，在新开的班级中试点黑名单制度，限制缺勤率高的学员报名参加学校其他课程学习，有效保证了出勤率。

（五）聘请专家教授指导

教师的校本研修需要借助专家的力量，因此，学校不定期邀请有关领导、高校教授以讲座形式培训全体教师。只有加强与思想层次更高的专家之间的交流，发挥专家专业引领的优势，对教师进行理论指导，才能使教师形成更为科学的思维方式，还本清源。

虽然在问卷调查中绝大多数教师认为科研对教学的影响较小，但实际上，教学与科研之间有密不可分的关系。具有较高科研水平的教师，对知识的把握更为准确，教学时更易做到深入浅出，有助于学员的学习与理解。因此，学校定期请教科研专家来校指导，为教师提供与市级专家互动学习的机会，提升他们的专业素养。

经过专家长期的点拨与指导，我校教师的业务水平有了很大的提高，先后有5位教师在《中国社区教育》杂志上发表学术论文，多位教师的学术成果获得市级、区级荣誉。

六、实验成效

（一）形成了老年素质教育教学考核评价机制

为进一步提升老年教育教师的教学能力，全面实施老年素质教育，学校形成了教学考核评价机制。方案坚持刚性指标和柔性指标相结合，过程性评价和终结性评价相结合，群众评议和领导小组评定相结合，量化考核和定性评价相结合。教学考核评价由领导小组评定、同行评定和学员评定三大部分组成，能客观地反映教师个人的教学情况，为提高学校教育质量及办学水平提供了重要保障。

老年舞蹈班学员在学期末问卷中向学校提出意见：某位教师教学进度安排不合理，一个学期只让学员排练一支舞蹈，希望学校积极处理。班主任经过多方调查，发现情况属实，立即向校领导汇报，最终学校解聘了该教师，另聘更加优秀、负责的舞蹈教师承担教学工作。

（二）形成了老年素质教育课程的开发路径

实验小组将学校老年教育课程分为手工类（面塑、剪纸等）、知识类（英语、书法等）、形体类（舞蹈、走秀等）三大类，通过教师的实践总结了一些经验。

1. 手工类课程经验

该类课程每节课之间的独立性较强，较易入门，学员在学习过程中只要跟上教师的节奏，最终都能完成一个成品。因此，教授手工类课程的教师在教学过程中要注重讲授法、直观演示法、练习法等教学方法的运用。

2. 知识类课程经验

该类课程比较注重知识的衔接性，学员在课后要通过大量的训练才能掌握所学知识，因此，除了现场讲授，教师还应该渗透自主学习法、讨论法、任务驱动法、练习法、参观教学法等。

3. 形体类课程经验

该类课程要求所有学员的动作和姿势都要整齐划一，每个动作都需要有人进行精确指导，除了常规的现场演示法、练习法，教师还应该采用个别教学与分组教学相结合的方式，将班级成员分成若干小组，每个小组都有一位组长负责规范舞蹈、走秀等动作。

（三）形成了教师教学能力提高的有效载体

本实验通过专家、教授、同行等多种类、多层次的教师培训，提高见习教师、青年教师、骨干教师等的教育教学能力；借助教学比赛，提升教师的教学热情，促进教师全面发展；鼓励教师集体备课，交流经验，取长补短，共同成长；通过课程教学评价，激发教师主观能动性，最终促成教师个人或团体实现自我能力的再挖掘；采用“培训—实践—评价—深化”四步法，形成了教师教学能力提高的有效载体，为老年素质教育的发展提供了保障。

（结项时间：2017 年）

老年素质教育教学方法运用与创新的实验

崇明区向化镇老年学校

近年来，我校坚持以现代教育教学理论为依据，以老年素质教育教学活动的实践为基础，以教学方法的灵活性、综合性、创造性运用为主体，以提高老年素质教育教学的质量为目标，全面深入地实施项目，取得了良好的成效，基本上实现了预期目标。

一、实验的依据和意义

教学方法是完成教学任务所使用的方法，包括教师教的方法和学员学的方法。在老年学校素质教育任务确定并明确相应的教学内容后，教学方法就成为很重要的研究内容。

教学有法，教无定法。从古至今，教学方法在教育界努力探索、运用的实践中不断创新发展。教学方法的灵活运用与创新，对于提高老年素质教育教学质量、提升老年人的整体素质、圆满完成教学任务具有重要的作用。

目前，乡镇老年学校的专职教师一般都来自中小学校和幼儿园，对老年教育、社区教育有个磨合的过程，特别是老年教育志愿者大多没有受过专业训练，对教学方法掌握和运用的水平不高。实施本项目，能够帮助教师和志愿者科学掌握并创造性地运用教学方法，切实提高业务素质，促进老年学校素质教育的发展，具有重要的现实意义。

二、实验的主要目标

1. 帮助教师和志愿者深入了解、基本掌握、灵活运用以语言传递为主、以直接知觉为主、以实际训练为主、以性情陶冶为主等类型的教学方法。

2. 教师和志愿者能根据农村社区教育的特点、老年素质教育的特征、老年学员的特质来创造性地运用教学方法，做到有典型和有特色。

3. 明显完善专职教师和志愿者的素质结构，提升学校老年素质教育教学质量，促进学校老年教育事业的发展。

三、实验的基本内容

1. 基本掌握并灵活运用以语言传递为主的教学方法。这类教学方法包括讲授法、谈话法、讨论法、学习指导法等，应结合实际合理选用这些具体方法并创造性地运用，与时俱进创新学习指导方法，如自主学习指导、网上学习指导、读书指导、个别指导。

2. 基本掌握并灵活运用以直接知觉为主的教学方法。这类教学方法包括演示法、参观法、示范法等，应从实际出发选用这些具体方法并创造性地运用示范法和演示法等教学方法，以教学双方的典型来示范，如学习致富专业户、学习先进家庭、培训学习先进集体，在养生健身知识教学活动中采用演示法，面对面用肢体演示拳操舞等技艺动作，为传统的演示法扩充新内容。

3. 基本掌握并灵活运用以实际训练为主的教学方法。这类教学方法包括练习法、实习作业法、行为习惯养成法等，应结合实际合理选用这些具体方法并创造性地运用，重点是行为习惯养成法，以生态知识教学为切入点，以学用结合为特色的各种主题教学实践活动为抓手，开展老年低碳生活方式、生态行为规范等行为习惯的养成教育。这既是生态技术知识实习训练，又是生态行为模式培育，更是培养生态人的一条主要途径。

4. 基本掌握并灵活运用以性情陶冶为主的教学方法。这类教学方法包括陶情法、冶性法、暗示法等，应结合实际合理选用这些具体方法并创造性地运用，如在开展先进文化、传统节日文化、时政知识等思想道德知识教学中，采用陶情法与冶性法，增强学员热爱党、热爱祖国、热爱社会主义的情感，完善学员的品性，并教育引导学员发挥余热，为新农村建设、生态岛建设奉献力量。

四、实验的步骤

第一阶段：奠基初始阶段（2016 年 1 月至 4 月）

成立实验小组，认真学习研究相关的教学理论知识，对教师、志愿者掌握和运用教学方法的情况进行调查分析，形成项目实验的理论导向机制，在此基础上构建项目实验的基本框架，完成项目实施方案，做好相关具体工作。

第二阶段：实施发展阶段（2016 年 5 月至 2017 年 10 月）

结合实际，深入学习相关理论，探究各类教学方法，组织指导教师和志愿者在实践中灵活运用相关教学方法。抓好骨干教师的示范教学，开展听课评课活动，深入研讨教学方法的灵活运用。坚持边学习、边运用、边检验、边总结，做到有所创造，有所发展，有效提高教学质量。

第三阶段：总结完善阶段（2017 年 11 月至 12 月）

汇总各类项目资料并进行分析综合。继续帮助教师和志愿者总结在实际工作中灵活运用教学方法的经验。抓好项目总结工作，形成项目实验基本经验，有效提高学校老年素质教育的质量，发展学校老年教育事业。

五、实验的主要措施

（一）把握三个基本特征，形成项目理论导向

教学方法的表述有许多种。一般来说，教学方法是为实现既定的教学目标，在教学过程中师生共同活动所采取的一系列办法和措施。它包括教的方法与学的方法，具有针对性、综合性、发展性三个基本特征。把握了这三个基本特征，就为项目实施提供了科学的理论导向。

（二）确定三类划分标准，明确项目基本抓手

教学方法是教师与学员之间相互联系的活动方式，是教师发出信息与学员接受信息的途径，是师生双边活动的过程。在这里，教法与学法是统一的。科学划分各类教学方法，正确理解各种教学方法的基本含义，是掌握项目实施基本抓手的专业基础。我们把教学方法中的主体因素构成作为划分种类的依据，这样就把教学方法分为以教为主的教学方法、以学为主的教学方法、教与学并重的教学方法三类。

（三）结合三种实际需要，突出项目实验重点

实验目的是提升老年素质教育的质量和扩大为社区建设服务的效益。因此，项目实验必须从社区、老年人与老年教育的实际需要出发来开展老年素质教育，其重点是生态知识、农业标准化生产技术、养生健身知识、各类学习团队的培训学习活动等。教师要根据具体的教学内容选用教学方法，如从演示法、练习法、

自主学习法、合作学习法、讨论法中灵活选用某一方法，或者重点方法配合运用、多种方法结合运用、多类方法综合运用。

1. 从崇明世界级生态岛建设和老年人老有所为的实际需要出发，我们把生态教育作为一个长期的主要任务来抓，既为崇明生态建设服务，也满足了老年人发挥余热的愿望。在生态教育职业培训中，我们把生态道德意识、生态环境保护和建设技术知识、生态农业标准化生产技术作为老年素质教育的主要内容，目标是培养老年人良好的生态道德行为习惯和现代农业专业生产本领，教育引导他们在崇明生态岛建设和现代生态农业建设中发挥余热，作出贡献。在教学过程中，教师大量运用演示法、练习法、角色教学法，具体表现在生态道德行为习惯养成和专业生产技能实际操作上。

2. 从全民健康、老有所学、老有所乐的实际需要出发，我们把养生健身、老年保健、文体技艺作为老年素质教育的一个主要任务来抓，满足老年人老有所乐、健康长寿、安享晚年的心愿。这方面的教学活动主要包括拳、操、剑、舞、书、画、棋牌等，针对性的教学方法主要是演示法、练习法、合作学习法、讨论法。

3. 从学习团队建设和老有所学的实际需要出发，我们把健全乡镇老年教育三级网络与学习团队三个层级的建设，作为老年素质教育的一个主要任务来抓，满足老年人求知、求健、求乐的需要。从主要内容上分，有老年康复、老年文艺及老年拳、操、剑、舞等各种类型的学习团队；从层级上分，有镇级、村居委会、农家庭院三个层级的各种学习团队。这种学习团队正成为老年素质教育的一个新增长点，以及学习型社区建设的一个新亮点。如何指导学习团队开展培训学习活动，已成为我们需要深入探究的课题，自主学习法、合作学习法等的运用和创新，逐渐成为项目实验的重点。

六、实施成效

我们以北港村崇明水仙花合作社为试点单位，把生产生活技能、养生健身知识、团队学习活动作为老年素质教育重点工作，以教学方法的科学选择、综合运用、发展创新为主体内容，由点到面、由浅入深、由粗到精地全面开展项目的实施工作，已初见成效，为下阶段项目实施的深入发展奠定了扎实的基础。

（一）坚持有的放矢地选择，增强教学方法的实效性

教师和学员的特点、教学设备、教学媒体、教学组织形式、操作程序等，是我

们选择教学方法的基本依据。我们针对具体情况，采用不同的教学方法，充分发挥教学方法在教学实践中的重要作用。

1. 根据职业农民的年龄、文化、专业水平等特点，灵活选用教学方法。合作社社员年龄多在 55 至 65 岁之间，文化水平相对偏低，小学、初中文化程度的占多数。专业户多年从事水仙专业生产工作，生产经验丰富，熟悉传统栽培技术，但不熟悉标准化生产技术。根据他们年龄偏大、文化水平偏低的特点，我们采用深入浅出、通俗易懂、简洁明了的讲述法和形象直观、生动的演示法。针对他们专业生产经验较丰富的特点，我们把讲述法与讨论法结合起来，在简洁的课堂讲授后，组织分组讨论、互帮互学，提升了教学效果。在应用演示法时，我们采用实物演示、图片演示、肢体演示、视频演示、实体演示等多样化的演示方法，直观明了，让学员易学易懂。

2. 根据农民“眼见为实”的心理特点，我们采用实体演示法。在开展水仙栽培推广培训中，我们组织周边水仙种植户参观示范专业户园区，聆听其介绍，这种实打实的实体演示法，让种植户看了开眼界，听了心里明了，充分发挥了示范专业户的科技推广和效益示范作用。这种演示不是某单元中个别小物体的展示，而是一个单元（如园区、单位）的整体展示，我们称之为实体演示法。

3. 根据“专业户既是水仙生产经营者，又是水仙专业培训学员，两者属同一主体”的特点，我们和合作社长期合作，以跟踪教育和组织指导“生产绿色产品，培育绿色品牌，传播绿色文明，追寻绿色梦想”的主题教育实践活动，教育引导学员把学到的技术技能知识应用到水仙花生产经营的实践中去。这种角色实践法，持之以恒应用，成效显著。这种角色实践活动，只有在学校和合作社长期合作培训的条件下才能持久开展。

（二）坚持综合联动地运用，增强教学方法的实效性

教学方法是教师教的方法和学员学的方法的综合体，以主体性因素为依据，可分为以教为主、以学为主、教与学并重三类。我们在某个知识点教学过程中，除了选用单一的教学方法，更多采取的是综合运用若干教学方法的操作模式。

1. 同类教学方法中相关具体教学办法在同一教学环节上的融合应用。在课堂上讲授水仙栽培基础知识时，我们一般采取讲述法和演示法融合应用的办法组织教学，如在讲述水仙花品种和物理性状时，在介绍崇明水仙盆景式样时，都采用演示法进行教学，通过崇明水仙和漳州水仙的样本展示来讲解两种水仙花不同的物理性状；展示几个不同的崇明水仙盆景，向学员逐一介绍其特点。这种以语

言形式获得间接经验的讲述法，主要用于课堂讲授，也可以用于合作社实训基地讲解和辅导。这种以直观形式获得直接经验的演示法，运用了演示法中的实物演示法。有时，我们还会辅以肢体演示法，如用手的姿势来形容水仙盆景的形状，把同属以教为主类的两种教学方法融合起来应用，直观形象，生动易懂。

2. 不同类教学方法中相关具体教学办法在同一知识点上的结合运用。在组织崇明水仙球茎造型实训时，教师先采用了以教为主类教学方法中的讲述法，简洁明了地讲解造型技艺并提出实训要求，接着采用了练习法，这种指导学员以实际训练形式学习技能技巧的教学法，也属于以教为主类教学方法。在学员基本完成造型后，分小组展示各自水仙球茎造型作品。大家各抒己见，对各个造型作品进行评价，有不同意见可争论，也可提出建议。这种以参与互动形式帮助学员获取知识的教学法，称为讨论法，主要涉及交流、评论、商讨、互帮互学，属于教与学并重类教学方法。我们把这三种属于两个不同类型教学方法的讲述法、练习法、讨论法有机结合起来组织教学，使以教为主类的优秀传统教学方法与教与学并重类的现代教学方法各展长处，效果显著。

3. 各类教学方法中相关具体教学办法在同一教学节点中的综合运用。在崇明水仙盆景这个教学节点中，我们尝试综合运用以教为主、以学为主、教学并重三类教学方法中相关具体教学办法，取得了良好的效果。在开始阶段，教师采用以教为主类教学方法中的讲述法讲解盆景组装技艺及要求，在讲解时用演示法展示花盆、水仙球茎、鹅卵石等，强化讲述效果。在盆景制作时，教师采用练习法。制作完成后，教师采用以学为主类教学方法中的具体教学办法。在教师指导帮助下，由组长主持，师生协作，运用自主学习法和合作学习法，对各人的盆景进行自评和互评。

（三）坚持创新发展地运用，增强教学方法的实创性

教学实践是个不断发展、不断深化、不断完善的过程，教学方法只有在教学实践中与时俱进，才能具有活力。我们在实验中坚持结合实际，创新发展教学方法，增强教学方法的实创性，更好地为提高老年素质教育质量服务。

1. 教学方法内涵的补充。在对文艺队进行业务培训时，我们采用角色扮演法来组织演艺实习训练，让相关队员分别扮演一个节目中的角色进行练习。这种实打实的教学方法，既提高了学员的演技，又促进了宣传节目的彩排。在对专业农民的生产技能和居民生态道德行为规范实习训练中，我们直接以学员职业角色、社会角色的身份进行相应角色的实习训练，如结合居民身份参与生态环境保护和

建设的主题教学实践活动，结合专业农民身份直接应用学到的技能参加专业生产实习训练。这种方法既增强了专业农民的专业生产本领，又直接为发展现代农业服务，比角色扮演法更为有效，且能够直接让学员进入本职角色，用不着扮演。我们把这种方法称为角色践行法，是老年教育中特有的现象。我们把角色扮演法与角色践行法概括为角色教学法，将其作为并列的教学方法。这种对教学方法的创新与发展，在理论上讲得通，在环节上贯得通，在实践上行得通，具有实创性的特色。

2. 教学方法适用的教学组织形式的拓展。教学方法适用的教学组织形式不是一成不变的，而是随着教学实践的发展而不断拓展的。演示法适用的教学组织形式，从传统的图片与实物演示拓展到肢体语言动作与视频演示。在教学实践中，我们根据实际需要，突破了只有教师演示的常规，在特定条件下采用学员演示的办法组织教学，如请示范专业户学员进行生产现场技能实际操作演示，这种方法更贴近专业生产实际、专业农民实际、老年素质教育教学实际，因而更加有效。我们还以先进典型个案来演示，如组织学员参观前卫生态村和东海瀛洲村，参观村发展史陈列馆，听介绍，了解村容村貌，让学员直接体验和感受生态岛建设、美丽乡村建设成果。可以说，这是一种典型的集体演示法，是对演示法适用组织形式的拓展。

3. 教学方法适用场所的延伸。随着办学机构的增加和办学条件的改善，教学方法的适用场所也在不断延伸。如讲述法在传统意义上只适用于专用教室里的课堂教学，现在从镇老年学校的专用教室延伸到村居委会老年教学点的教室。教学方法适用的场所从室内延伸到了室外的健身活动场所，甚至延伸到了田间地头的实习训练场所；从镇层面延伸到了村居委会层面，再延伸到了农家层面。这是实实在在的创新发展。

4. 教学方法适用对象的扩展。传统的自主学习法，是指教师指导下，在班集体内使用的、学生主动且独立完成学习任务、以学为主的一种教学方法。现在，乡镇各级各类学习团队不断发展，成为社区老年教育发展的新平台，成为学习型社区建设的新途径。但它们不是传统意义上的教学班级，如果听之任之，可能会出现自由散漫、徒有形式、自生自灭等问题。我们经过实践探索，就如何把自主学习法适用对象扩展到学习团队的培训学习活动中去，初步形成了三点共识。

一是把专职教师和兼职教师直接插入合作社担任学习辅导员，协助团队负责人组织指导团队，引导学员开展自我计划、自我调整、自我指导、自我强化、自我测评、自我补缺的自主学习活动。这种办法直接有效。

二是先把合作社学习团队负责人和学习辅导员聘请为教育志愿者并对其进行业务培训，每年 2 至 3 次，再由他们组织指导学习团队和队员开展自主学习、合作学习、探究学习的日常活动。这里的学习团队负责人和学习辅导员相当于班主任与教师。学校安排教师随机到学习团队指导帮助工作。

三是专职教师和兼职教师分工、插队指导、巡回指导，志愿者（即学习团队负责人和学习辅导员）采用以学为主的各种学习方法，并结合其他教学方法组织开展团队培训学习活动。实践证明，这个办法既解决了师资不足的问题，又在实践中培养了一批老年职业教育志愿者。可见，自主学习、合作学习、探究学习、讨论法等方法适用于学习团队，对于建设好学习团队具有至关重要的作用。

七、问题与思考

在项目实施过程中，我们遇到了比较复杂的理论与实践问题，如怎样处理专业理论探究与方法运用探索的关系、怎样处理教学方法与教学模式的关系、怎样处理自主学习与自学的关系。这些既是理论认识问题，又是直接影响精准实施项目的实际问题，只有厘清这三个认识问题，才能保证项目的顺利实施。如项目既有很强的实践性，也有很强的专业理论性，要想耗费一定精力，在学习和阐明教学方法专业理论问题的同时，突出实验项目的实践应用性特征，是个比较难把握的问题，理论阐明内容少了，缺少项目实施依据，理论分析太多，又易演变成课题研究。针对这些问题，我们进行了有益的探讨，保证了项目的精准实施，针对项目实施中的薄弱环节，我们决心在今后的实际工作中继续探索，不断丰富项目成果。

（结项时间：2017 年）

在社区老年教育中探索“茶馆式”课堂教学模式的实验

嘉定区安亭镇老年学校

一、项目背景

随着学习型社区和学习型社会建设步伐不断加快，社区老年人终身学习体系逐渐完善，怎样提升社区老年教育课堂的吸引力、提升教学质量、培育老年学员终身学习理念等，成为社区老年教育一线教师需要解决的问题，而其中较为关键的是教学模式的突破和教学方法的创新。

新时代的老年人拥有一定的知识基础和丰富的人生阅历，积累了很多生活经验。随着生活质量的提升，他们有了学习的时间、空间和愿望，但在日常的社区老年教育课堂教学活动中，传统老年教学模式（或教师一言堂）仍然存在，一定程度上影响了老年人各方面素质的提升。因此，我们需要探索新的教学模式，使教师的角色定位、教学方法、教学策略等与学员的发展相适应，突出老年学员在学习过程中的作用，引导老年学员在教师精心设计的教学环境中综合发展和提升，让老年学员体会学习的快乐和收获知识的喜悦，从而逐渐形成终身学习理念。所以，我们需要进行社区老年教育课堂新模式研究。

“茶馆式”教学模式是相对于传统的老年教育“传授—接受”式教学模式而言的，更突出教师的引导作用，以学生为主体，以互动为主线，以发展为核心，面向全体学员，让他们亲自经历学习的全过程。这是一种教学主题生活化，教师是学员的助手，学员是“茶馆”的客人，互动加合作的老年教育课堂教学模式。

二、探索方案

传统社区老年教育课堂教学模式把学习建立在老年人的客体性、依赖性基础上，忽视了老年学员的主动性、能动性、独立性。转变老年学员的学习方式就是要激发其求知欲望，转变被动和依赖的学习方式，倡导自主、互动、合作的学习方式，使老年学员学习的主动性不断得到发展，感悟到学习的快乐，从而逐步树立终身学习理念。“茶馆式”课堂教学模式正是在这样的背景下逐渐形成并发展起来的。

茶馆，是爱茶者的乐园，也是人们休息、消遣和交际的场所，历史十分悠久。许多老年人有茶馆情结，那是他们年少时最爱去的地方，能嗑到瓜子，能听到评书，能找到儿时的玩伴。因此，老年教育课堂教学模式中，最基础的课堂情境就是茶馆。

（一）研究目标

通过项目研究，探索新时期社区老年教育课堂教学模式。本项目力求在以下几方面取得成果：（1）以项目研究促使教师更新老年教育观念，培育新时期老年教育教学理念，通过研究与实践改变、创新教师的教学模式和教学方法，真正体现老年学员在课堂中的主体地位；（2）以项目研究促进教师积极探索“茶馆式”教学方法和高效课堂教学模式，提升老年教育课堂教学的质量；（3）通过本项目的实施与研究，创新社区老年教育的课堂教学，总结出“茶馆式”课堂教学的基本模式，为社区老年教育教师的教学提供一个新的思路框架，使老年教育课堂教学过程科学化、生活化、实用化、合理化；（4）致力于老年学员终身学习理念的培育，通过“茶馆式”课堂，引导老年学员树立终身学习理念，走向终身学习，实现终身学习；（5）实现老年学员的快乐学习，真正做到教师乐教和学员乐学。

（二）研究内容

项目研究内容包括：（1）研究老年教育新理念是什么、老年教育新理念与旧理念有什么区别、老年教育发展的目标是什么，明确老年教育新理念下教师的发展要求和方向；（2）研究新时期社区老年教育课堂教学的特点、基本模式、评价、课堂要求、管理等；（3）研究“茶馆式”教学模式是否符合新时期社区老年教育的课堂教学发展要求；（4）研究“茶馆式”教学模式中教师能力的体现和教学角色的定位；（5）研究社区老年教育“茶馆式”教学模式中的互动性教学方法；（6）研究“茶馆式”教学模式中学员的主体地位；（7）研究“茶馆式”教学模式的教学成果评价机制。

三、研究进展

为了扎实推进项目研究，项目组从课堂教学目标的有效设计、有效课堂教学模式的研究、教师有效的教学方式、学生有效的学习方式、有效的课堂教学评价五方面对“茶馆式”教学模式的问题进行有针对性的研究。

（一）加强组织管理，确保有序开展

2015 年 5 月至 6 月为启动阶段。项目工作组专门召开了项目组工作会议，共同探讨项目的研究内容、研究方法、研究目标、成果呈现形式等问题。讨论后，我们初步形成了项目研究方案。

2015 年 7 月 20 日上午，项目组顺利召开了阶段研讨会，嘉定区老年大学和嘉定区学习指导中心领导、项目组全体成员参加了本次会议。项目组向领导和专家逐项汇报了阶段研究、实践、探索的方法和成果，听取了科研专家对本项目下阶段研究工作开展的指导意见，明确了下一阶段的研究内容和方向。

（二）强化校本培训，提升教学理念

教学模式的构建、教学策略的实施、教学目标的实现是各种因素发挥整体效能的过程，这就迫切要求项目组所有成员认真学习有效教学理论，通过交流培训深入理解本项目的理念。

在学习过程中，“怎样才能使社区老年教育的课堂更有吸引力，教学更有效”成为教师经常讨论的话题。在项目研究过程中，我们通过项目管理网络和项目研究例会，组织教师学习交流相关理论，统一思想，切实做好项目实验的前期理论准备工作。

（三）营造交流氛围，扎实开展研究

项目组积极搭建交流平台，开展以“茶馆式”教学为载体的各种教育研讨活动，并采取走出去和请进来的方式营造交流氛围，进一步促进“茶馆式”教学模式的研究。

2015 年 5 月 28 日，项目组成员胡中婷以“鸡蛋那些事”为主题，采用“茶馆式”教学模式，进行了教学实践活动。嘉定区老年大学潘校长参加了本次活动，并就“茶馆式”教学模式的整体发展、教学策略、教学互动等提出宝贵建议，为项目组后续研究指明了方向。

2015 年 10 月 25 日，项目组邀请同济黄渡小学华晓东老师，以“剪刻纸”为主题，采用“茶馆式”教学模式，在嘉定工业区成人中等文化技术学校开展教学探究活动，听取其他区域学员和教师对“茶馆式”教学模式的意见和建议。

通过教学实践和研究，项目组初步解决了项目研究过程中困扰大家的一些问题，如互动组织问题、教学活动时间分配问题。

（四）加强科研制度管理，有序推进项目研究

切实开展项目组的研讨活动，是教师把握教育教学规律、实践“茶馆式”教学模式的有效途径。所以，项目组定期举办相关研讨活动，营造项目研究氛围，鼓励人人参与项目研究。教师根据自己对教育理论的学习和对实践活动的反思，交流研究成果和活动心得，解决了项目研究工作中的问题，拓宽了项目研究的思路，提高了项目研究的主动性。

我们通过教研沙龙，把项目组和学校教师组织在一起，开展互动式的专题研讨，并通过听评课，有针对性地给予指导。

（五）开展课堂实践，构建教学模式

项目组依托课堂教学，进行实践验证，实施课堂展示，把项目研究推向纵深。骨干教师率先垂范，充分发挥示范辐射作用，确保项目研究高质量地开展。骨干教师的引领为全体教师提供了互相学习的机会，不仅促进了项目的研究，还促进了教师群体的成长。

四、研究成果

（一）“茶馆式”教学模式的发展与创新

“茶馆式”教学模式的学习主题，往往选自老年人实际生活中的某一个或某几个方面。这样的学习主题贴近学员实际生活，让学员有话可说，感受到学习的“实”。教学主题的难度设定为“易”（易学习、易掌握、易应用），学员“跳一跳”就能摘到学习的“果实”，感受到学习的“惠”。从目前的实验推广来看，“茶馆式”教学模式是本区域老年教育课堂教学需要的、有效的模式之一。

（二）“茶馆式”教学模式的内涵与特征

“茶馆式”教学模式，利用老年人的恋旧心理，创设了一个老年学员熟悉的“茶馆”模拟情境，使老年学员与课堂之间有一种亲切感；利用老年人的长辈心态，把教师设定为晚辈和小辈，拉近了教师与学员之间的距离；通过互动，群策群力，激发老年学员的表现欲望和求知欲望。

1. 注重教师的角色转换

（1）教师成为老年人学习的引导者。传统的老年教育中，教师是知识传授者和灌输者，教师的教学重心就是在有限的时间里把教材中所讲的知识一字不漏地传授给老年学员，老年学员只是知识的被动接受者。在“茶馆式”教学模式中，教

师通过创设一定的生活问题情境，引导老年学员进行知识的探索和问题的探究，让老年学员主动思考，寻求信息，掌握知识，解决问题。在这一探究过程中，教师不再单纯向老年学员传授知识，而是引导老年学员沿着正确的道路前进。当老年学员探究出现问题时，教师应该引导他们消除疑虑；当老年学员出现退缩畏惧情绪时，教师应该唤起他们内在的精神动力，鼓励他们积极探索。

（2）教师成为老年人学习的合作者。现代老年教育理论认为，教师与老年学员多向交流能最大程度发挥相互作用的潜能，形成一个信息交流的立体网络，极大地调动老年学员的积极性。在“茶馆式”教学模式中，教师把学习的主动权交给老年学员，让他们参与到课堂中，进行多向、真实、有效的合作和多角度、多层次、多样化的交流。如果课堂中，教师能够真正以老年学员为主体，那么，老年学员的思维空间就会得到扩展，学习兴趣就容易得到激发。

（3）教师成为老年人自我发展的促进者。多元智能理论创立者、美国发展心理学家加德纳认为，智力在个体身上的存在方式是有差异的，但每个人都有发展潜力。从事老年教育工作的教师应该对每一位老年学员具有积极、热切的期望，乐于从多个角度评价、观察、接纳老年学员。在“茶馆式”教学模式中，教师积极寻找和发现老年学员身上的亮点，相信每一位老年学员都是有能力的人，给予每一位老年学员充分的肯定和欣赏，帮助老年学员树立学习自信。教师要树立“教育是个体化的教育”的观念，主动、自觉地观察和掌握每一位老年学员的个性、心理、身体、智力组合特点，有针对性地为每一位老年学员设计切实有效的方法，以促进其个性健康发展。教师要鼓励、激励每一位老年学员参加教育学习，为老年学员提供尝试和探索健康发展的平台，使每一位老年学员都能够在原有基础上有所提高和发展。

2. 注重学员的学习地位

（1）教学主题贴近生活，让老年学员学习兴趣得到提升。在“茶馆式”教学模式中，教学主题源自老年学员的现实生活，越是老年学员在生活中经常遇到、见到、用到的主题，越能满足需求，因为这部分知识对老年学员的健康生活有很大的促进作用。而获得类似教学主题的首要条件就是教师要与学员成为朋友，了解老年学员的生活，知晓老年学员的需求。这类教学主题，在教学过程中往往会引发老年学员的共鸣，激发其学习兴趣。

（2）教学方法贴近生活，让老年学员学习能力得到提高。老年学员拥有一定的知识基础和丰富的人生阅历，互动式教学方法让他们在课堂中就像在茶馆中喝茶、拉家常一样，在互动中探究和学习知识，感受学习的快乐。互动式教学方法贴近生活，使得老年学员能够放松地学习，快乐地学习，全面提高自身的学习能力。

（3）学习成果贴近生活，让老年学员学习的知识得到巩固。让老年学员感受到学习的快乐，并不是“茶馆式”教学模式的最终目标，让老年学员学以致用才是这个教学模式的最终目标。学而不用等于没学，只有让老年学员在实际生活中学以致用，他们才能真正巩固知识，感受到学习的延伸性快乐，再次走进课堂。

（三）“茶馆式”教学模式的实施步骤

1. 互动营造茶馆氛围

在“茶馆式”教学模式中，通过互动营造宽松、和谐的学习环境是整个教学的前奏或铺垫。

（1）互动内容可以与教学主题存在一定的内在联系，也可以与整个教学主题无联系，但不管怎么样，这些内容必须有吸引力，能够通过教师的演绎使学员“乐”起来。

（2）教师的角色定位是茶馆中一个有知识、有能力的伙伴，是学员学习的助手，学员有什么知识需求可以尽管向教师提。

通过互动营造茶馆氛围，使学员在笑声中打破自身的心理防线，更为自然地融入课堂，与教师亲密无间。

2. 教学主题情境导入

在“茶馆式”教学模式中，一般会采用教师演小品或讲故事、学员参与实践操作等方式，创设贴近生活的教学主题情境，但无论何种形式，都必须以学员的现实和教学主题为基础进行衍生和拓展，引出与教学主题相关的第一个问题。

教学主题的情境导入不仅是教师施教的需要，也是激发学员学习动机和自主探究动机的需要。在“茶馆式”教学模式中，教师采用适当方式导入，学员一旦进入教师创设的情境就能在情境的感染与作用下做好学习的心理准备，并产生学习的兴趣和动力。

3. 教学主题互动探究

在“茶馆式”教学模式中，这是极为重要的一个环节。在学员被创设的情境激发起学习兴趣并做好学习的心理准备后，学员会根据自身掌握的知识和自己的阅历，来尝试解答教师提出的问题。

本环节主要通过对教学主题进行互动探究，让学员逐个解决教师提出的问题。

学员与学员互动、学员与教师互动、教师与学员合作等互动式教学方法是“茶馆式”教学模式中主要采用的教学方法。在“茶馆式”教学模式中，教师要抓住老年学员对第一个问题的解答过程，全面使用互动式教学方法，把第二个、第三个……问题，采用连环套的方式抛给学员，让学员循序渐进地解决问题，从而自主学习和掌握相关知识、技能。

4. 教学主题互动拓展

在老年教育教学中，教师的预设和学员的生成，往往存在很大的差异，使得教师不敢放手，担心教学目标偏移。在“茶馆式”教学模式中，因为在教学主题互动探究环节中采用了连环套互动式解决问题方式，教师把对教学主题的预设和生成，掌控在自己可控范围内。

本环节对教师的要求有三个：（1）这一环节的教学设计必须建立在前一环节的基础上；（2）教师必须全面了解教学主题，掌握相关知识；（3）教师必须根据前三个环节对学员的了解，对本环节进行适当的调整。

本环节要求学员必须通过互动和合作，集众人之智慧，来解决教师提出的一组问题。

5. 教学主题实践运用

在“茶馆式”教学模式中，本环节首先起到巩固学员所学知识的作用，让学员在模拟的实际生活中尝试运用自己得到的知识成果，让学员感到学习成果的“甜”，让学员感到今天所学知识在实际生活中是有用的，并在课后的实际生活中加以运用。其次，本环节是教师对整个教学主题的回顾和提升，能够让教师进一步成为老年学员的挚友。最后，通过本环节，老年学员能感受到学习的延伸性快乐，愿意再次走进课堂。

五、项目思考

“茶馆式”教学模式的项目探究即将结束，项目积累了一些经验，我们认真进行了总结分析。

正确认识和积极参与，是研究开展的动力，教师只有充分认识到新时期社区发展与“茶馆式”教学模式研究的意义，改变传统社区老年教育教学行为，以积极的态度置身研究，才能使项目研究顺利进行。

加强管理是项目研究的保证，制度是规范行为的保证。在研究过程中，我们建立了项目研究制度，加强了管理，使各项研究能得以落实，稳步进行。

"茶馆式"教学模式，虽然已经初步构建，但后项目时期的任务仍然相当繁重。我们只有不断地完善，不断地推广运用，"茶馆式"教学模式才能与时俱进，才能具有生命力，才能获得可持续发展，才能为新时期社区老年教育发展作出贡献。

社区老年教育课堂"茶馆式"教学模式，通过摸索、提炼、创新，已初具雏形，也在一定区域内进行了尝试性教学，得到了一些领导和专家的认可，但要想成为社区老年教育一种成熟的教学模式，还有很长的路要走。如何改变教学语言以方言为主的现状、如何在陌生学员中提高教学主题的针对性、如何针对不同环境调整教学方式等，都是项目组需要去解决的问题。我们将进一步在不同区域进行实践，进一步深入不同老年群体进行探究，进一步指导各年龄层次的教师应用"茶馆式"教学模式，为新时期老年教育的发展贡献自己的力量。

（结项时间：2015 年）

老干部大学履行老干部党校职能的实验

宝钢老干部(老年)大学

上海市老干部大学名誉校长陈铁迪2014年5月在中国老年教育发展高峰论坛上的发言中指出:“老年教育‘姓教’,不仅仅指在老年教育教学的日常工作中要遵循教育的规律,更为重要的是,在办学的宗旨上老年教育也应该确立‘教育就是育人’的基本理念。老年教育要把提高学员的综合素质作为工作的基本目标。”我校作为素质教育实践基地,在开展素质教育实验过程中始终把“以德为先”放在首要位置。本次实验把老干部党员群体作为研究对象,以促进老干部大学履行老干部党校职责为目标。

一、实验背景

中办发〔2016〕3号文件《关于进一步加强和改进离退休干部工作的意见》和沪组委发〔2016〕15号文件《关于加强和改进机关事业单位离退休干部党建工作的若干意见》指出,必须加强离退休干部思想政治引领和党组织建设,激励他们为党和人民的事业增添正能量。沪委办发〔2017〕8号文件《关于本市进一步加强和改进离退休干部工作的实施意见》,明确提出鼓励依托各级党校、老干部大学建立离退休干部党校。

党的十八大提出全面从严治党的要求,决定在全体党员中开展“学党章党规,学系列讲话,做合格党员”学习教育,且作为常态化、制度化工作要求,把1100多万离退休党员纳入其中。各级老干部工作部门把“两学一做”学习教育作为推进离退休干部党建工作的首要任务来抓。“两学一做”基础在学,关键在做。老干部大学理应利用自身的资源优势,在“学”方面提供支持和服务。

国发〔2016〕19号文件《关于印发加快剥离国有企业办社会职能和解决历史遗留问题工作方案的通知》提出,对国企退休人员实行社会化管理,力争到2020年基本完成剥离。2017年,国务院国有资产监督管理委员会(以下简称国资委)

工作要点中再次提出要加快剥离国有企业办社会职能和解决历史遗留问题，努力争取获得突破性进展，在上海、重庆、大连、鸡西、长沙等地开展退休人员社会化管理试点。2017 年 8 月，国资委下发了《关于国有企业退休人员社会化管理的指导意见》，明确提出国有企业退休人员中党员的组织关系要转入相应街道和社区党组织，开展学习教育活动。

上海市教育委员会颁布的《上海市老年学校素质教育工作的指导意见》（试行），对老年素质教育持续发展具有指导作用，让我们明确了老年素质教育的价值导向。老干部大学不仅是老年人休闲娱乐的场所，更是以离退休干部学员为主体的老干部开展学习活动的场所，应注重党员学习教育。

结合以上背景，我们认为，离退休干部党员的学习教育无论是从党建角度出发，还是从老年素质教育角度出发，都只能加强，不能削弱。特别是国有企业退休职工社会化管理后，原来的企业离退休干部党员的教育职能从企业转到社区，大批企业离退休干部党员的学习教育问题亟待解决。各级老干部大学、老年大学完全可以发挥自身优势，做好离退休党员的学习教育工作，促进老年学校素质教育向新的高度发展。所以，我们把老干部大学履行老干部党校职能作为此次实验项目，希望对各级老干部大学、老年大学有所启发。

二、实验目标

依托老干部大学的教育平台，实现对离退休干部党员学习教育的全覆盖，以学习促党建，使老干部大学成为加强老干部思想政治建设和离退休干部党组织建设的重要阵地，不断提升老干部大学的影响力。

三、实验内容

宝钢老干部大学始终把思想政治教育放在重要位置，把提升学员思想政治素质的“政治理论”“时事报告”相关课程作为重点课程来建设。该项工作得到了宝钢党校的大力支持，党校成立的专业师资团队成为我校“政治理论”课程的支撑，“政治理论”课程成为我校的特色课程之一。

我们以“政治理论”课程为切入点，联合宝钢党校优质师资，把党课送进各离退休干部党支部，做到离退休干部党员学习教育的全覆盖，并通过摸索总结，改进提高，形成可复制、可推广的老干部大学履行老干部党校职能的经验。

四、实验方法

1. 开展一次调研。全面了解目前宝钢离退休干部的党支部学习情况。

2. 组建一个团队。由宝钢老干部大学、宝钢离退休干部党工委、宝钢党校组成项目团队，形成由宝钢离退休干部管理服务中心指导实施、老干部大学牵头、离退休干部党工委组织落实、党校选配师资力量送教上门的协同运行机制。

3. 运用项目化管理方式。首先，明确三方职责。老干部大学负责总体协调，根据教学内容与党校沟通，并审核确认。离退休干部党工委每半年将各支部每月一次的组织生活安排时间表提供给老干部大学，先由老干部大学与党校协商上课的时间和形式，再由党工委组织各支部落实。党校负责课件制作，并落实师资，完成授课。其次，排出项目进度表，每个项目均有时间节点和负责人。最后，定期召开会议，根据实施情况及时调整，确保项目顺利实施。

对比实验结果与前期调研结果，得出实验结论。

五、实验过程

本次实验项目历经两年，我们按一年一个节点持续推进。

我们开展了现状调查，每个支部下发10份问卷进行抽样调查，同时分别组织开展部分离退休干部党支部书记和党员座谈，了解宝钢各离退休干部党支部的学习现状和离退休干部党员的想法。调查发现，各支部均存在以下问题：

1. 未能做到对全体离退休干部党员思想政治教育的全覆盖。为鼓励学员积极参加“政治理论”班学习，我校规定，所有学员参加“政治理论”班学习不受每人限报两门专业的限制，不收取任何费用。但由于是自主报名且受招生规模的限制，参加学习的老干部（特别是老干部党员）仅占一部分，未能做到对全体离退休干部党员思想政治教育的全覆盖。

2. 内容和形式不够丰富。宝钢离退休干部党工委下设16个离退休党支部，有近1200名党员。党支部对党员开展学习教育的主要平台是每月一次的支部组织生活（寒暑期除外，全年共计9次）。由于离退休党员与在职党员在教育和管理上存在差异，支部党员的学习活动均由各支部书记主持开展。各支部书记因年龄等各种原因，全面承担支部党员的学习任务有一定的难度。部分党员反映，组织生活内容不够丰富，形式比较单一，方法比较简单。

3. 教育资源不够规范统一，师资力量薄弱。各离退休干部党支部书记迫切希望提供规范统一的教育资源和雄厚的师资力量支撑支部学习，广大党员也希望通过规范的支部学习，丰富学习内容。

根据调研得到的情况，我们确定了第一阶段的实验目标：2016 年，实现对全体离退休干部党员的全覆盖，切实满足离退休干部党员的学习需要。

2016 年上半年，经过多次讨论，我们决定以"两学一做"为主题开展支部党课，使老干部在"学"的基础上，领悟如何去"做"。每次讲课前由领导进行动员讲话，不仅制作了内容丰富的电子课件，还编写了大量的纸质补充课件，方便老同志自行翻阅和学习讨论，同时，每堂课学校都安排专职教师随堂听课，做好听课记录，及时收集老同志的意见和建议，向党校反馈。

第一轮党课教育实践结束后，我们及时召开了座谈会，对第一阶段的项目实施情况进行总结。应该说，第一阶段的目标基本达成，实现了离退休干部党员学习教育的全覆盖，得到了各支部老同志的广泛认可。我们还发现了一些问题：（1）教学内容上，党建知识的新提法等内容在老同志中引发争议；（2）党校由多位教师组成教学团队，虽然每位教师都按学校既定的主题授课，但因授课方式不同、授课课件不同、能力水平差异，各支部的教学效果不尽相同。

针对这一情况，我们在第二阶段的实验过程中及时进行了调整。我们确定了第二阶段的实验目标：2017 年，在确保离退休干部党员学习教育全覆盖的基础上，确保教学质量满足离退休干部党支部学习教育的需求。

2017 年，在进行实验项目时，我们保留了先前好的做法，并就存在的问题及时调整了一些做法。在教学内容上，为了避免在老同志中引发争议，我们在课程设计初期就邀请部分资深的支部书记加入项目团队，共同讨论授课主题和内容，参与课件的审定和试讲。我们对党校师资进行了调整，由同一位资深党校教师完成所有支部的授课，这样就保证了课程质量。

六、实验成效

1. 党员的党性意识得到增强，作用得到发挥。老干部大学把党课延伸到支部组织生活的做法在广大离退休党员中引起极大反响。一位退休近 10 年的老党员激动地说："退休后，党课从我身边消失了，党课的概念已经模糊了，今天，我仿佛又回到了党组织的怀抱。"有的老干部在学习心得中说，以前认为"两学一做"与离退休党员关系不大，现在认识到，从严治党对在职党员和离退休党员的要求是一致的。有的老干部活学活用，走上社区的讲台，就近为社区党员上党课。更多的老干部听完党课后，在微信群、朋友圈发表感言，传播正能量。

2. 党支部组织生活得到规范，教育功能得到优化。我们完善了离退休干部党员教育引导方式，进一步规范了支部组织生活的内容，优化了支部的教育功能。许多党支部在听完党课后，及时召开支委会，研究落实下一步"两学一做"具体计划，形成组织生活设计方案，开展"因为我是共产党员"征文演讲、学《党章》知识问答等活动，激发了老干部的内在学习动力。

3. 老干部大学的主阵地作用得到凸显，影响力得到提升。老干部大学牢牢把握新形势下做好老干部工作的根本要求，实现对离退休干部党员思想政治教育的全覆盖，得到了集团公司领导的高度评价和离退休干部党员的普遍称赞。许多老干部评价，这是推动老干部大学转型发展和科学发展富有成效的探索，是适应中央全面从严治党要求和弘扬社会主义核心价值观的有机契合点，是满足老干部学习愿望和发挥其作用的有效载体。老干部大学的地位得到提升，空间得到拓展，内涵进一步丰富，发展之路越走越宽阔。

4. 党校师资队伍得到锻炼，教学内容得到拓展。宝钢党校在为在职党员上党课、开展党性教育方面已积累了丰富的经验，但为离退休党员上党课尚属首次。老干部"离职不离岗、退休不褪色"的品质，兢兢业业的学习态度，孜孜以求的学习精神，互动交流中的真知灼见，深深感染了党校教师。

七、实验结论

此次实验是必要且卓有成效的。老干部大学履行老干部党校职能是当前形势下实现离退休党员学习教育的重要途径，也是老年素质教育发展的新内容。

随着国有企业离退休职工社会化管理的推进，大量的国企离退休党员（特别是离退休干部党员）的学习教育任务将由社区承担。通过此次实验，我们认为，老干部大学和老年大学完全有能力而且也应该主动承担起党员学习教育的重任，成为老年党员的学习阵地。

（结项时间：2017 年）

课程与

老年素质教育

传统文化课程助推老年人文化素养提升的实验

上海老龄大学

一、实验背景

课程建设是学校教育的基础性工作，老年大学既要根据老年学员的兴趣和需求开设课程，又要引导老年人学好课程内容。而教育的本质是立德树人，老年人也有综合素质提高的需求。我校在实验活动中，以学校文史系有关课程为实验对象，探索在中华传统文化和朗诵提高班教学中渗透素质教育内容，做到课程化、主题化、情感化。

学校从问题导学出发，结合办学实践，设计实验内容，如针对一些学员的不文明行为，通过推进传统文化的学习，提高其道德素养，促进社会和谐，实现知识、技能、价值观三者统一。

二、实验目标

学校积极探索构建目标体系，从知、情、意、行四方面体现对老年学员的教育要求。“知”就是要从最新史学成果出发，在重新认识历史、传统和文化的前提下，弘扬民族价值观念，引导朗读班学员在课堂中做学习的求知者，知道朗读者必须具备的基本知识和素质。“情”就是要正确认识国情，让学员在朗读中充分表达对祖国的情感。“意”就是要树立与时俱进观念，跟上社会发展进程。“行”就是要增强社会责任感，在社会中做奉献者，发扬长者风范。

三、实验内容

把“国学与中国文化”“美文赏析”“朗诵提高”等课程作为研究实验项目，引导老年人掌握知识，不断提高自身素质，在此基础上，向社区延伸，展示老年学员有理想、有道德、有情操的精神风貌。这些课程中，有弘扬中华民族优秀传统文化的，有描绘大自然美好河山和人文景观的，有表现中华民族杰出人物优秀事迹和高尚品德的，有颂扬中华民族先辈伟大业绩和崇高思想的，有展现改革开放后时代精神和风貌的。

四、实验方法

整个实验项目落脚点在实践，我们通过召开座谈会、个别访谈、随堂听课、深入社区了解情况，明确这些课程近年来的教学过程和学员学习效果，分析其在提高老年学员哪些方面的素质上发挥了作用。我们以相关资料和老年学员学习体会作为支撑，总结经验和存在的问题，探索在更多学科中渗透素质教育内容，体现教育立德树人的本质。

1. 把“国学与中国文化”“美文赏析”等课程作为研究实验项目，邀请教师一起探讨在讲授知识时，根据老年学员的特点，还可以提升其哪些方面的素质，要求教师讲课时注重弘扬中华传统文化，渗透人文地理知识。

2. 倾听部分学员课程学习的感想，了解他们对自身文化素质提高的需求，并引导他们提出意见和建议。

3. 以“朗诵提高”课程为重点，培育和践行社会主义核心价值观，在提高学员文化素质的同时，倡导志愿精神，组织各项活动，在“落实、落小、落细”上下功夫，对丰富社区文化生活发挥促进作用。

五、实验进展

课程建设与老年素质教育实验项目实施，始终与我校“求知、崇德、尚为、快乐”的八字校训相结合。我们通过实验，体现办学理念，丰富校训内涵，力求使学员思想道德素质明显提高，文化艺术素质明显提高，生理心理素质明显提高。

（一）多元化设置课程，科学构建目标体系

按照实验项目需要，我们从文史系的“国学与中国文化”“美文赏析”“朗诵提高”课程入手，兼顾“国学经典”“国际文化旅游”“旅游名胜欣赏”“甲骨文识读与书法”等课程。中华文明源远流长，传统文化博大精深，开设这些课程，有利于增强学员的文化底蕴，立德树人，进一步激发学员的学习积极性。学校在课

程设置中渗透素质教育内容时，力求体现“人无我有，人有我优，人优我特”的特色，积极构建符合教育规律的目标体系，最终实现学员思想道德素质、文化艺术素质、生理心理素质明显提高的目标。

学校在尝试探索素质教育实验中，要求教师认真做好实验的规定动作，并以创新精神完成实验的自选动作。

（二）开展系列活动，努力提升文化素养

我校以特色素质教育与全面素质教育相结合、实验项目与实际需求相结合、课程建设与校园文化建设相结合“三个相结合”的方法开展实验，三者互为补充，无缝衔接。

1. 召开师生座谈会

教师是素质教育的直接实施者，学校邀请一线教师探讨如何结合学员特点，将学科与提升素质紧密联系，把弘扬中华传统文化和人文知识渗透、融入素质教育。参加座谈会的教师纷纷表示，要“树形象、铸师魂、做表率”，及时更新知识和智能结构，开阔思路，以满足素质教育的需求。学校还邀请学员代表参加座谈会，深入了解学员的需求、意见和建议。学校要求教师从学员实际出发，充分挖掘学员的人文底蕴，激发学员自我教育的潜能，发挥学员的主体作用，组织学习过程中涌现的有关学习团队积极开展活动，从而形成良好的学习氛围，培育学员的自我进取精神。与会学员表示，要积极参与项目实验，提高文化品位和综合素质，改变陋习，不断完善自我，为社会作出贡献。学员借助志愿者平台，通过演讲、交流、展示等形式展现自身的情感体验、价值判定、行为判断等，让老龄大学的教学成果向社会辐射。

2. 编印系列丛书

编印《如梦年华——美文赏析班学员作品选集》。为指导美文赏析班学员参与项目实验，教师在提高其鉴赏水平的同时，积极引导他们撰写回忆文章，通过文字，传递出值得嘉许的“活到老，学到老”的不断学习、不断思索、不懈前行的精神，为社会传递正能量。学校《老年文艺》特意增刊出版学员作品集《如梦岁月》。这些作品反映学员通过学习，能够以更加大度、优雅、从容的积极态度对待生活。牛传忠校长亲自为作品集作序，热情鼓励学员把学习和提高素质作为常态，不断自我完善，与时俱进，共同推动老年素质教育的发展。此后，这个班级还专门成立了“如梦岁月”文学社，逐步向全校热爱写作的学员开放，吸收更多学员，撰写更多文章。这不仅丰富了校园文化生活，还有力地促进了学员综合素质的提高，

也为今后“如梦岁月”系列丛书的编印打下了扎实基础。

编印《做法与说法——班长工作案例集萃》。为展现素质教育成果，确保实验项目顺利实施，我们从学员中的骨干入手，适时在各班班长中开展“如何当好班长”征文活动，共收到征文200余篇，录用84篇。这些征文反映了一线班长的心声，直面老年学员学习的难点和焦点，能够让读者窥班长工作“辛”路历程，品班级管理甜酸苦辣，悟素质教育真知灼见。征文中的案例涉及教学（教法教案）、班级管理、文明建设、校园文化、成果展示等方面，读来亲切可信，很接地气。案例作为范例，为学校班级管理的创新发展提供了一定的经验和思路。该书出版后，学校及时发放到班长和部分学员手中，让更多人关注班长工作，参与班长工作，不断提升素质能力，促进学校的全面建设。

3. 服务社会，打响朗诵队品牌

朗诵学习团队在不断提高朗诵艺术水平的同时，深入社区，把所学的朗诵知识与社区服务相结合，开展有特色的文化活动，弘扬中华优秀传统文化的思想精华和道德精髓。朗诵学习团队每半年在静安寺文化活动中心举办一次学期结业演出，为社会上的朗诵爱好者、文化活动中心社区老人表演；每年在上海老龄大学举办的年末教学成果汇报会上演出朗诵节目；先后受邀参加市级关工委老同志“春节团拜会”和中央电视台第十一届“中华情”艺术风采展演，赢得一致好评；2016年参加活动达26次，2017年6月底已参加活动17次。学员的演出体现了他们的真情和真义，所有朗诵节目都充满正义、正气、正能量，受到社区居民的欢迎。他们还在静安寺街道开展朗诵艺术培训活动，促进“戏剧谷”活动的开展。静安寺社区文化活动中心的教师说：“上海老龄大学朗诵队其实也是我们静安寺社区文化活动中心朗诵团队，在活动中心承担了不少演出活动任务，而且每次朗诵活动都贴合当前形势所需主题，传递了正能量。”朗诵队被评为社区教育示范性学习团队。在2017年上海市民文化节全城微朗读大赛海选中，有两位学员获得“上海市百位阅读好声音”称号。一位学员在2016年全国首届“为你读诗”总决赛上获二等奖，并获得“十佳方言诵读家”称号。

4. 开展“素质箴言”征集活动

学校开展了“素质箴言”征集活动，通过访谈、问卷调查、个别征求意见等形式，征集以爱情、亲情、友情、读书、励志、爱国、诚信、修身、养德、廉洁等为主要内容的素质箴言，征集风范典型。征集活动展现了学校精神风貌事迹，营造了浓厚的人文素质环境和争先创优氛围，激发了师生投身素质教育的热情，促使实验项目取得实效。学校共征集到“素质箴言”200余条，如提高素质，从我们老人做起；如果相遇，请留下美好；让美德陪伴终生。

六、实验成效

实验项目通过课题研究、布点实验、典型带动、重点突破、整体推动等步骤和环节，扎实有效开展，取得了一定成效。

（一）老年学员文化素质得到提升

在实验中，校领导要求教师积极传播以爱国主义为核心的民族精神、中华民族的优秀传统文化和社会主义核心价值观，要理直气壮地讲，要入耳、入脑、入心地讲，开宗明义地告诉学员课程的设置就是素质教育，教学的目的就是提高素质。学校积极营造谦和有礼、志愿服务、积极向上的校园文化氛围，充分运用微信群、微博等形式，发挥网络新媒体的育人功能。现在，学员在朋友圈里发教师上课视频、讨论学习内容、交流心得体会的多了，发理财、名医、秘方、偏方等内容的少了；传播正能量、正面评价社会和他人的多了，发八卦、小道、负面、虚假信息的少了。通过学习，老年人素质提高了，逐步成为正确价值观的定盘星。

（二）形成了积极向上、充满正能量的良好氛围

教师在教授“国学经典”等课程时，要求学员以国学经典来涵养德行、启迪智慧、丰富情感、滋润心灵，勇于改变自己对社会和他人的偏见，以良好的心态正确面对个人、家庭和社会中的各种问题。在学员中，处理问题时宽容、包容的多了，不负责任的议论和负面行为少了；思想、思维方式、语言表达符合社会要求的多了，以偏激、极端的方式评判他人和社会的言行少了。学员自觉为家庭和社会增能减负，逐渐成为家庭稳定、社会和谐的润滑剂。

（三）学员自我提高意识增强，充分发挥学习主动性

教师刚提出素质教育要求时，少数学员比较敏感，并提出问题：“上课讲老年素质教育，是认为我们的素质不高吗？老年素质教育是不是多此一举啊？”由此可见，一些学员在内心深处，并没有意识到自己有提高素质的必要和可能。教师在教学中感到，要让学员逐步认识到，不善于学习、生活不充实、精神空虚、自我控制力下降等容易引发老年问题，鼓励学员更加自觉地投入学习，提升自身的综合素质。教师在教授“国学与中国文化”时指出，要坚持道路自信、理论自信、制度自信和文化自信，坚决反对历史虚无主义。课后，学员一致认为，应该尊重历

史，加强自我修养，不断提高自身素质，不随意附和社会上不正确的观点和言论；应做自觉传承和发扬祖国优秀传统文化的使者，增强文化自信。可见，老年人认识的提高可以成为扩大老年素质教育成果的助推器。

（四）学员综合素质提高，争当风范长者

通过课程学习和参与项目实验，不少学员深刻地感到自己过去的认知和行为，仍停留在“老者”的层面上。现在，他们意识到，要从“老者”转变为“长者”，必须主动反思失当行为，尊重自己的同时更要尊重别人。教学过程中，教师引导学员开展“怎样才是长者”的讨论。有学员认为，长者应该潜心学习，增加涵养，以身示范，成为人们见贤思齐的楷模。有学员认为，长者应该是信仰坚定、爱国爱家、仪表端庄、举止大方、宽容礼让、谈吐优雅、好学博文、厚德慈祥、诚信守法的人。有学员认为，要有长者风范，就要学会自我教育、自我管理、自我监督、自我调节、自我修正、自我完善、自我提高，在增长知识和技能的同时，还要积极参与社会活动，自觉增长服务社会的能力。天下安，老人安，老年人可以成为社会前进和发展的压舱石。

七、实验结论

通过实验，我们发现，老年学员在思想道德素质、文化艺术素质、生理心理素质三方面有所提高，体现了一定的社会价值。但我们对业已取得的成绩不能估计太高，对未来发展的重任要有清楚的认识。

（一）提高老年人的整体素质任重道远

实验项目所取得的成效只让小部分学员受益，只起到了局部示范作用，要推而广之，提高老年素质教育的知晓率、参与率、满意率，提高老年人的整体素质，要走的路还很长。因此，我们在充分肯定已经取得的成绩的同时，要充分认识实验项目的时限性、边界性和不可逆性等特点，对成绩不能估计过高。老年素质教育要持之以恒，借鉴相关成功经验取长补短，才能真正揭示教育规律，使其成果成为可复制、可持续、可推广的公共产品。

（二）要把老年素质教育真正纳入终身教育体系

我校课程建设实验项目研究结果表明，老年素质教育课程在整个老年终身教育体系中是不可或缺的重要部分。教育的根本目的在于立德树人，因此，我们要继续积极探索，努力实践，切实把素质教育摆在日常教学的重要位置，把老年素

质教育真正纳入终身教育体系，努力把提高素质渗透到各类课程中，坚持实践，做到课程设置科学化、教学管理规范化、教学有大纲、实施有计划、教材和教学有质量评估。

（三）要建立健全老年素质教育的长效机制

提高老年学员的综合素质是一项长期、复杂和艰巨的任务，不可能一蹴而就，可以从以德为先抓起，办学人员、教师和全体学员都要重视素质教育，形成合力。在教育中，学校从老年人最关心、最直接、最现实的问题入手，引导老年人把个人价值与社会价值统一起来，凝聚正能量，积小胜为大胜，积跬步致千里，让老年素质教育始终保持创新力，常抓不懈，常抓常新，对社会产生积极影响，同时又要使老年人在素质教育中切实增加获得感和幸福感。

（四）要让全社会关注老年素质教育

老年素质教育是一项社会系统工程，不能仅靠老年学校单打独斗，老年学校也不可能通过开设几门课程就毕其功于一役。老年学校在重视老年素质教育的同时，要让全社会关心老年素质教育，通过学校、家庭、个人和社会方方面面的共同努力，形成良好的社会氛围，让老年人的生活因不断学习而美丽，因素质提高而精彩。

（结项时间：2017 年）

在老年大学课程建设中开展中华传统文化教育的实验

上海闵行老年大学

一、研究背景

我校在老年课程建设中开展中华传统文化教育的实践研究，是在原有课程“国学班”为主线的“在老年教育中开展中华传统文化教育的实践研究”取得成效基础上的前移后续、以点带面、聚焦课程主体的新研究、新突破、新进展。我们希望通过内涵的积淀和外延的发散，从深度和广度上使弘扬中华优秀传统文化与学校课程文化建设有机融合、融通，在进一步探索与实践中，深化中华传统文化教育，加强社会主义核心价值观的培育和践行。我们希望老年教育成为老年人学习知识、传承文化和追求真善美的过程，促使老年人从修身养性、为人处世做起，从和谐自身做起，坚持以道德为标准，不断完善人格，身心康乐，更好地树立长者风范，体现社会价值。

第一阶段，围绕实验项目，我们在课程理念、学科推广、课程拓展、课程探究方面取得了阶段性进展。在第二阶段的实施运行中，我们理论与实践相结合，坚持学习中华传统文化教育内涵，实践运行中渗透社会主义核心价值观，课程内涵中体现素质教育，促使老年教育成为老年人在新的社会化过程中进行自我完善和自我超越的、有目的、有追求的学习活动，成为老年人提高生命质量、适应时代和社会需求的素质教育实践活动。

二、实践探索

我们通过总结和反思自2011年以来学校“道德经”国学课程取得的成效，探求在老年课程建设中学习和弘扬中华传统文化、提高公民素质的手段和方法。

（一）在课程文化中渗透传统文化教育

1. 课程文化。闵行老年大学在多年办学过程中，坚持以优秀传统文化教育为涵养，在“八个三”办学理念基础上，形成“康宁乐学，璀璨人生”办学思想，不断赋予社会主义核心价值观新的时代内涵，渗透优秀的历史传统文化，其特征体现为奋发进取与颐养康乐的统一、道德约束与观念更新的融合、群体活动与个人志趣的协调、自我愉悦与社会传承的结合。办学思想体现为在教学中坚持“增长知识，陶冶情操，健康长寿，余热生辉”的课程宗旨、颐养康乐与进取有为相结合的教学目的、“因需施教，寓教于乐”的教学原则、“灵活多样，互动多彩”的教学方法等。学校以此为核心和灵魂，形成老年人共同培育、共同遵循、共同具有的价值观和行为规范。

2. 课程环境。“康宁乐学，璀璨人生”办学思想引领学校向素质教育更高层次方向发展。学校进一步强化文明行规，保障校园整洁和环境美化，积极创设人性化设施条件，深入办学理念引导和文明礼仪宣传教育。教师根据班级班规、守则要求等，分阶段分步骤地指导和帮助学员形成守规、有序、明理、有礼的良好风尚。

（二）在课程拓展中渗透传统文化教育

1. 课程优化。学校遵循适用性、科学性原则，挖掘和探索传统文化新资源、新元素、新潜质，不断丰富老年教育课程，积极创建特色课程和精品课程，开展优秀校本教材的展评与评选工作，逐渐形成富有区域特色的课程结构与体系。同时，学校大力发展老年远程教育，充分利用网络资源、指尖上的老年教育等平台资源，丰富老年教育学习内容，提高老年社会教育的有效性、便捷性、实用性。

2. 课程下移。通过重心下移，进行纵向发展。在承担下属 14 个街镇老年学校和 500 个居（村）办学点的管理、指导、辐射中，在进行定期调研、总结和反馈中，在组织老年教育课程研究和论文评比中，体现课程教育的本质，强化传统文化教育的意义，突出老年课程教育的主导性和引领性。

（三）在课程管理中渗透传统文化教育

1. 课程领导。加强教学管理队伍建设，组织学习老年教育“十三五”发展规划等，从思想高度充分认识老年教育发展愿景和核心，立足校本课程，牢牢把握课程教育的主方向，明确职责定位，体现以人为本观，在管理、协调、服务、组织、指导、推进、创新上发挥积极作用。

2. 课程执行。加强师资队伍建设，坚持年初计划、年终总结、论文评选、优秀表彰、考核激励，采取日常化、常态化管理措施，弘扬师德、发掘亮点、彰显特质、提炼课程、净化教育、提升教学。

3. 课程辐射。加强骨干队伍建设，进一步打造“第三课堂”，如走秀礼仪行、茶艺品香茗、书画风骨豪，丰富团队活动和校园生活。通过优秀表彰暨志愿者启动仪式，发展校园志愿者队伍，形成班队骨干队伍，以率先垂范、榜样先行，加强老年学员思想、道德、行规和素质教育。

（四）在课程制度中渗透传统文化教育

1. 规范制度。加强老年大学分校的学籍管理、组织管理、制度管理、行规管理，通过校园文化渗透和规范的管理体系，提升新分校的办学质量。

2. 拟定规则。为进一步提升管理人员服务指导能力和质量，规范办学行为，学校修订和完善了《教学质量管理办法》《班主任工作职责》《巡视管理工作要求》等规则，以精细化管理促进学校素质教育取得新成果。拟定《闵行老年大学志愿者队伍建设方案》，加强对志愿者队伍的组织管理，明确职责要求和功能定位，使其在"引领班队、协力学校、服务社区"中发挥应有的作用。

根据学校要求，细化并制定《班长守则和任务》，要求班长以身作则，引领班级形成良好的学风，以自身的主动作为和自觉行动促进班级建设，利用微信群，做好舆论导向工作，形成凝心聚力的良好格局。

（五）在课程活动中渗透传统文化教育

1. 建立道德讲堂。老年思想道德教学过程、教学目的、教学活动都是对学员进行思想道德教育，是德育，而教学过程是"育德"。学校建立道德讲堂，开展思想道德教育活动，落实《公民道德建设实施纲要》，以"身边人讲身边事，身边人讲自己事，身边人讲身边人"对老年人开展思想道德教育和公民文明礼仪教育，倡导遵纪守法、友爱互助、关爱、感恩等丰富的思想道德建设内容。学校策划和实施"青松讲坛走进闵行"讲座活动，主动吸纳各种优质教学资源，弘扬社会主义核心价值观，深入推进老年素质教育。

2. 开展艺术系列活动。学校加强文化建设，举办闵行区老年教育第十二届文化艺术节，开展"金秋琴乐，人醉心春""迎中秋，品香茗，学知识""闵行区老年教育书画摄影展""阳光下的舞姿——喜迎党的十九大"文艺会演等艺术系列活动，营造浓郁的校园文化氛围，彰显闵行老年教育的文化品位与精神。

（六）在课程研究中渗透传统文化教育

1. 科研领衔。学校关注"在老年课程教育中开展中华传统文化教育的实践研究"实验项目的学习过程、实践过程、总结过程和反思过程，在实施运行中不断推动实验项目走向成熟。学校坚持每年四月深入街镇的基层办学点开展老年教育调查研究，加强指导和辐射，在老年课程教育、老年远程收视教育、老年社会教育中不断宣传和弘扬传统文化，大力开展素质教育，提升文明礼仪素养，使之形成符合本地区的特色与亮点。

2. 联动科研。为使老年素质教育成为闵行老年教育重要的办学理念，闵行老年大学联合老干部大学和街镇学校，围绕老年人的身心健康与课程学习需求特点，积极开展相关课题研究，组织老年教育典型成功案例、老年素质教育科研论文等评选活动，注重实践，积极探索，力争形成闵行老年素质教育的新成果和新经验，为闵行老年教育质量提升以及在全市乃至全国推广积累经验。

（七）在课程特色中渗透传统文化教育

1. 开发教育功能。推进“居（村）办学点”和“深化办学点”项目建设，在居（村）办学点全覆盖的基础上，拓展办学点的教育服务功能，打造集学习指导、资源提供、团队活动等功能于一体的学习集聚中心，为老年居民提供更好的课堂教学资源，促进居民团队学习和远程学习，建好具有区域特色的家门口学校，使文化教育深入人心。

2. 推进养教结合。进一步扩大养老机构，推进养教结合工作，鼓励养老机构深入老年学校开展丰富活动，整合区域老年教育优质资源，创新各项举措，探索养教结合工作机制，进一步探索养老机构养教结合工作模式，形成广覆盖、多层次、宽领域、就近便捷的养教结合新模式。优化养老机构老年教育品质，扩大老年教育覆盖面，不断促进闵行区老年教育内涵发展，满足更多老年人的学习需求和文化教育需求。

3. 打造特色舞蹈团。传承和开发具有校本特质、体现艺术积淀的老年舞蹈艺术团，以多元舞韵文化的融合凸显老年教育的“康宁乐学”和老年学习的“璀璨生命”，彰显老年大学的办学特色和办学理念。

三、彰显成效

（一）体现示范、引领和辐射性

作为区老年大学，学校所建立的合唱团、舞蹈团、民乐团、书画社等不仅体现了区老年大学的水准，而且在市级展示中凸显了闵行老年教育的成效。学校不但在区各届老年教育艺术节中起到示范、引领作用，而且因为不少成员是街镇老年教育的骨干，在街镇及居（村）办学点中也发挥了率先、指导作用。合唱团被评为“闵行区特色文化团队”，合唱团、舞蹈团被评为“上海市老年人优秀学习团队”。

（二）提高学习积极性

在“老年学校教育”“老年远程教育”“老年社会文化教育”课程学习结束后，学员纷纷表示，希望校方提供一个平台，让他们继续学习、交流。为此，学校将有关课程的教学形式改为沙龙式、研训式，打破了传统课程教学法的限制，让学员在轻松的氛围中增长技能，在休闲活动中学习知识。这种学习方式，提高了学员自主学习能力，有效满足了学员服务社会的愿望。

（三）注重形成良好的学风校貌

在开展传统文化教育实践过程中，学校充分认识到，营造校园优良的精神品质和独特的文化氛围，可以启迪学员心智，促进学员全面发展，更好地发展老年教育，办好老年学校。为此，学校注重通过宣传深化传统文化教育，发挥老年大学和谐校园文化功能。在导向功能中，学校引导老年人进一步确立科学的世界观、人生观、价值观、荣辱观，始终坚持正确的前行方向。在教育陶冶功能中，学校通过课程教育、文化环境和精神氛围，使每位学员受到潜移默化的熏陶，知识得到提高，智力得到发展，意志得到磨炼，心灵得到净化，性格得到塑造。在凝聚功能中，坚持用社会主义核心价值观教育人、武装人、引导人，形成思想共识和共同目标，凝聚各方力量。在规范功能中，学校孕育正确的行为道德准则和精神信条，形成具有刚性约束力的制度安排。

（四）以科研提升教育品质

从专题立项起，课题研究逐步向教育教学过程管理深入。学校完成了“素质教育在老年人学习团队建设中的实践与探索”课题（获上海市三等奖），又立项了“在老年教育中开展中华传统文化教育的实践研究”课题（被列入上海市老年学校素质教育2015年优秀实验项目报告集）。

2016年，《上海老年教育研究》杂志第三期发表闵行老年大学文章《以道德经为抓手，弘扬社会主义核心价值观》。2017年，学校完成了由教育局、校领导牵头的课题“闵行区老年群体综合素养提高的实践研究”，下属七个街镇也都确立了老年素质教育课题。

四、思考方向

素质教育任重道远，在学校课程建设中开展传统文化教育，不仅要在核心价值观的目标定位上做实、做深、做透，还要在实验项目的宽度和厚度上做足文章，不断丰富其内涵。

（一）更新理念

社会主义核心价值观的建构，不仅要根植于中华民族传统文化，而且要创造性和创新性发展中国传统价值观，积小善为大善。学校只有自觉培育和践行社会主义核心价值观，才能进一步认识老年教育的定位、地位、作用和意义，明确指导思想和发展方向，也才能在树立先进的老年课程教育观的基础上，大力发展老年教育，全面勾画发展老年教育的美好愿景。

（二）继续践行

学校重视老年教育的“文化养老”，注重培育和弘扬社会主义核心价值观，促进老年课程教育本质和教育功能的回归，体现“以学为主，寓乐于教，享受学习，快乐人生”的教育特点。学校通过教学活动，使老年群体在“增长知识，丰富生活，陶冶情操，促进健康，服务社会”的过程中不断提高自身素质。学校通过创新教育体系，深化课程教学内容、方法和手段的改革，在满足老年人精神文化需求的基础上不断提高其整体素质。

（三）服务社会

作为终身教育体系和国家教育体系的一部分，老年学校应承担起相应的政治责任和社会责任，在课程设置、教学策略、学科专业中不断开展传统文化教育，渗透核心价值观，使老年教育成为老年人回归社会、融入社会、参与社会、服务社会的加油站。学校要善于挖掘老年人的内在潜力，发挥老年人的聪明才智，通过老年教育提高其整体素质，提高其为社会服务的能力，使其在为社会服务、加强社区建设、创建和谐社会方面发挥重要作用，作出应有贡献。

（四）辐射基层

明确区老年大学的功能定位——指导、协调、服务，坚持重心下移原则，不断将取得的经验向街镇辐射，发展多层次、多形式的办学模式，发掘和培育基层在传统文化、社会主义核心价值观学习、宣传、贯彻中的经验和亮点，促进闵行区老年教育健康发展。

（结项时间：2017 年）

以“感悟生命”课程为载体开展老年素质教育的实验

静安社区学院

一、实验基础

处于上海市中心地带的静安区，老龄化形势严峻。相关数据显示，静安区户籍老人总数超过9万，已逾户籍总人口的30%。有效帮助他们转变社会角色，排解孤寂心理，安享幸福晚年，是广大终身教育工作者的职责所在。

二、实验目的

老年人面临的问题很多，如人际关系方面的问题、养老的问题、与子女的关系问题、孤独的问题、健康医疗的问题，但从精神与心理层面来看，最重要的可能是生命质量问题。

人进入老年阶段，在生理、心理、事业、家庭、社会各方面都会发生很大的变化。很多老年人开始感觉到孤独、失落，产生消极情绪，很难快乐健康地生活。对老年人进行生命教育，帮助老年人面对现实，能使他们在身体保健的同时，从心理及精神上获得解放，活得有意义、有价值。

我们期望通过“感悟生命”课程，提高老年群体素质。首先，培养老人积极、乐观进取的心态，使其与他人、社会、自然建立良好的互动关系。其次，引导老年人树立正确的人生观、价值观，实现生命的最大价值。我们希望，大多数老人能够以科学的观念正确认识生存、临终、死亡等哀伤的事及情感，得到一个圆满的人生。再次，促使老人正视生命，积极参与社会活动，树长者风范，做风范长者，为社会道德重塑和正能量传播贡献力量。最后，唤醒老年人的生命意识，引导老年人认识生命的意义，追求生命的价值，激发生命的潜能，活出生命的意蕴，提高生命的质量，实现生命的辉煌。

三、实验过程

"感悟生命"教育实施分为三个阶段。第一个阶段，开设感悟生命系列讲座十讲。第二个阶段，开设感悟生命课程，对重点人群进行针对性指导。第三个阶段，在已有老年教育课程中渗透生命教育理念。我们把"感悟生命"教育作为切入点，实施老年素质教育，引导老年人提高对人生价值的认识，全面提升老年人的素质。后期，我们还开设了一些能深层次触及老年人心灵的课程，如"岁月留痕"课程，启发和辅导老年人撰写回忆录，记录老年人所经历的人和事，唤起老年人对美好生活的向往。

（一）讲座、课堂、书籍：老年生命教育"三重奏"

随着岁月流逝，长者们内心往往会有光阴不再、青春不复的忧伤之情。这既是一种私人心绪，又是一种对有限人生的感慨。特别是在当代的老龄化社会，这种孤寂的、边缘化的心理情绪不再是个别现象，而是普遍根植于老年人群内心深处。

近年来，随着各级政府的大力推进和同仁的不懈努力，老年教育工作开展得如火如荼，取得了丰硕卓越的成效，在很大程度上缓和了老年人那种"悲忧"的状态。同时，社会的发展与进步也引发了新的思考，使我们深刻认识到，老年教育应逐渐由"欢娱型"教育转向"引导型"教育，以唱唱、跳跳、吹吹、弹弹等形式为主的模式已不能满足老年人的精神需求，更不能真正涉及老年教育的核心领域——思想精神与生命教育。

为此，2014 年下半年，静安区依托上海市社区教育特色品牌"乐龄讲坛"，率先开设"感悟生命"系列讲座，将人生意义的理解、生命价值的认识、社会正能量的传播等渗透于形式多样、内容丰富的公益讲座，用这种方式去滋润和养护老年人的精神与心灵。在讲座的基础上，社区学院进一步推出"岁月留痕"（回忆录撰写）、"生活中的心理学"等配套教学课程，同时，广邀各领域专家学者共同编撰市民读本与系列丛书，打造一支科研队伍，加强对于老年生命教育的理论探索，努力提升老年教育的品质。

2015 年，静安社区学院编写了《让我们的晚年生活充满快乐》系列读本，第一期出版了《让我们的晚年生活保持健康》《让我们的晚年生活充满快乐》《让我们的晚年生活拥有智慧》三种读本。

经过一段时间的探索后，静安区逐渐形成了讲座、课堂、书籍的老年生命教育“三重奏”局面，多维度、多视角地开设适合老年群体的生命教育系列课程，赢得一致赞誉。

1. 开办生命教育讲座。静安社区学院开办老年生命教育系列讲座，希望通过讲座及师生间的沟通与交流，引导老年人善待生命、珍惜生命、尊重生命，不断增强生命意识，提高生命质量。学院邀请教育学、社会学、生理学、心理学专家共同设计系列讲座内容，包括生命本质的教育、生存意识与能力的教育、生活质量与人格的教育、人际关系与适应社会的教育、价值生命与智慧生命的教育等。

2. 建设生命教育课程，编写符合老年人学习特点的课程与教材。课程以丰富和发展老年学员的生命为起点，增强学习过程的生命内涵，强调课程的整体性和过程性，强调对教育中个体生命的关注，不断促进老年学员生命自由、完善地发展。“整体性”不是指知识系统的整体性和学科结构的完整性，而是指个体生命的完整性，即每位学员都是充满智慧和生命活力、富有想象力和情感的人，是集生活、学习和审美于一体的活生生的人。“过程性”是指课程展开过程的动态生成性。课程不断展开的过程，也是学员生命充分展现和不断建构的过程。因此，在具体课程展开时，各种变化的情况必然会引起学员不可预期的生命律动。课程应该鼓励计划和预期之外的活动和结果，这样才能真正促进生命主动积极地发展。

3. 生命教育全面推进。在生命教育推进过程中，强调面向“全老年人群”，深入“老年生活全领域”和关注“老年生命阶段全过程”，为老年人创设一个人与人、人与自然、人与社会和谐发展的教育生态环境。静安区正在谋划如何在全区范围内通过各种老年教育渠道（包括老年学校教育、远程老年教育、老年社会教育），全方位地渗透生命教育理念，全面推进生命教育进程，让全区老年人都能通过生命教育感悟生命真谛，提升生命境界，实现生命价值。

（二）实例、交流、互动：老年生命教育人本教学

正确对待人生问题，一定要以宽阔的胸襟和长远的眼光去观察与反思，正所谓“风物长宜放眼量”，只有高瞻远瞩，才能看透彻、想明白。老年生命教育也要秉持这样的精神，站在一定高度去统筹规划，才能真正建成有益于广大群众的教育。

老年人拥有相当丰富的生活阅历，对人生也有各不相同的理解和认识。要想把这些见解转化为有益于社会的思想精神财富，生命教育是一条有效途径。学习生命教育系列课程，使老年人对人生意义和生命本质有了更深刻的认识，在思、

辨、悟的过程中体会到了终身学习的乐趣，也使老年生命教育课程成为正能量的转播站。

1. 侧重人文呵护。生命教育课程内容涉及面广泛，包括生命科学、生物学、社会学、文学、哲学等。我们把内容重点偏向人文学科，是因为人生或者有关生命的学问很难被直接预测，不具有规律性，不像自然科学的实验结果那样具有可重复性。但这并不代表在生命教育中自然科学不重要，没有自然科学的支持，许多问题都缺乏事实根据和理论支撑，同样不能达到开阔老年人思路、帮助他们改善生活和感悟生命的教育目的。

2. 注重实例讲述。在教学方式上，提倡把理论寓于生活实例和故事中。这样能很好地激发学员的兴趣，使讲座的整体气氛变得活跃，又能够贴近老年人的生活世界，拉近理论与现实、教师与学员之间的距离。例如，一位教师提及乔布斯的一段遗言："我生前赢得的所有财富我都无法带走，能带走的只有沉淀下来的纯真感动以及与物质无关的爱和情感……"教师话音刚落，学员就热议起来。教学内容只有与现实生活息息相关，才能发人深思、深省、深悟，触动人们的思想与心灵。

3. 鼓励交流互动。在教学形式上，重视师生互动，包括知识互动、情感互动、心灵互动。讲课过程就是师生生命交融的过程，是生命教育展开的过程，是老年学员生命充分展示和不断建构的过程。从生命的视角看教学，教师不只是知识的传递者，课堂也不只是展示教师娴熟授课技巧的舞台，而是激发老年学员生命活动的场所。老年学员不只是一个学习者，更是作为一个完整意义上的生命去体验和创造精神世界。

4. 倡导学思结合。生命教育的根本任务是提升人们对于人生和生命问题的认识，而人生的许多问题并没有统一答案。生命教育系列课程充分体现开放性、启迪性特征，其每一讲、每一课、每一节并不提供给学员现成的、统一的、固定的答案，而是留有更多思考的余地，以启发式的、授人以渔式的教学方式，让学员体会思考的快乐。

四、实验效果

（一）获得了老年学员的一致认可

"感悟生命"系列讲座帮助老年人重新认识了生命的意义和价值，提升了他们对生活的信心，得到了老年学员的一致认可。调查数据显示，几乎所有学员都认为讲座很精彩，98.3% 的学员对生命的意义和价值有了一定的感悟，95.9% 的学员坚定了对未来生活的信心。

一位 91 岁高龄的陈先生，早年丧偶，三个子女都不在身边，是个典型的独居老人。他身板硬朗、思路敏捷，平时喜欢文学艺术，退休后一直在老年大学学习。现在，他年事已高，更喜欢参加灵活、便捷的各类讲座，是"乐龄讲座"的常客。在"感悟生命"讲座中，他听得很认真，不时用手机拍下屏幕上教师书写的要点，以便回家进一步消化。他说："学习点亮了我的人生之路，使我的生活变得更加多姿多彩，活得有滋有味。"

一位盲残学员贺先生写道："我是盲残人，现实生活中有很多无奈，很多原来会处理的事情，现在都做不了，内心的痛苦无法用语言表达。生命教育课程，丰富了我的生活，重新唤起了我对生活的希望。"

（二）促进了老年教育的内涵建设

如今的老年人更为注重心理、精神上的需求，老年教育也逐渐关注对老年人进行思想精神、生命意义的关怀和引导。基于这样的理念，静安区积极开展老年生命教育，积极开办生命教育系列讲座，邀请各领域专家学者共同编撰市民读本与系列丛书。静安区老年生命教育系列课程既深入人心，符合老年朋友教育需求，又遵循教育规律。静安区通过组织讲座、课堂、阅读等形式的学习，帮助更多的老年人懂得了生命、人生的奥秘，充分感悟到了人生之美。静安区通过对老年生命教育的理论探索，努力从根本上提升老年教育品质，促进老年教育的内涵建设。

五、实验思考

静安区的老年教育工作者进行了有益的探索，在实践中他们发现，观念是灵魂，内容是关键，互动是重点，师资是保证。

（一）意识理念的启发培养是老年教育的关键

生命意识既包括对人的物质生命的满足，又包括对人的精神生命的提升。生命意识的养成，不但能够使老年人深刻地认识生命的价值，而且能够使其具有丰富的生命情感和坚强的生命意志。静安区的老年教育工作者，在实践中始终贯彻生命教育理念，不断引导老年人认识、发现甚至创造生命的意义，取得了良好的教育效果。有学员说："通过讲座，我懂得了人生是宝贵的。我要在有限的生命中，传播正能量，与时俱进，活得更精彩、更潇洒。"可见，树立科学的生命观、唤醒老年人的生命意识，是老年教育的重要任务。

（二）教育活动内容和形式符合老年人的实际需求是前提

调查结果表明，大部分老年学员认为，讲课内容贴近他们的生活世界，这是教育活动取得实际效果的重要前提。从老年学员的生活世界出发设计授课内容，有助于老年人理解和接受；讲授的内容安排密切联系老年人的生活实际，能够引发老年人的心理共鸣，进而使其受益。

教学活动要重视师生互动，重视知识、情感和心灵的互动。生命教育讲座展开的过程，既是老年学员生命不断展示和构建的过程，也是学员与教师之间心灵交汇的过程。教师不只是知识技能的传授者，更是激发老年学员生命活力的助力者。因此，教师不能仅仅追求教学进度，而要多留一点时间让学员相互交流。师生互动应该成为衡量老年生命教育质量的重要指标，师生缺乏互动，学员就无法把外在知识转化成内在精神财富。

（三）组建高质量的师资队伍是老年教育的重要工作

我们邀请了不少资深的学者与专家加盟老年生命教育课程教学工作，其中，有生命科学专家、著名社会学家、高校文学教授、专攻心理健康的医学专家。他们充分发挥自身的专业作用，为老年人进行了精彩的演讲，得到了老年学员很高的评价，讲座也因此有很高的出勤率。有学员说："授课教师与听讲老人之间，没有尊卑之分，没有官民之别，学习气氛相当融洽，实在难能可贵！"还有学员说："他们讲课风趣幽默，引人入胜，回味无穷，每次听课既增加了知识，开阔了眼界，又陶冶了情操，愉悦了心情。"

学识魅力和人格魅力是高水平的教师应该具备的特质，组建高质量的师资队伍是提高老年教育实效、实现教育意义的关键。鉴于老年教育现有师资情况，培育专业的生命教育师资尚不现实，但可以通过加强教师培训促进生命教育理念的宣传及在教学活动中的渗透，使广大教师认识到，教育过程就是对老年学员生命活动的关怀过程，学习过程就是一种享受生命的过程，教育的最终目的是提升老年人的生存质量、生活质量和生命质量。

（结项时间：2015 年）

关于老年生命教育课程设计的实验
——以虹口区老年大学为例

上海市虹口区业余大学

一、概念界定

生命教育是探讨死亡的本质和各种濒死、丧恸主题与现象，促使我们深入思考自己与他人、社会、自然、宇宙的关系，从而察觉生命的终极意义在于面对死亡、克服对死亡的恐惧与焦虑、超越死亡、思考生命，进而体会真爱与珍惜，展现人性光辉，活出生命意义的教育。

本研究中所使用的生命教育，是为了缓解老年人对于生死问题的焦虑，从而帮助老年人提升生命质量，所以应当划分到狭义上的生命教育。

二、实验背景

上海是我国最早进入老龄化社会的城市，也是我国老龄化程度最高的大型城市。人口老龄化问题是上海社会发展过程中必然面临的严峻挑战，是上海必须承担的社会责任，是关系到上海每一个家庭的重大民生问题。积极应对老龄化、加强老年人素质教育中的生命教育，是当前终身教育的一项紧迫任务。

老年人如何认识生命、死亡、幸福等话题，关系到老年人的生活质量，进而关系到社会的安定和谐及国家的发展。缓解老年人生死焦虑问题非常重要和必要，老年人生命教育会越来越重要。老年人要拥有一个快乐、幸福的晚年，不仅应该有正确的人生观和幸福观，还应该有正确的生死观。这种价值观的建立，需要科学的引导。老年人生命教育的目的是帮助老年人解决生死困惑、减少和消除由濒死带来的精神痛苦，帮助老年人正确认识自己的生命与尊重他人的生命，进而使自己生活得幸福、有价值、有尊严，也造福更多生命。

虹口区老年大学自2016年起关注老年人的生命教育，举办生命关怀和老年人心理健康讲座，吸引了越来越多的老年人前来听讲。为了满足更多老年人对生命教育的需求，2017 年，学校组织一些专家和志愿者教师，着手开发老年人生命教育课程。2018 年，课题组成员选择在老年教育的主要实施场所——社区老年大学中实践老年生命教育，并将社区服务与老年大学结合起来，设计了一门适合老年大学使用的生命教育课程，依托社区，定期举办讲座、论坛、分享会等活动，更好地实现老年生命教育的目标。

三、实验目标、实验内容、实验方法、实验过程

（一）实验目标

本研究立足社区老年群体对生死取向的生命教育的需求分析和学情分析，结合老年人的特点和社区实际情况，在整合出课程设计框架的前提下，参考成人学习、老年心理学、生命哲学相关理论，设计并开发出具有适切性的生死取向的社区老年生命教育课程，以期在老年生命教育课程设计方面进行有益探索，为今后这一领域的课程设计提供一些参考。

（二）实验内容

首先，通过前期分析，解决课程适切性问题，并根据对现有的相关课程设计框架分析，结合虹口区老年大学的实际情况，整合出本土化的生死取向的老年生命教育课程设计框架。

其次，根据整合后的课程设计框架，选取合适的课程内容，设计开发出包括评价方案在内的生死取向的老年生命教育课程。

（三）实验方法

本研究的总体目标是设计出一套生死取向的老年生命教育课程。为实现这一总体目标，研究者确定了制定课程目标、选择课程内容、设计课程形式、安排课程实施进度、开发课程评价方案等具体目标。这些具体目标的实现需要借助不同的研究方法，具体来看，本研究使用了四种研究方法。

1. 文献分析法

搜索国内外现有文献，查找收集与具体目标相关的研究，包括老年生命教育、生命哲学、课程设计、成人学习理论等方面内容，在此基础上根据实际需求进行筛选，为本研究提供理论支持。通过文献分析，结合实地调研，在做好相关理论研究工作基础上，整合出具有可行性的课程设计模型，据此进行课程设计。

2. 实地调研法

为获得真实生动的第一手资料，本研究在调研工作中使用了实地调研法，深入虹口区社区学院和虹口区社区老年大学，通过观察法和访谈法了解老年学员的生死观，对社区服务工作者和社区教育工作者进行访谈，了解他们对于开展生死取向的老年生命教育的建议和想法，从而获得更为全面的信息和更加可靠的资料。

3. 问卷调查法

为充分了解老年学员对于生命教育课程的需求及其现有的生死观，本研究通过向被调查者发放调查问卷，请他们填写问卷从而间接获得信息。通过对现有生命实证研究成果的分析，研究者选取品德心理研究中常用的造句法来间接了解老年人对于生命和死亡现象的真实看法。

4. 访谈法

在本研究中，访谈法是在研究前期多次使用的方法。对老年学员预访谈中收集到的信息可以为问卷调查的开展和正式访谈提纲的设计提供参考。实地调研中，对社区相关工作人员开展半结构式访谈，能让研究者获得隐藏信息和有益的启发。研究者通过问卷调查和访谈法相结合的方式来了解老年学员的生死观现状及其对生死取向的老年生命教育课程的真实需求，从而有效确立课程目标。

（四）实验过程

1. 前期研究

2018 年 6 月至 10 月，研究者对国内外生死取向的老年生命教育课程的现有研究成果进行整理分析，结合虹口区老年大学的实际情况，整合出具有可操作性的本土化的课程设计框架，为下一步的课程设计提供操作流程和理论基础。

2. 中期研究

2018 年 11 月至 2019 年 5 月，研究者采用问卷调查和访谈的形式对虹口区老年大学学员的学习需求和学情进行前期分析，把调查结果与老年人应有的健康生死观进行对比，分析出该社区老年人的生死观中存在的问题，以便在课程设计中针对这些问题进行合理回应。随后，研究者根据前期分析和整合后的课程框架进行生死取向的社区老年生命教育课程开发与设计。

3. 收尾研究

2019 年 6 月至 10 月，研究者在中期研究分析的基础上，针对调查中发现的问题，借鉴适用的成人学习理论、课程设计理论、生命哲学理论、心理学理论，按照整合后的课程设计框架，设计出适合该社区老年学员的、能够帮助他们树立健康生死观的生死取向的老年生命教育课程。研究者把课程应用于虹口区养老机构试点，及时收集反馈信息，对课程进行优化调整。

四、实验成效和结论

本研究中的研究对象主要是虹口区老年大学的学员和工作人员（包括领导、班主任、教师）。虹口区老龄化程度在上海市名列第一（依据全国老龄委 2017 年发布的数据，该区 60 岁及以上老年人口占 35.5%），而虹口区老年大学是一所区级老年大学，该校的学员多是社区内的本地居民，年龄分布具有代表性（在 60 岁至 80 岁之间）。因此，调查上海市老年人的生死观及其对生死取向的老年生命教育的需求时，把虹口区老年大学的学员作为调查对象，具有一定的代表性。

（一）课程设计的基础

本研究在实证研究部分采用了造句法、问卷调查法、访谈法三种研究方法，分维度对老年学员的生死观现状、课程内容需求情况、对课程实施方式的建议、参与意愿等进行了调查研究。研究者总结归纳了三种研究方法所取得结果及在研究实施过程中非正式研究所获得的研究发现，将其作为课程内容设计和实施方式选取的实证基础。

从老年学员的生死观现状来看，老年人的生死观认知水平集中分布在本质认知阶段，多数老年人能够认识到生命和死亡的本质属性，部分老年人存在认知模糊、理解片面等问题。在生命和死亡态度层面，多数老年人能被动地接受死亡，对于死亡持回避性接受态度，部分老年人存在对生命的消极态度及对死亡的恐惧和焦虑态度，极少数老年人对死亡有主动超越的态度，对生命有反思感悟的态度。

从课程内容需求情况来看，研究者根据老年人生死观调查研究结论，分别进行了针对认知、生死态度、处理生死问题相关能力等层面的五类课程内容需求调查。调查结果显示，老年人对于五类课程都有需求，但需求程度不高，介于“可有可无”与“有一定需要“之间。课程内容需要程度最高的是应对老年期身心变化的相关指导，需要程度最低的是应对死亡的实务处理，介于两者之间的是生命意义探索、生命与死亡认知、应对死亡的心理指导，需要程度依次降低。

从对生死取向的老年生命教育课程的一般认识来看，老年人对于生命教育知之甚少，基本上没有接触过这类课程，主要原因是缺乏了解生命教育的信息渠道。这也反映了老年生命教育的现状不容乐观。

从对生死取向的老年生命教育课程的必要性认识来看，认为有必要开设的老年学员略多于认为没有必要开设的老年学员，可能是因为老年人缺少对于该课程的全面了解，多数老年人仅从问卷调查的第二部分获取了课程内容的部分信息，因此对于课程开设的必要性认识不足。

从对课程实施方式的建议来看，多数老年人希望参与课程目标和学习活动的规划，并且偏好讲座和活动兼顾的课程形式，对于单纯的讲座课程兴趣不大。

从参与意愿来看，多数老年人愿意参与课程，但也有将近半数的老年人不愿参与课程。为探究老年人缺乏课程参与意愿的原因，研究者对没有参与意愿的老年人进行了访谈，得出以下结论：（1）对课程缺乏了解，认识不到该课程与他们生活之间的联系；（2）处于过度自我关注阶段，满足于生活现状，拒绝思考生死问题；（3）因回避生死问题导致参与动力不足，认为休闲娱乐足够满足自己的精神需要；（4）受传统文化心理影响，把死亡视为一种禁忌，不愿参与相关课程，这在一定程度上反映出他们内心深处对于死亡的恐惧和回避态度。

在研究过程中，我们通过观察和非正式访谈获得了一些非正式研究资料。第一，多数初次接触生死取向的老年生命教育课程这一概念的老年人会产生抗拒情绪，认为谈论生死话题是一件很严重的事情，需要工作人员用合理的措辞进行耐心解释。反映在课程设计中，要求教师具有良好的沟通技巧，能与老年人建立相互信任的师生关系，只有这样才能在涉及生死的敏感话题上与老年人和谐互动。第二，在交谈过程中，我们发现，老年人喜欢回忆过去，援引自身的经历来支持自己的观点，善于从对于自身生命历程的回顾中获得启发。反映在课程设计中，这一发现可以为设计具体的课程方案提供指导。生命回顾法已经被运用在老年生命教育实践中，国内外都有相关的案例可供参考。

（二）课程设计的过程

课程的需求主要来自学员、当代社会生活、学科专家三方面。从学员自身的生死观现状来看，老年人存在生死取向的老年生命教育需求。生命关怀属于完满生活素养的指标之一，生命关怀是老年人树立正确的生死观，科学看待生命的衰老与死亡，不懈实现人生意义，在幸福和健康中安享晚年的必备素养。生命关怀既是社会层面对于生死取向生命教育提出的需求，也是本课程中必须涵盖的内容。我们认为，生死取向的老年生命教育课程某种程度上等同于养生保健类课程，该课程应该首先满足老年人对于传统养生保健项目的需求。

本课程的学习者是虹口区老年大学学员，年龄分布在 55 岁至 80 岁范围内，集中分布在60岁至70岁之间，属于老年期。大部分学员对于生死取向的老年生命教育课程缺乏一般性和必要性认识，对于课程的参与意愿也不高，所以在课程设计过程中要尽可能多地邀请学员参与，让他们通过对课程设计环节的亲身参与，充分了解课程的内涵和实施意义，老年大学的工作人员也要做好宣传和解释工作，提高课程的吸引力。老年人的学习需求具有明显的非功利性，大多源于兴趣爱好和社会交往的需要；学习风格具有个体差异，但总体来看偏向体验式学习；记忆力、注意力、视力、听觉、协调性等处于衰退阶段；学习内容上更倾向与日常生活密切相关的内容，偏向利用自身经验完成学习任务，对于需要思辨的抽象学习内容兴趣不大。教师在课堂教学中要根据老年学习者的特征，选择合适的教学方法激发老年人的学习动机，减少老年人的学习障碍，为他们创造合适的学习条件和学习环境。考虑到大部分学员喜欢讲座和活动兼顾的课程形式，并且具备参与讲座和活动课程的先前经验，对于活动和讲座的接受度比较高，教师在课程设计中应根据实际需要选择课程实施方式，根据课程实施方式进行配套的评价设计，为后续课程优化工作做好准备。

（三）课程设计的内容

总课程目标是树立正确的生死观，科学看待衰老与死亡，提高应对衰老过程的必备心理能力，掌握实用技巧，在此基础上感悟生命价值和人生意义，以积极乐观的态度面对生死问题。本研究的具体教学目标参考了布卢姆的教学目标分类方法，分为基础知识层面（认知层面）、情感态度层面、行为技能层面。[①]

在设计老年大学生死取向的老年生命教育课程内容的具体操作层面，研究者需要在充分征求老年学员意见的基础上确定每次课程的具体内容、教学方法、教学材料等，根据课程的总体目标和具体的教学目标设计出课程模块和单元主题。这种情况下设计出来的课程内容更具有适切性。为使课程安排更加适合老年大学的实际情况，研究者结合内容需求调查分析结果，把课程内容分为五个单元，分别属于基础知识类、情感态度类、行为技能类三个课程类别。根据前文的研究内容，我们把本次课程内容分为五个单元，每个单元又细分为三个不同的课程主题，并就每一个课程主题的课程目标进行详细的描述，结合课程资源，确定课程主题呈现形式和内容大纲。

---

① ［美］洛林· W. 安德森，等 . 布卢姆教育目标分类学：分类学视野下的学与教及其测评［M］. 蒋小平，张琴美，罗晶晶，译 . 北京：外语教学与研究出版社，2009.

老年生命教育课程内容

第一单元　生命与死亡认知：探索生死本质，解开生死困惑　（基础知识类）
第二单元　生命意义探索：生命多彩，死亦何惧　（情感态度类）
第三单元　应对疾病的相关指导：夕阳余晖，伴我变老　（行为技能类）
第四单元　应对死亡的心理指导：向死而生，无惧无忧　（行为技能类）
第五单元　应对死亡的实务处理：生死大事，有备无患　（行为技能类）

研究者根据单元课程目标设置相应的课程内容，按照老年大学一学期 15 个有效教学周安排 15 次课，由学员根据需要自行选择参与全部单元或部分单元学习。由于本次实验的研究对象是老年大学学员，他们的注意力集中时间和精力有限，每一单元的单次课程时长不超过一小时，每单元课程分三课时完成，在课程内容设置方面，由简单到复杂，由浅入深。课程内容涉及学习导语、课程导入、内容展开、课程总结和评价四个环节。每个环节使用不同的课程资源，组织了不同的课程活动。

“生命是什么——谱写自己的生命之歌”教学设计

教学用时：1.5 小时。

教学目标：通过讲解、观看视频、讨论，让学员更加深刻地理解生命的宝贵，了解生命的历程，从而理性看待死亡，明白死亡是生命的一部分，是自然规律，从而活得健康且有尊严。

学习导语：从英国 BBC 制作的《生命》（又名《生命脉动》）系列纪录片说起，引出“生命至上，珍视生命”课题。

课程导入：播放一段有关生命的视频，让学员认识到生命的宝贵。

内容展开：（1）朗读并欣赏《人之初》；（2）简介 20 世纪诺贝尔物理学奖获得者埃尔温·薛定谔的作品《生命是什么》；（3）举例说明中外名人、普通人的晚年精彩生活；（4）朗诵《老有老的骄傲》。

课程总结和评价：教学手段多样化，注重师生贴心互动，让学员在广阔的知识背景下积极面对老年生活，重视老年生命教育。

（四）课程设计的结论

通过对生死取向的老年生命教育课程设计的研究，我们主要得出三方面结论。

1. 在现状和需求分析的基础上，本研究设计出基本符合虹口区老年大学学员的生死取向的老年生命教育课程方案，并以“生命是什么——谱写自己的生命之歌”为例进行教学设计。研究者通过分析虹口区老年大学学员生死观现状存在的问题、课程内容需求、老年学习者的学习特点，采用主题讲座和主题活动相结合的学习模式，采用互动性高、参与性强的教学方法，借助多元化的课程资源，设计出符合虹口区老年大学学员学习需求的课程设计方案。

2. 将生死取向的老年生命教育课程推广到老年大学具有必要性和迫切性。研究者从学习者的角度出发，分析了课程设计及应用的必要性。从后期对老年大学工作人员和领导的走访调查来看，各方参与者均认为这种课程设计非常有必要，并邀请我们加入以虹口区业余大学和虹口区老年大学为申请单位的上海市老年教育理论中心的研究项目。

3. 在研究中我们发现影响课程实施的障碍之一是生命教育教师队伍力量薄弱。目前，老年大学的教师主要由区内其他单位退休的老年教师兼职，主要教学内容是休闲娱乐类课程，生命教育的师资力量基本是空白，尽快组建一支生命教育教师队伍是保证课程落到实处的必要前提。

五、存在的问题及下一步打算

就研究过程本身来看，首先，受研究周期和研究对象等现实因素影响，调查问卷没有经过信度和效度评估。其次，选取老年大学的学员作为调查对象，虽然在实际操作过程中得到了老年大学工作人员的支持与配合，但由于大部分学员对课程研究本身心存疑虑，对生命教育比较陌生，部分学员在问卷填写过程中出现敷衍作答的现象，可能会影响部分数据的真实性。由于师资力量有限，特别是体验活动需要社会活动基地和志愿者的配合，这在实际教学中，很难完全实现。因此，课程在后续推广实施中可能会遇到障碍和困难，目前本课程仅仅完成了设计部分，研究者设计了生死取向的老年生命教育课程方案，但还没有机会进行实践检验，对于课程效果的评价也未能完成，这是本研究的一大遗憾。

针对不足，研究者对本研究后续发展提出一些设想：（1）增加调查研究的样本数量，以减少因被试作答态度不端正造成的数据失真；（2）研究周期可以适当延长，充分利用问卷中的背景资料对收集到的信息进行更加深入的统计分析，如可以研究不同背景变量对于生死观的交互影响，设计出更有针对性的课程；（3）增加课程可行性方案设计的内容，丰富课程设计的案例，争取各方配合推动课程实施，在实施后对课程设计进行评价方面的实证研究，根据反馈结果不断反思和优化培训课程设计。

（结项时间：2019 年）

在班级教学中培养终身学习品格的实验

——基于“书法文化研讨班”的教学实践

徐汇区虹梅路街道社区（老年）学校

一、组建实验项目组

该实验项目得到徐汇区虹梅社区学校高度重视。从实验项目立项开始，学校就成立了专门小组，虹梅街道办事处主任担任项目组负责人，虹梅社区学校常务副校长担任项目组联系人，虹梅街道学校专兼职教师担任项目组成员，共同开展研究相关工作，进行了两年的探索实践。

二、明确实验目标

（一）提升终身学习的意愿

书法学习动机可以分为三个层次。第一个层次是实用，提高书法技能可以满足实用的需要，如好的书法作品可以送朋友或展示，获得别人的赞扬。第二个层次是艺术，提高书法的艺术品位可以满足艺术的需要，艺术是非实用的，它是一种心灵和情感的宣泄交流。古人说：“往时张旭善草书，不治他技，喜怒，窘穷，忧悲，愉佚，怨恨，思慕，酣醉，无聊，不平，有动于心，必于草书焉发之。”这就要求我们学会透过书法的“形”欣赏书法的“神”，通过书法的“形”表达书法的“神”。第三个层次是文化，书法是中国文化核心中的核心。喜爱书法、学习书法、创作书法是一个文化认同的过程。在书法中，人们可以学习中华文化发展的历史，自觉传承中华文化优秀传统，并为弘扬中华文化奉献自己的力量。

（二）丰富终身学习的底蕴

书法不是一种单纯的技能，而是一门艺术或一种文化。如果把书法作为一种技能，那就只需要学习“用笔”“结构”“章法”“墨色”这些技术元素。为什么汉字的书写会有这么多的讲究？这与我们的文化有关，书写会涉及哲学、文字学、考古学、历史学、美学、心理学等多方面的知识。对老年人来说，他们有学习这方面知识的需求，也有学习这方面知识的能力。孙过庭在《书谱》中比较了老年人与青少年学习书法时的不同优势，认为“思通楷则，少不如老，学成规矩，老不如少”。老年人在知其所以然，自觉运用书写规则方面有其独特的长处，要发挥这一长处，就要丰富他们的文化底蕴。所以，我们把实验班命名为“书法文化班”。

（三）养成终身学习书法的习惯

书法是用毛笔书写汉字的艺术。在传统的中国社会，读书人每天用毛笔写字，这是他们的生活方式。苏东坡说：“一日不书，便觉手涩。”在最近的一百多年时间里，书法受到了两次巨大的冲击。第一次是钢笔的使用，这使得把毛笔作为主要书写工具的中国书法受到了巨大冲击。第二次是计算机的应用，用键盘可以输入汉字，彻底改变了人们用笔书写文字的习惯。现在的年轻人越来越疏远毛笔，疏远书法。书法甚至已经变成了“非物质文化遗产”，需要国家采取特殊的措施来加以保护。在这种情况下，如何养成终身学习书法的习惯？我们面临着严峻的考验。中国书法家协会副主席包俊宜指出：“学习书法的最低运动量，是每周四次，每次一小时。达不到这个最低运动量，学习书法是没有效果的。”整个社会汉字书写受到巨大冲击，书法学习必须达到最低运动量，都要求老年学员在学习中自觉养成终身学习书法的习惯。这样，他们即使离开了某个班级，离开了原来的环境，仍能坚持学习，主动寻找和创建新的学习环境。

三、实践与理论相结合的实验背景

虹梅社区学校开展这一实验，源于书法课程班兼职教师何侠斋从事社区教育工作的经历与经验。何老师原来是大学教师，退休后从事社区教育工作十余年，感触颇多，产生了开展社区教育研究的想法，并着手进行实验。何老师社区教育研究的过程大致分为三个阶段。

第一个阶段是总结他人经验，如学习七宝镇社区学校加强对志愿者教师管理的经验，学习九亭对社区学习型沙龙制度化管理的经验，何老师带领青年教师把点滴经验整理出来，将其系统化，然后用相应的教育学、管理学理论加以说明。

第二个阶段是对他人的实践进行一定的干预。这种干预当然不是瞎指挥，而是以何老师自己的实践经验和理论学习心得为依据。何老师之前进行过“村居委学习型团队主动发展机制的实验研究"，便把自己总结的书法沙龙发展经验作为依据，在七宝镇的七个基层学习团队中进行推广和复制，然后进行深入的理性思考，概括出学习型沙龙主动发展的内在机制。

第三个阶段是实践与研究相结合。这次在虹梅社区学校开展的实验，就是在实践中摸索进一步发展的关键问题和解决路径。

四、在课堂教学过程中推进素质教育

从实验项目的进展来看，每一次备课、上课、反思的过程，都是不断发现问题、及时调整、加以改进和提升的过程。研究者希望在不断完善的过程中提升老年核心素养。

（一）备课的改进

一是有预设。备课就是对课堂教学目标、过程和预期效果的预设。现在的书法教学大多是没有预设的。受师徒授受方式影响，教师一般是不讲的，或者教师写，学生站在旁边看，或者教师写个样子，学生照着临摹，教师在学生的作业上画圈或打叉，全靠学生自己看、悟、练。现在的书法课堂中，仍有许多人沿用这种教法。他们认为，书法教学是为了培养技能，不需要讲道理，只要看、悟、练就行了。何老师认为，这种观点和做法降低了教师在书法教学中的引领作用，书法教学应当像其他课程一样有备课，有预设。何老师每次上课前，都要准备讲解的内容，其容量大概可讲 30 至 45 分钟。这些内容，有的是何老师根据书法技法、书法历史和书法欣赏的一般规律来确定的，具有一定的系统性；有的是学员在学习过程中遇到的有普遍意义的实际问题。如学习书法创作时，课程班准备举办学员作品展览并出版作品集，这是学员从来没有碰到过的事，所以他们思想上过度紧张，越想写好，越是写不好。为此，何老师专门讲了一个课题"自然和刻意"，强调无论是书法形态，还是心态，都必须做到自然、放松，正如苏东坡所说，"无意于佳乃佳"。

二是有系统。作为一门课程，书法应该有一定的系统性，不能脚踩西瓜皮滑到哪里算哪里。何老师的书法文化研讨班，虽然没有像书法专业教育那样分那么多的科目，但教学的系统性是十分明显的。如讲书法临摹时，何老师不仅讲了书法技能中用笔、结构、章法、墨色四大要素，又讲了书法产生和发展过程中经历的篆、隶、草、行、楷五种形态。这有助于学生在书法文化知识的指引下，提高学习的自觉性。如讲书法创作时，虽然每一讲都从创作实践中选取课题，但总体上看，仍有一定的系统性。又如讲临摹与创作、内容与文本、正文与题款、节奏与造型、起承与转合、自然与刻意、碑刻与书帖、秀与“丑”时，基本上都涉及创作的技法、内容、心态、风格。

三是有互动。现代教育强调，教学是师生互动的过程。这就要求教师在备课中既要考虑自己怎么教，也要考虑学生怎么学，不仅要有讲授和互动的环节，还要有学生操练的环节。何老师往往在课的开始阶段、课中和课结束之前，设计几个有启发性的问题，让学生带着问题听课，带着问题操练，这更有利于调动学员学习的积极性。如讲书法创作的起承转合时，在明确起承转合概念后，何老师便举例说明。过年时，学员康德良写了一首诗送给何老师：“古稀虽过敢标新（起），教课科研担一身（承）。学问精深能浅出（转），课堂示范羡吾人（合）。”何老师依韵答康德良：“饮罢屠苏新岁到（起），师生互祝健心身（承）。精神饱满探佳境（转），誓作书坛续火人（合）。”

何老师课上先请大家思考这两首诗中有没有起承转合时，再进行示范，用书法来表现这两首诗的起承转合。最后，学员一起来尝试，力求在书法创作中体会起承转合的审美过程。

（二）教学方式的改进

一是改进师生关系。我们要创造的是一种新型的、亦师亦友的关系。中国书法有数千年的历史，何老师对明末清初的大书法家王铎研究了十多年，可以说小有成就，但他从未想过要编一本王铎的字典，认为靠个人的力量是做不到的。没想到，何老师的学员康德良做到了。他把自己编的厚厚两本字典拿来送给何老师，一本是王铎草书字典，一本是王铎行书字典。

这种新型的师生关系不仅体现在课堂上师生的互动中，还体现在课外师生的共同探讨中。如上海博物馆举办董其昌展，这是一个难得的学习机会，班上许多学员主动提出要去参观，学员康德良提前去了一趟博物馆，了解有关展览的信息，并且发到学员微信群里，大家一起预先做功课。师生一起参观后，还不愿分开，又在一起吃了顿饭，在饭桌上继续交流参观心得。大家觉得，像这样的专题展览，几十年才能遇到一次。对于爱好书法的老年人来说，错过了机会，就是终身的遗憾。通过这次参观，师生的书法终身学习观得到了进一步发展。

二是改进教学过程和教学内容。传统的教学过程就是单向的知识和技能的授受过程，学生在学习过程中往往处于一种被动的状态，这在一定程度上降低了他们的学习积极性。何老师把这种单向的关系，改变为双向和多向的关系。他把整个教学过程分为三个阶段：（1）作业的展示和讲评；（2）当堂训练和指导；（3）讲授与互动讨论。第一阶段和第二阶段约占整个课堂的一半时间，主要学习书法技法，第三阶段主要学习书法文化，也涉及一些与书法文化有关的技法问题。如果没有第三阶段的内容，这个班就与一般的书法班没有区别。这个实验班的特点是不仅要训练，解决技法问题，把字写漂亮，有艺术性，还要站在文化的高度，“知其所以然”。针对书法史、书法审美中有争议的问题，何老师带领学员在课堂上讨论，引发学员的进一步思考。“书品与人品”“丑书”“书法内容与形式”等问题，看起来似乎与写好字关系不大，但接触不接触这些问题、了解不了解这些问题，却是书法“圈外人”和“圈内人”的重要区别。何老师始终认为，区分是不是书法“圈内人”，不仅要看是否加入了书法家协会，还要看是否拥有书法文化修养，是否关心中国书法的发展趋向，这涉及书法人（包括书法爱好者和书法家）的文化认同问题。

（三）在反思中改进

反思是提高教学质量的一个重要环节，没有反思，就不可能有提高。所以，何老师把反思作为实验项目的一项不可或缺的内容。每次上课后，何老师都要进行自我反思，回顾自己教授的课，哪些是按照原来的设计上的，有没有达到预期的效果，没有达到预期效果的原因是什么，采取什么措施可以补救，哪些是根据课堂上发生的情况临时设计的，这样的改变效果如何，有什么需要改进的地方。

如何使不同程度的学员都有所得？这是何老师在教学反思时经常思考的一个问题。何老师原来的设想是把班级定位为书法文化研讨班，对学员的书法程度有较高的要求，但实际上，第一学期招收的九位学员中，有一定书法基础的一半都不到。许多学员几乎是从头开始的。何老师认为，如果只照顾程度高的，程度低的听不懂；如果只照顾程度低的，程度高的就感觉没意思；只能兼顾两头，如讲临帖，对程度高的学员，应着眼于临帖的全过程，注重从形似到神似、从入帖到出帖，这个要在讲知识点的时候阐明，对程度低的学员，应着眼于临帖的具体操作，如“不要看一笔写一笔，要看完整个字再写”“察之者尚精，拟之者贵似”，这个要在当堂练习的时候阐明。

课堂结构安排上，何老师原先的设计包括作业讲评、讲授（包括互动交流）、当堂训练和个别指导三方面。这样安排，逻辑上非常合理。首先，在作业讲评中可以发现学员存在的问题。其次，在讲授中可以结合存在的问题重点进行讲解。

最后，提出要求，让学员在当堂练习中进一步解决问题。但这样安排的效果并不理想。实际上，每堂课教师都会重点讲解一个知识点。这个知识点可能是书法技能方面的，可能是书法审美方面的，也可能是书法历史方面的，不一定与学员作业中发现的问题有联系。这样，教师既要讲学员作业中的问题，又要讲自己准备的知识点，因为教学时间有限，往往讲完后就没有时间组织学员当堂训练了。

反思后，何老师认为，每堂课讲一个知识点是书法文化研讨班的特色，要坚持。讲知识点肯定有助于学员解决实际问题，但这是一个长期的、潜移默化的过程，不能生拉硬扯地结合在一起。他决定改变原来的课堂结构，把作业讲评和当堂训练放在前面，把知识点讲授与互动放在后面。这样，既可以保证当堂训练的时间，又可以在当堂训练中着重解决学员存在的问题。

五、实验成果与进一步思考

为使实验成果有一个量化的依据，本次实验在开始和结束阶段，分别进行了一次问卷调查。

比较两次问卷调查结果发现，学员基本上是按照教师确定的提高书法文化素养和培养终身学习习惯的方向发展的。学员在学习的过程中不断改变自我，提升了文化底蕴，达成终身学习的目标。

（一）学习目标的认定

开始阶段，大部分学员只是简单地希望学习书法，不清楚自己想学习哪一种书法，这在选帖问题上表现得尤为突出，9 人中只有 3 人选定了要临的帖，其他 6 人都未选定。回答“想学什么内容”时，9 人回答想学书写技能，想学书法文化方面内容的人比较少。这说明，在开始阶段，学员在学习目标上与教师的期望有较大差异。

经过一年的学习，情况有了很大的改观。第二次问卷调查时，多数学员都选定了自己要临的帖。在回答“学到了哪几方面的知识”时，学员的回答比较全面，其中包括书法文化方面的知识。

（二）学习习惯的养成

第一次问卷调查时，只有 3 人能够每天坚持练书法，占学员总数的 1/3。第二次问卷调查时，有 10 人每天坚持练书法，占学员总数的 80.0%。甚至在国庆长假和寒假期间，他们都会把临帖的作业发到微信群里，请教师和同学点评。

（三）学习方法的改进

终身学习的学习方法主要包括自主学习和相互学习。我们在教学过程中注意改进方法，变“注入式”为“互动式”，由此引发了学员学习方式的改变。在问卷调查中，前后的对比也是很明显的。

第一次问卷调查时，了解学员喜欢哪几种学习方式，学员回答“听教师讲解”的有 8 人，回答“提出问题，请教师回答”的有 4 人，回答“围绕一个问题，同学讨论”的有 5 人，回答“教师提问，学生回答”的有 1 人，回答“自己提出问题，自己通过思考或看书寻找答案”的有 1 人，回答“在临帖、创作、欣赏中发现问题”的有 3 人。

第二次问卷调查时，以同样的问题问他们，学员回答“听教师讲解”的有 9 人，回答“提出问题，请教师回答”的有 8 人，回答“围绕一个问题，同学讨论”的有 8 人，回答“教师提问，学生回答”的有 5 人，回答“自己提出问题，自己通过思考或看书寻找答案”的有 3 人，回答“在临帖、创作、欣赏中发现问题”的有 6 人。

（结项时间：2019 年）

多层次、全方位发挥课程对老年素质教育引领作用的实验

上海大学老年大学

一、实验目的

老年教育是我国教育体系中一个重要的环节，老年教育必须承担起教育的社会发展功能和正向功能。老年教育通过引领老年人自觉践行社会主义核心价值观，提高其思想道德素养；通过帮助老年人保持向上的积极人生观和价值观，提高老年群体的生命质量和生活质量。老年教育应该成为老年群体提升自我、实现人生价值的重要阵地，这是老年教育工作者必须非常明确的办学目标。上海大学老年大学在办学过程中始终把素质教育融入办学目标，通过课程引领，帮助老年人保持向上的积极人生观和价值观，提高老年群体的生命质量和生活质量，使老年教育真正成为老年群体提升自我、实现人生价值的重要阵地。

二、实验过程

我们立足上海大学优秀办学传统，在老年大学教学过程中开展素质教育。2017年12月7日至8日，全国高校思想政治工作会议在北京召开。金东寒校长代表上海大学进行了题为《统筹育人资源，充分发挥思政课程价值，引领核心作用》的发言。他强调，高校思想政治工作关系高校培养什么人、如何培养人、为谁培养人等根本问题，要坚持把立德树人作为中心环节，把思想政治工作贯穿教育教学全过程，实现全程育人和全方位育人，努力开创我国高等教育事业发展新局面。上海大学老年大学同样要贯彻培养什么人的根本目标，把上海大学教育方针落实到老年教育中去。我们开展多层次、全方位的老年教育，融入素质教育内容，正是秉承了上海大学办学整体思路和一贯传统。我们把党的创新理论有计划、分专题地融入课堂，根植于老年素质教育的深处。我们的实验途径如下：

（一）深化课程内容建设，发挥育人功能

我校采取“课程思政”思路，在每一门课程中都融入素质教育内容，坚持把素质教育渗透在日常教学工作中。2016至2017学年初，我们召开任课教师大会，要求各门课程的教学和活动，都要贯彻“课程思政”，有意识融入社会主义核心价值观教育，强调教学中的思想性，强调弘扬主旋律，如声乐课所唱的歌曲应是健康向上的歌曲，书画课要求弘扬中华优秀传统文化，教学中组织学员参观博物馆、著名艺术家作品展，增强民族自豪感。

教学中，我们严格要求教师做到课程内容有引导，教学过程有监控，教学成效有反馈，按照“学术无禁区、课堂有纪律”原则，规范教学活动。学校开展了学生评教活动，把弘扬社会主义核心价值观作为老年学员评价教师教学效果的重要指标。

教师教学课程中，不能有宗教、迷信的内容，不能有与党和国家基本方针相抵触的内容。我们强调，学科内容要有科学性，要符合客观实际。我们强调教学课程系统的知识体系和实践技能，满足老年学员求知的需要。我们强调教学要满足不同老年群体的需求。

学校还形成了老年大学领导班子成员听课制度，深入教学一线听课调研，加强指导。我们进一步加强教学管理，在编制教学大纲的基础上，规范教师授课内容；在听取学员对教师上课情况意见和建议的基础上，针对个别教师教学不按大纲、随意讲课等问题，与三位教师谈了话，要求改进，不再聘用一位教师。这些做法，使得在课程教学中推进素质教育有了制度上的保证。

（二）紧扣素质教育主题，开展教学成果汇报展示活动

我们紧扣发展形势，围绕中国共产党建党95周年和红军长征胜利80周年等主题，开展“不忘初心，继续前进”的文艺会演和书画展等，通过丰富展示展演活动，弘扬主旋律，表达老年学员爱党爱国的真挚情感。我们组织任课教师和学员骨干，走向社会大课堂，进行研学考察活动。我们以了解我国十八大以来建设发展成就为主题，带领学员来到广阔的田野，走进火热的炼钢车间，参观新型生态农业园，让老年学员对祖国建设的伟大成就有了新的认识。

（三）建设素质教育专项教育平台，拓展素质教育主干课程

本次实验中，我们聘请上海合作组织研究所所长张恒龙教授为老同志进行了一带一路专题介绍；聘请名师李樑教授开办了“中国崛起与中国道路”专题讲座；聘请著名教授为老年学员解读党和国家的重要战略决策，受到老年学员的热烈欢

迎。学员反映，这些教学内容不同于一般的老年教育课程，有机会听到这样优质的素质教育课程非常幸运，开阔了视野，受益匪浅。

（四）利用校园资源，首创随堂听课

随堂听课是上海大学老年大学特有的教学模式，也是我们推进素质教育的重要平台。不少老年学员渴望圆一个上大学的梦，希望走进大学课堂，听一堂真正的大学课程，体验大学的学习生活。但现在的老年大学在课程、师资、教学模式上，与真正的大学相比，仍有较大差异。另外，老年学员的学习需求差异较大，部分学员文化基础较好，对某个学科领域兴趣浓厚，对知识学习有较高追求，目前，老年大学开设的课程还不能满足他们的需求。而高校办老年大学，可以依托“校中办校”的教育资源优势促进老年学员学习。

上海大学分校在校领导和教务处的支持下，首创了随堂听课教学模式，让老年学员走进大学课堂。教务处在大学本科课程中，精选出部分课程向老年学员开放，涵盖政治、经济、历史、文化、艺术、宗教、科学研究前沿成果等，特别重视选取有关素质教育的课程，让老年学员自主选择听讲。随堂听课圆了老年学员真正走进大学课堂的梦想，让他们与大学生同坐一间教室，同听一门课，直接聆听大学教师、教授、博导上课，当了一回真正的大学生。随堂听课扩大了老年大学的课程范围，丰富了老年大学的师资资源。老年学员通过选取自己喜爱的课程来学习，达到了增长新知识、了解新事物、完善充实自我的目标。随堂听课为老年教育中的个性化教育和高层次学习需求的满足创造了条件，使老年教育变成了真正的“大学”教育，开拓了素质教育的课程空间。

实践证明，随堂听课对大学生也有促进作用，他们认为，与自己爷爷奶奶一样年龄的老年学员同课堂学习，是一种鞭策。这对于任课教师的教学也是一种督促。随堂听课已开展了 5 年多，取得了良好的效果，学员选课达 60 余门。本次实验中，我们精选了“考古发现与华夏文明”“现代中国起源”“中国近现代史”“身边的民法”“走近国际争端解决机制”“上海历史与城市精神”“诗经与传统文化”“婚姻家庭与继承法”等与素质教育密切相关的课程，受到老年学员的欢迎。随堂听课教学模式具有很强的生命力和可持续发展性，为高校办老年大学开创了新的模式，为老年教育的深入发展拓展了空间。

（五）推动“大国方略”精品课程进老年教育课堂

“大国方略”是上海大学开设的一门精品通识课，创新了国情教育模式，深受学生欢迎。学校集中文、史、哲、经、法、社会、国际关系等学科知名教授组成教

学团队，围绕十八大以来国家重大战略决策，回应学生关切，发挥学科优势，尽心尽职，讲好中国故事，通过课上课下交流互动，努力引导学生认识国情、世情发展大势，将个人发展同国家未来紧密结合，受到学生热烈欢迎。

“大国方略”课程引起了老年学员的广泛关注，他们迫切希望学习这门精品课程，通过老年教育平台，了解国情、世情发展大势，获得对党中央和国家重要战略决策的权威解读。为顺应老同志的这种需求，我们尝试将“大国方略”课程引入老年大学课堂，满足老年群体学习需要，收到了较好成效。在对参加“大国方略”课程学习的学员进行访谈时，我们了解到，老年学员认为这门课已经超越了单纯的知识讲授和思想教育层次，引发了自己的思考和责任感。有学员说：“中国正迈着坚实的步伐向前行进，其中也包含着我们曾经的奋斗和努力，现在，国家重要战略决策是我们所关心和最想知道的内容。”有学员说：“听课后，我了解了国家的发展理念和政治形势，开阔了眼界。”通过这门课程的学习，老年学员把大国方略和个人理想、国家命运和个人命运紧密联系在一起，对于国家的发展、民族的振兴、走向大国行列的征程，有了更加深切的感受和更加深厚的情感。

（六）积极组织学员参加上海大学的各类校园文化和学术交流活动

上海大学有着悠久的发展历史和优良的革命传统，20 世纪 20 年代，就有“武有黄埔（军校），文有上大”的盛誉，不少中国共产党早期领导人和著名学者都在该校任职任教。改革开放后，上海大学孕育形成了钱伟长教育思想，实施国际化战略、人才强校战略、学科交叉战略、产学研联盟和区域合作战略，为社会培养了一大批具有全球视野、能应对未来挑战的人才。上海大学老年大学充分利用上海大学的校园文化育人环境，把组织老年学员学习、参观、瞻仰载有上海大学历史和传统的“溯园”，作为老年大学的重要一课，使上海大学传统在老年大学学员中得以传承。我们还积极组织老年学员参与上海大学相关校园文化活动，如艺术节、学术节、读书节、菊文化节活动和高雅艺术进校园活动。摄影展、读书节书评会、学术报告会等，都有老年学员和大学生一起活动、同台交流的身影。老年大学也开展了一些面向全校的文化活动，如书画展、文艺会演。老年大学的文艺会演经常邀请大学生社团参加。这种双向融合，让老年学员真正体验大学生活，享受校园文化，提升了老年学员的精神境界和文化素养。

三、实验中的思考和认识

（一）素质教育应该成为老年教育的基本内容和教育职能

老年教育从其职能上不能忽视教育的正向功能。老年教育要积极引领老年人自觉践行社会主义核心价值观，提高思想道德素养；通过帮助老年人保持向上的积极人生观和价值观，提高老年群体的生命质量和生活质量。老年群体有强烈的家国关怀意识，他们会在不同环境和场合进行时政点评、观点表达。我们对多位老年人手机中的多个微信群和 QQ 群进行抽样调查，发现其中 50% 以上的内容有关国家治理、政治动态、经济发展、反腐倡廉、军事、外交。老年教育必须正面回应这种需要，通过在老年学员中开展素质教育，为老年群体提供正面和准确的教学内容，引领老年群体树立正确的世界观、人生观，价值观，承担老年教育的社会责任。

（二）充分利用高校各种教育教学资源，推进老年素质教育

高校办老年大学拥有得天独厚的优势，其师资、课程、学术活动、校园文化、高雅艺术、展览展示，为老年教育提供了非常丰富的教育资源，其中蕴含着极其丰富的素质教育内容。我们发挥校中办校的优势，引导老年学员参加大学组织的各类讲座报告、与大学生互动互学、融入大学生活。高校拥有很多老年学员感兴趣的精品课程、前沿学科、科研成果，拥有专家、教授、资深教师队伍，能够为老年学员的学习提供支持。老年学校要利用好这些教学资源和教师资源，来提升老年教育的课程质量和教育内涵。

（三）老年学校的素质教育是一项不可忽视的重要任务

老年学校应该成为老年群体提升自我、实现人生价值的重要阵地。现在的老年人，在工作时没有时间和精力去全面学习，退休后希望通过学习，弥补年轻时未能系统学习的缺憾。不少老年学员渴望走进大学课堂，听一堂真正的大学课程，体验大学的学习生活，很好地回顾和梳理自己的生活经历和工作经验，感悟人生的意义。我们开设引领性课程，旨在提炼老年群体中蕴含的智慧和精神财富，通过阐释引导，帮助老年学员准确理解社会主义核心价值观的基本要义，达到“内化于心，外化于行”的精神境界，从而重新焕发生命活力。

（四）要充分发挥老年群体代际传承作用

当前，老年人客观上已经成为社会中一个重要的群体。在老年教育中传播正能量，不仅会使老年群体受益，还会以“长辈”效应进行渗透，向后辈乃至整个社会传导，产生积极的社会效应。

（五）老年教育的教学形式需要创新

“大国方略”课程本身就是创新的产物，课程中聚集了一大批优秀的教授、专家来讲授，具有很强的吸引力。他们在教学中注重师生双方的交互效应，让学员在思想的碰撞中收获知识。在将其引入老年教育的课堂后，我们既要保持其原有的特色，又要调整和完善。我们注重“问题解析式”教学方法改革，以问题导向开展教学，这样可以让老年人有更多共同的关注、共同的话题、共同的感受。相对来说，老年人比年轻的在校生具有更高的政治素养和实践体验，所以他们的参与需求非常强烈，教师在教学中要特别注重采用讨论式、互动性教学形式，避免单纯的授课模式。我们注重话语体系转化，使其更符合老年学员思想特点，注意运用老年人能接受的语言、习惯的学习方式开展教学，提升课程对老年学员的吸引力。同时，我们让这门课走出课堂，走向社会，走进社区，与老同志党组织生活、政治学习等活动有机结合起来，使其更好地发挥作用。

（结项时间：2017 年）

中华优秀传统文化与老年素质教育

开设人文系列讲座，弘扬中华优秀传统文化的实验

上海市老干部大学

一、人文系列讲座实验项目提出的背景

（一）适应党和国家当前弘扬中华优秀传统文化的新要求

近年来，党和国家把弘扬中华优秀传统文化、中华传统美德提到很高的地位。党的十八大报告强调，文化是民族的血脉，是民族凝聚力和创造力的源泉，丰富精神文化生活越来越成为我国人民的热切愿望，明确要求“建设优秀传统文化传承体系，弘扬中华优秀传统文化”。为了适应党和国家弘扬中华优秀传统文化的新要求，进一步把学校建设成为“中华优秀传统文化研修基地”，加强人文课程建设成为我校课程建设的重要任务。

（二）适应我校学员结构变化带来的人文课程学习新要求

离休干部学员是我校的基本队伍。2009 年秋，随着离休干部人数的自然下降，我校扩招至市级机关处级退休干部，学员结构发生深刻变化。与离休干部学员比较，退休干部学员学历层次较高，知识面更加广泛，学习需求更加多元。反映在人文课程学习领域，扩招后学校的总人次上升，而人文课程班在 2013 年秋由 9 个减为 5 个，不足 250 人次，占校总人次 8.8%，下降一半。

针对人文课程的现状，探索课程建设新思路，创新人文课程教学新项目，以引导更多学员参加人文课程学习，传承人文课程品牌成为我校重要工作。

二、人文系列讲座实验项目开发前期准备

（一）提出项目开发预期目标

第一，人文系列讲座要成为一门学习、宣传、弘扬中华优秀传统文化和社会主义核心价值观的精品课程。第二，人文系列讲座在满足学员学习需求的基础上，力求引导更多学员参加人文课程学习。第三，依托人文系，积极利用校外教

育资源办好人文系列讲座，同时推动其他人文课程建设。第四，为其他系开发类似课程提供成功经验。

（二）开展项目可行性调研分析

1. 学员学习意向与需求可行性条件分析

2012 年上半年，我们在非人文课程班的学员中开展了人文课程开设意向调查，241 位学员参加调查。

统计结果表明，针对中国经典文学、中国传统文化、资治通鉴、古文观止、诸子百家、中国历史典籍这六门课程，有 57.0% 至 46.0% 的学员认为有必要开设，有 35.0% 至 26.0% 的学员表示有参加意愿。在归纳学员建议时，我们注意到，不少学员希望学校开办人文讲座，采用新的教学形式，以适应他们的学习需求。

2. 学校管理与师资可行性条件分析

2013 年上半年，我校改革教学管理体制，建立了系，聘请学术水平高的优秀教师担任系主任，形成了系（系主任）参与教学管理的架构。我们聘请了既有渊博的人文学科专业知识，又有丰富的管理经验的高建中教授担任人文系的系主任。高教授担任系主任后，多次向学校提出建设人文课程和开发人文系列讲座的设想，还在系教研活动中组织全系教师共同研讨，根据系内教师的专业特长设计了讲座的第一期教学计划，得到了教师的支持。这为人文系列讲座的开发创造了专业管理的可行性条件。

在此期间，学校人文系与上海师范大学建立了共建关系，为人文系列讲座的开发创造了良好的外部条件。

至此，我校人文系列讲座项目开发的可行性条件基本具备，2014 年春，人文系列讲座实验项目被推出。

三、人文系列讲座实验项目的设计

（一）项目设计的基本思路

1. 人文系列讲座的创新定位

人文系列讲座既有别于一般讲座（内容具有广泛性和分散性），又有别于学校设置的各种人文课程，是立足人文学科教学领域，糅合人文学科教学内容精品，兼具系列性、专题性的讲座式教学。

2. 人文系列讲座的教学目标

通过学习、宣传、弘扬，让中华优秀传统文化和社会主义核心价值观等教育内容进课堂、进教材、进学员头脑，有效提升学员思想道德、人文精神等素质。

3. 人文系列讲座的教学内容

立足人文学科，学习、弘扬中华优秀传统文化和社会主义核心价值观，体现知识性、思想性、时代性、艺术性。

4. 人文系列讲座的教学方式

以讲座形式开展教学，以课程班形式定期根据学期教学计划开展教学活动。

（二）形成规范的讲座教学指导方案

为规范和指导人文系列讲座运转，我校形成了“人文系列讲座教学指导方案”，其主要内容包括：（1）讲座领域范围是中国传统人文学科；（2）讲座开办宗旨是学习、传承、弘扬中华优秀传统文化和社会主义核心价值观，提升学员的思想道德和人文素质；（3）讲座内容构架涉及哲学资源、文学遗产、华夏历史、文化常识；（4）讲座课题方案涉及人文学科教学领域七个专题，每个专题列出若干具体的课题。

四、人文系列讲座实验项目的实践

（一）讲座实践的基本情况

人文系列讲座至今开办了三个学期，每学期 8 讲，其中，16 讲由我校人文系教师授课，8 讲聘请其他高校三位专家、学者授课。

第一期人文系 7 位教师参与授课，涉及 7 个课题。在听取学员意见时，学员反映，讲座内容很受欢迎，但每个课题只安排一讲，让人感觉意犹未尽，建议每个课题安排两讲。因此，从第二期开始，每学期设计四个课题，每个课题安排两讲。对兼顾讲课内容深广度的这一安排，学员表示满意。

2014 年春，参加讲座学员人数是 125 人。2014 年秋，对系统校开放，学员人数达到 180 多人。

（二）讲座的教学组织实施

我校人文系列讲座的教学计划由系主任高教授负责把关。在每学期结束前，高教授根据方案设计出下学期的讲座课题，征求教师意见后，由教务部编制成教学计划，提交校长办公会议审核后公布在学校招生计划上，学员报名组班。

教师按课题要求选择具体教学内容、备课、编写讲义教材，由教务部印发给讲座班学员并组织实施。

1. 教学方式以教师讲授为主，适当开展师生互动

教学方式以教师讲授为主，这是由讲座的授课时间、内容范围等实际情况决定的，也与调查中 80.0% 的学员认可的教学方式有关。

讲座也可采用讲授与师生互动结合的教学方式。互动教学方式有利于营造课堂教学氛围，激发学员的学习兴趣，但在一次讲座中不宜占时太多，不能影响教学内容的完成。目前，只有部分课程采用这种教学方式。如在“国学中的人文精神”“诗圣杜甫”等课题的教学过程中，教师组织学员集体朗读有关诗词文句，在吟诵中引导学员体会诗词的意境，很受学员欢迎。我们还建议教师采用多种形式开展教学互动，如学员写纸条提问题、课间和课后交流，教师及时了解和解答学员有关问题。

讲座课时有限，为了满足学有余力或通过讲座教学更有研习兴趣的学员之需，我们要求教师适当推荐有关资料，让学员在课外自学。

2. 教学内容源于中华优秀传统文化

中华优秀传统文化中的人文思想、道德价值观积淀着中华民族最深沉的精神追求，包含着中华民族最根本的精神基因，代表着中华民族最独特的精神标识，是中华民族生生不息、发展壮大的丰厚滋养。我校人文系列讲座深刻挖掘中国传统文、史、哲学科中的人文思想、精神、价值观，加深学员对中华优秀传统文化内涵的认知，提升学员的人文素质。

【教学案例】　跨进人文学科殿堂

2014 年 3 月 14 日，人文系列讲座第一讲开讲，人文系主任高教授担任主讲人。

什么是人文学科？讲课一开始，高教授简明扼要地指出，人文学科是以作为物质生活、社会生活、精神生活主体的人为审思对象的学科，所属者为哲学、文学和史学。

高教授指出，对“人”的本质的思考，始终是中华哲学的主题。我们要抓住中华哲学最重要的根源性典籍（如“四书”“五经”）和三大阐述中心（即怎样对待世界、怎样治理国家、怎样安顿自我）。从宇宙观念、思想方法，到治国理念、价值规范，无论是建设家园的美好理想，指导人生的智慧结晶，还是应对变革的思想启示，凝聚人心的价值体系，均蕴藏在中华哲学的资源中。文学是生活的镜子，是生命的灯光，是美的创造。中华文学遗产的美的创造中，留存着我们祖先的情怀和希望、志趣和追求、人格和操守，可视之为人文精神之渊薮。史学就是研究历史，就是寻觅我们的来路，辨析我们的脚印。了解昨天的真正价值是面向现在和未来。

3. 教学内容以融入社会主义核心价值观教育为重点

在人文系列讲座教学中，教师立足传承、弘扬中华优秀传统文化，挖掘中华优秀传统文化的思想价值，梳理和萃取中华优秀传统文化中的思想精华，通俗易懂地进行表达，赋予其新的时代内涵，使之与当代社会主义核心价值观相适应，在新的时代条件下不断发扬光大。教师在发挥中华优秀传统文化怡情养志作用的同时，要促使社会主义核心价值观教育进课堂、进教材、进学员头脑。

如讲解“屈原纵横谈”专题时，教师精心备课，突出屈原及其诗词蕴含的爱国情怀，深刻剖析屈原悲壮的经历及其作品的思想内涵，并结合社会主义核心价值观，阐述爱国是中华民族的优秀传统，是当代公民最基本的社会价值观，是推进中国特色社会主义伟大事业、实现中华民族伟大复兴中国梦战略任务的出发点。

【教学案例】 四书与儒学——儒学的昨天与今天

讲解这部分教学内容时，教师专门把中国源远流长的儒家经典学说与党和国家领导人的重要讲话结合起来进行阐述。

教案整理了自 2012 年至 2014 年党和国家领导人在讲话中引用的儒学经典名言。其中，引用《论语》36 次，引用《孟子》10 次，引用《礼记》《尚书》《荀子》均超过 5 次。

教案选用党和国家领导人的许多讲话内容并进行分析，获得学员的肯定与欢迎。学员纷纷反映，这些讲话内容非常深刻，对他们深入学习中华优秀传统文化、深刻认识社会主义核心价值观具有重大指导意义。

五、人文系列讲座实验项目的成果

（一）成为人文课程教学精品

人文系列讲座每学期都开办，我们按照教师优、课题优、内容优的要求安排教学计划。

2015 年 5 月，我们在学员中开展了一次调查，124 人参加调查，其中，从未参加过人文课程学习的学员有 50 人。统计数据显示，所有学员都认为学校有必要开办人文讲座。这说明人文讲座的教学形式及教学内容对学员有较强的吸引力。就人文讲座的教师聘请情况和教师讲课现状来看，学员的满意率达到 60.0%，满意与较满意相加近 98.0%。

不少学员反映，学校每次开办的讲座，无论是课题设计还是教学内容选择都充分体现了中华优秀传统文化。他们希望学校大力宣传这门课程，让更多的学员了解中华优秀传统文化，享受精彩的教学。

（二）有效提升学员人文素养

统计数据显示，学员参加人文讲座学习的目的排在前三位的分别是“了解中华优秀传统文化（76.0%）”“提高自身人文素养（64.0%）”“充实晚年生活，提高生活质量（48%）”。另外，有 27.0% 的学员怀着学有所为的愿望参加学习。

学员参加人文讲座学习的收获依次为“更多了解中华优秀传统文化知识（77.0%）”“深入认识社会主义核心价值观，树立先进的价值观（69.0%）”“提升自身的人文思想和道德行为素养（58.0%）”。另外，有 23.0% 的学员表示参加讲座后能“增长人文知识，更好服务社会”。

这说明我校开办的人文系列讲座既满足了学员对人文学习的需求，又达到了学校开办人文讲座的教学目标，提升了学员的思想道德和人文素质，推进了老年素质教育。

（三）推动了其他人文课程建设

学校开办人文系列讲座，还希望引导学员参加学校其他人文课程学习。我们统计了学员参加人文类课程学习的有关数据，见表 1。

表 1　人文类课程学员（人次）统计表（不包括人文系列讲座）

学期	人文课程数	学校总人次	人文课学员人次统计		学员分布			
			总人次	占校总人次（%）	离休	比例（%）	退休	比例（%）
2013 秋	7	2773	244	8.8	172	70.5	72	29.5
2014 春	7	2756	260	9.4	172	66.2	88	33.8
2014 秋	7	2766	346	12.5	181	52.3	165	47.7
2015 春	6	2671	322	12.1	166	51.6	156	48.4

统计数据显示，讲座开办后，参加其他人文课程班学习的学员人数明显增加，特别是退休干部学员人数上升更多。这说明人文系列讲座发挥了引导作用，激发了一批学员学习人文课程的兴趣。

为组织人文系列讲座，学校引进了一批优秀教师，推动了人文课程建设。如上海师范大学一位教师开办的“四书与儒学”讲座，学员反响良好，学校便聘请他来校开设“论语”课。后来，他又开设了“唐诗宋词”课，学员报名人数超出了我们的预期。

六、经验与反思

（一）经验

1. 领导创新思路，引领课程建设

回顾我校的课程建设，领导的创新决策思路发挥了决定性作用。在项目开发前，校领导组织调查和分析学校人文课程的现状，明确指出加强学校人文类品牌课程建设，开办人文系列讲座。校领导在校长办公会议中多次专题研究人文系列讲座开办的有关具体要求；多次邀请系主任参加校长办公会议，认真听取系主任的意见和建议；及时听取学员的意见和建议；提出具体办班要求，指导教务部门落实。

2. 依托校内资源，开拓校外资源

依托校内资源，开拓校外资源，组合校内外优秀教师，是我校办好人文系列讲座的重要经验。

开发人文系列讲座这样一个学科专业教学项目时，建立一套支撑系统非常重要。事实证明，我校依托本校人文系的资源开办人文系列讲座走对了路。我校人文系拥有以上海老年教育十大名师之一的系主任高教授为代表的一批专业知识渊博、教学经验丰富的资深教师，这是我校能够开办人文系列讲座的基础，也是讲座教学能够长期开展的专业保障。

我们重视开拓校外资源，引进优秀人文教师。校外人才的加入，不仅增强了讲座教学的实力，提升了教学质量，还开阔了学员的视野，增强了学员的兴趣，帮助学员深入学习人文知识。

3. 发挥引导作用，转变选课行为

人文系列讲座的开办给了我们一个重要启示：学员原来以“自选动作”为主的课程选择行为是可以通过引导改变的。老年学校在提供丰富、多样的课程满足学员选择的同时，要根据国家和社会的教育要求，通过创新课程形式、改变教学方式、更新教学内容去引导和影响他们的选课行为。

在创新人文系列讲座学科型教学实践中，我们致力于丰富人文课程的内涵，取得了良好的效果。

（二）反思

1. 应努力提升教学管理者学科专业管理水平

开展人文讲座这类学科型教学项目研究主要依靠教师，但也离不开学校教学管理者。讲座教学管理的实践，使我们认识到，教学管理者在人文讲座课题设计、教学内容选择等方面缺乏相关的知识，因此，教学管理者应努力提升自己对有关学科的了解，这有助于提高其教学管理水平，使其更好地服务课程教学。

2. 应努力实现教学中传统和当代价值观、显性与隐性教育的结合

在讲座中，教师传承中华优秀传统文化，弘扬社会主义核心价值观，更多体现为隐性教育。部分教师尚不能在中华优秀传统文化中自然融入社会主义核心价值观的有关内容，尚不能在教学中鲜明地宣传当代的价值理念。究其原因，教师一怕把该课程上成思想政治课，二怕学员反感。因此，如何在教学中实现显性与隐性教育的结合，更有效地宣传和弘扬社会主义核心价值观，需要进一步探讨实践。

3. 应建立来源更为广泛的教师资源库

随着人文系列讲座教学的深入发展，我们深刻认识到，它与学校开设的常规课程不同，一是高水平的教师才能带来高质量的讲座，二是多样化的讲座课题需要更多的教师资源。因此，每学期教师的聘请情况往往会影响讲座的开办情况。这要求我们建立更为广泛的教师资源库，以促进这类课程教学的持续发展。

人文系列讲座实验项目的成功，为我校课程教学建设发展提供了可借鉴的路径，具有实践价值。我们将继续加强学校课程建设，使之更加符合国家、社会、老干部学员的需求，办好学员满意的学校。

（结项时间：2015 年）

在老年大学开展“孝贤文化”建设的实验

奉贤区老年大学

一、老年大学“孝贤文化”建设的背景

（一）基于传统文化教育的时代背景

为什么中华文化能够绵延不绝、一脉相传地发展到今天？一个重要原因就是中华文化在漫长的历史发展过程中形成了讲仁爱、重民本、守诚信、崇正义、尚和合、求大同等核心价值观。中华传统文化源远流长，积淀着中华民族深层的精神追求，代表着中华民族独特的精神标识。

党的十八大以来，围绕传承和弘扬中华优秀传统文化，党和国家领导人发表了一系列重要讲话，如“优秀传统文化是一个国家、一个民族传承和发展的根本，如果丢掉了，就割断了精神命脉”“深入实施公民道德建设工程，激励人们向上向善、孝老爱亲、忠于祖国、忠于人民”。在新时代，我们要把传承和弘扬中华优秀传统文化与涵养社会主义核心价值观、建设中国特色社会主义精神文明有机统一、紧密结合，铸就中华文化新的辉煌。

（二）基于“贤文化”教育的区域背景

奉贤是一个拥有4000多年文化历史和文化传承的地方，千年文脉传承，贤韵悠远绵长，“贤文化”就是在奉贤这块土地上，在千年历史发展的过程中积累起来的丰厚且具有本土特色的精神财富，是今天的奉贤人引以为傲的宝贵财富。早在2007年，以创建全国文明城区为契机，奉贤区区委、区政府进行了“建设‘贤文化’，促进区域发展”的战略部署。

十几年来，奉贤区在各个领域广泛深入地开展建设“贤文化”的实践活动，“贤文化”逐渐成为彰显区域文化软实力的象征，成为奉贤的一张亮丽名片。作为“贤文化”不可或缺的组成部分，“孝贤文化”不断深入人心，得到积极推广。奉贤区开展的“孝贤”系列评选活动，以“敬老、爱老、助老”为内容，评选群众身边看得见、摸得着、学得到的先进单位和先进人物，使孝亲敬老模范可敬、可信、可

亲、可学，在全区树立孝贤修身的典范。诸如此类的活动对奉贤区精神文明建设程度的大幅度提升起到了至关重要的作用。

（三）基于老年大学教育的校本背景

近年来，奉贤区老年大学致力于把“贤文化”融入老年大学的课堂实践。我校把“贤文化”作为一个抓手，通过修身养性、提升品行、争当贤人、争做贤事，为奉贤区建贤城，创全国文明城区，培养和造就一支非常有影响力的中老年骨干队伍，让他们在创建工作中发挥特有的作用，这也是老年大学办学的重要目标。

老年大学是老年人接受终身教育、提升晚年生活质量的教育机构，其课程设置应与当地的文化资源相匹配，把当地的文化教育资源融入课程，形成有地方特色的乡土教材，把一些公共课程与当地文化资源的某些成分有机结合起来，在公共课程内融入本土文化。我校以社会文化为背景，以“孝贤文化”建设为抓手，以学校师生为主体，以群体道德观、思想观为核心，加强校园精神文化建设，引领学校素质教育良性发展。

二、“孝贤文化”的思想内涵

（一）“孝贤文化”的内涵界定

文化是人类在社会历史发展过程中创造的物质财富和精神财富的总和，是一个国家、一个民族的精神家园，体现着一个国家、一个民族的价值取向、道德规范、思想风貌、行为特征。

“孝贤文化”是中华传统文化中较有渗透融通力的文化体系。从行为上说，“孝贤文化”包括文明礼貌、尊敬父母、照料赡养老年人、友爱兄弟、家庭和睦等美德内涵。从内容上说，“孝贤文化”包括孝、悌、敬、诚、善、恭、礼、谦、宽等。

（二）“孝贤文化”的理念诠释

《尔雅》中指出，“善事父母为孝”。汉代的贾谊在《新书》中把“孝”界定为“子爱利亲”。东汉的许慎在《说文解字》中指出：“善事父母者，从老省、从子，子承老也。”可见，孝就是子女对父母的一种善行和美德，是家庭中晚辈在处理与长辈的关系时应该具有的道德品质。关于“贤”字，许慎在《说文解字》中的解释是“多才也”，贤者优也，有道德、有才能谓之贤，包括贤人、贤事、贤物、贤文、贤艺、贤韵、贤德、贤品、贤达。

建设“孝贤文化”，孝贤是出发点，也是归结点，“文”是建设的理念，“化”是建设的过程。由于"孝贤文化"的一切源于本乡本土，具有本土性和多样性的特点，可信度高，可学性强，学员在学习、传承、发扬、提升的过程中，具有亲切感和亲近感，更有利于创新和发展。要敬奉贤人，见贤思齐，就要传承和发展，因此，"孝贤文化"的本质或内涵就是进取和提升。

三、"孝贤文化"的建设目标

（一）打造具有文化品质的老年大学

我校坚持"增长知识、丰富生活、陶冶情操、促进健康、服务社会"的办学宗旨，努力提升老年学员的生活质量和幸福指数。我们从环境营造、团队平台、课程渗透、典型引领四方面入手，挖掘"孝贤文化"资源，关注新时代涌现的孝贤典型事例，突出"孝""慈"，孝亲爱幼，规范每个人的行为，传播"孝贤文化"，弘扬正能量，丰富学校的精神文化内涵，提升校园精神文化，努力成为文化内涵丰富的品质学校。

（二）建设具有特色品牌的教师队伍

我们聘请专业领域内优秀的兼职教师来校授课，要求他们"品行高尚、学有专长"并把新时代的"孝贤文化"融入所教课程。我们要求教师积极选取与本课程相关的孝贤内容进行讲解，开展教学研究，努力探索与新时代发展相适应的、老年学员容易接受的教学方法，把所教课程变成特色课程和品牌课程，把自己变成品牌教师或特质教师。

（三）培养具有文化品位的老年学员

老有所学、老有所乐、老有所为是我校对每一位学员的期许目标。我们希望通过"孝贤文化"建设活动，让学员充分了解"孝贤文化"的渊源，在学习中接纳"孝贤文化"，并内化为自觉行动，努力践行"孝贤文化"，服务社区，用自身良好形象优化社区，为"孝贤文化"的发扬光大贡献一份力量，成为健康向上的新时代老人，成为"孝贤文化"的积极传承人。

四、"孝贤文化"的建设途径

（一）"孝贤文化"的环境创设

为了让环境说话，让墙体育人，我们专辟了"孝贤文化"主题宣传墙，从传统的二十四孝故事中选取具有当代“孝贤文化”特点的《孝子操药》《扇枕温衾》等故事，绘于墙面，其中，《孝子操药》故事中的孝子徐初是元朝末年奉贤青村人，更有说服力。我们还借助生活在我们周围的孝贤典型（如“你若不离，我便生死相依”的售票员汤晓红、“群众无小事，事事总关情”的胡桥社区居委书记卫莲凤），宣传践行社会主义核心价值观的“孝贤文化”，发挥“孝贤文化”教化育人的功能。

另外，校园的外围矮墙布满“新二十四孝”图，“经常带着爱人和子女回家”“亲自给父母做饭”“带父母去旅行或故地重游”等故事，深深打动每位学员的心。老年大学的文化墙不仅吸引了众多学员，还吸引了周围居民和来校参观者。他们停留在文化墙边，饶有兴致地细细品味。我校作为奉贤区“逐梦新时代，喜看新奉贤”主题活动参观点，接待了20家单位的参观，其中，“孝贤文化”墙是必看内容。

（二）“孝贤文化”的课程融入

我们有意识地引导学员和教师在课堂教学中引入“孝贤文化”内容。我们和班长们一起学习新、旧二十四孝内容，针对“旧二十四孝”，去其糟粕，取其精华，针对“新二十四孝”，逐条学习，加以宣传。我们召开团队负责人会议，要求各团队根据各自特点，编排反映孝亲文化的舞蹈、戏曲，传唱孝亲文化的歌曲，唱响“孝贤文化”的名段、名曲。我们引导教师根据不同的课程采用不同的教学方法。国学班尤建忠老师在讲授儒家文化时特别强调了中华传统的“孝、慈”文化，要求学员撰写家风和家训。文学朗诵班在赏析了奉贤散文家高明昌的《我的母亲》一文后，周国良老师要求学员结合自身经历和感受，写一篇怀念长辈的短文。刻纸班姜锋老师和学员共同创作了“新二十四孝”系列作品，在书画系列作品展示中得到了参观者的一致好评。中国古典诗词鉴赏班的胡尊众老师选取有代表性的诗词来阐述“孝贤文化”的一脉相承。

（三）“孝贤文化”的队伍建设

要想把“孝贤文化”自然地融入老年大学的课堂，教师队伍建设是关键。教师自身的教学理念及其驾驭教学过程的能力，决定其能否从纷繁复杂的“孝贤文化”资源中剥离出对自己的课堂教学有用的东西，将其作为一个切入口，自然地融入课程，成为一个有机的整体，进而在教学实践中努力贯彻、实施，最后达到让“孝贤文化”在课堂教学中得到传承、弘扬、发展、提升的良好效果。而要达到此目的，老年大学的教师应当对“孝贤文化”有深入的了解和深厚的感情，具有驾驭教学实践的能力。为此，我们不断探索。一是加强学习，统一思想，深刻理解“孝贤文化”对老年大学广大学员提升个人综合素质所产生的重要影响。二是组织教师开展培训，开办“名师进校园”讲座，从教学理论和教学实践上提升教师的素养。三是召开教师专题讨论会，寻找“孝贤文化”在本课程中的切入点，促进“孝贤文化”在各课程中的有效实施。

五、“孝贤文化”的建设策略

（一）营造“孝贤”氛围，弘扬倡导正能量

浓厚的“孝贤文化”氛围具有春风化雨、润物无声的作用，可以让学员和更多学习、参观、活动的人在潜移默化中发扬中华民族的传统文化。我们充分利用宣传媒体播出“孝贤文化”宣传片，介绍新风尚相关的人和事。我们积极打造“孝贤文化”墙，让墙体说话，通过展示经典名著释孝、古代贤达论孝等，详细介绍“新二十四孝”，激发师生学习、传承“孝贤文化”的热情。我们鼓励师生撰写发生在自己身上的孝敬父母长辈、爱怜儿女、兄友弟恭的故事，用身边的人和事感动他人，教育自我。我们希望教师在课程中渗透“孝贤文化”。营造“孝贤文化”氛围的方法多种多样，但归结到一点就是让师生置身其间，随时随地感受“孝贤文化”的魅力，接受“孝贤文化”的熏陶，“敬奉贤人，见贤思齐”，弘扬社会主义核心价值观。

（二）组建宣讲团队，交流传播“贤故事”

“贤文化”需要弘扬，“贤故事”需要传播。为了让更多人了解、传承“孝贤文化”，我们挑选部分学员成立宣讲团，到每个班级去传播“孝贤文化”，宣传学员撰写的孝贤故事。我们引导学员深入敬老院、农民会所，运用模范人物现身说法、现场互动、播放孝贤感人事迹等方式，颂扬身边的孝贤人的高尚情操和道德风范，增强学员对“孝贤文化”的认可度，提高学员的整体素养，让“孝贤文化”扎根在每一位学员的心中，也为全社会弘扬“孝贤文化”发挥积极作用。

我们借助老年人学习团队，选取部分有代表性的故事、戏曲到社区和乡村唱唱、演演，说说古今的孝贤故事，传播“孝贤文化”。我们引导居民自觉传承和发扬中华传统美德，提高社区居民对“孝贤文化”的知晓率和参与率，逐步将“孝贤文化”宣传引向深入，使其成为促进社会和谐不可或缺的力量。

（三）建立评价机制，支持激励“亲孝贤”

评价机制具有导向功能和激励功能。我们通过评价机制来引导、激励“孝贤

文化”在老年大学的良性发展，促使广大师生由衷地“重孝贤”和“亲孝贤”，自觉地“践孝贤”。我们结合老年大学的实际，积极健全完善相关的制度和激励机制，通过每年的“三优评比”（优秀学员、优秀班长、优秀教师评比）和文明班级、优秀志愿者评比，提高广大师生工作、学习、服务的积极性，树立先进典型，发挥模范带头作用。我们为教师、班长、学员提供学习和培训机会，开阔他们的视野，提升他们的工作能力。我们通过对老年人学习团队的扶植培育，加强和规范团队的组织管理，为老年人搭建展示学习成果、实现人生价值的重要平台，发挥团队在老年教育中的引领和辐射作用。我们推出“优秀通讯员”评比活动，表彰在宣传、传承“孝贤文化”中涌现出的积极分子。我们逐渐推出名师、名导、学科带头人评选制度，创建“名师工作室”，培养一支具有良好师德修养、先进教育理念、厚实专业素质的兼职教师队伍，深度推进“孝贤文化”建设。

六、“孝贤文化”的建设成效

（一）品质学校在这里诞生

朝乾夕惕，春华秋实。我区老年大学获得了上海市文明单位的荣誉。原创舞蹈《贤风盐影》荣获上海市第十二届老年教育艺术节舞蹈比赛一等奖，荣获中国成人教育协会举办的2017“美蕴秋歌——社区教育文艺成果展演”优秀节目奖。“‘贤文化’融入老年大学课堂的实践研究”课题荣获2017至2018年度上海市老年教育理论研究项目一等奖。“盆景制作艺术”“家庭花卉园艺”课程成为上海市新时代老年教育精品课程，学校合唱队、旗袍队、时装队取得了突破性的进展，五星级学习团队成熟成长。这些荣誉、成绩的取得充分展示了我区老年大学师生良好的精神风貌，也证明了我区老年大学不仅校园设施一流，而且管理水平一流、教学理念一流、校园文化一流。

（二）品牌教师在这里起步

我们的教师注重在学校各类课程中引入渗透“孝贤文化”，给“孝贤文化”注入新时代的元素，使之与时俱进，更好地弘扬中华传统美德。“孝贤文化”的弘扬传承，也成就了一批品牌教师，最具代表性的就是瞿建国老师。瞿老师采访了从广西嫁到奉贤区青村镇姚家村的壮族姑娘马利军，并将人物搬上舞台，由此诞生了沪剧《遥遥娘家路》，好评如潮。瞿老师用发生在我们身边的真实故事阐明了一个道理：传承中华传统文化，可以从身边的小事做起，从孝亲敬老做起。2019年9月，“建国工作室”在老年大学挂牌，瞿老师成为老年大学第一位品牌教师。另一位品牌教师孙美娜，是奉贤籍歌唱家。她用《美在曲中行》追寻红色旋律，重温难忘歌声，为老年大学的师生上了一堂主题教育党课，献礼祖国母亲的七十华诞。孙老师采用“唱讲”结合的教学方式，讴歌奋进中的新时代，唱响主旋律，传播正能量。她借助音乐的魅力让党史党课变得通俗生动，让师生了解红色经典歌曲发展史，亲身体验红色歌曲的文化价值，用红色音乐唤醒初心，用实际行动践行使命。

（三）品位学员在这里成长

我们的教学活动增强了学员对“孝贤文化”的认可度，他们在校友爱同学，在社区友善邻里，在家孝亲爱幼，让生活充满情趣。一批批优秀学员传颂着一个个孝亲敬老的故事，真正实现了“老有所学”“老有所为”“老有所乐”。

一支支老年学习团队积极参与学校、社区文化活动，传递“慈”“孝”爱心，争相表演具有丰富“孝贤文化”内容的节目。缪连芳团队的上海说唱《老年大学勿得了》，在各社区、敬老院演出，吸引了更多的老年朋友来到老年大学学习。由葛政珍创作的越剧表演唱《手捧美酒献双亲》在金汇生活驿站演出时，老人们交口称赞。由老年大学福彩中心戏曲班运用奉贤非物质文化遗产的山歌调表演的《唱响奉贤新山歌》，从田头场角敬老院，唱到了奉贤区会议中心，唱进了上海市国际会议中心，唱出了我们奉贤的地美人美心灵美，唱出了“慈善孝贤 • 美丽奉贤”！

在奉贤区夕阳红讲师团成员、老年大学副校长宋秋霞的带领下，我们组建了孝贤故事宣讲团。宣讲团成员充分利用资源，修改充实学员撰写的孝贤故事，用一个个“接地气”的孝贤事例，感动他人，教育自我，更好地倡导“孝贤文化”。

在大力弘扬中华传统文化的今天，在全力推进“奉贤美、奉贤强”的建设进程中，老年学员幸福安康、老有所学、学有所乐的怡然景象，是幸福奉贤画卷中最生动的画面之一。我区老年大学也必将书韵漫天、睿智天下，“敬奉贤人、见贤思齐、修身养德、达观天下”，带领奉贤的老年朋友积极参与奉贤建设，引领社会新风尚，让教育服务全社会，让“孝贤文化”在每个人的心中开花结果。

（结项时间：2019 年）

在老年群体中开展珠心算课程建设和推广的实验

徐汇区华泾镇社区(老年)学校

一、实验背景

(一)时代背景

珠算是中华传统文化中的瑰宝,是一项影响深远的世界级非物质文化遗产。2008年,珠算被列入国家级非物质文化遗产,2013年12月6日,中国珠算被列入世界文化遗产名录。

在计算机技术蓬勃发展的今天,珠算仍具有强大的生命力。珠算教学的出现,是对珠算文化的创新发展。实践证明,珠算不仅具有开发儿童智力潜能的功能和作用,也同样能满足其他年龄段人群的需求。老年人在珠算健脑活动中,通过手、眼、口、脑运动,锻炼手脑协调能力,延缓衰老。

(二)社会背景

华泾镇老年学校开发培育的"老年珠算心算健脑"课程(以下简称珠心算课程),能够帮助学习者掌握珠心算方法和健身健脑。学校组建老年志愿者队伍开展珠算文化巡讲活动,对于传承与弘扬祖国优秀文化,提升珠算在当代老年人健康益寿方面的应用价值,具有十分重要的意义,在全国属于首创。该课程积极践行让老年人老有所学、老有所乐、老友所为的理念,在老年教育领域有很大的推广价值。

(三)学校基础

2010年初,华泾镇老年学校、老年协会、妇联等有关部门与上海市珠算心算协会合作,共同开发珠心算课程。几年来,华泾镇老年珠心算课程在实践中不断调整和完善,目前已形成一系列贯穿全年、形式互补的课程,包括珠算文化巡讲、集中授课、沙龙活动、竞技比赛、迎新年会等,深受老年朋友的喜爱。珠心算课程以珠心算为载体,发挥珠心算的健脑功能,通过双手拨珠,促进老年学习者手、眼、口、脑多种感官协调发展,让他们在掌握珠心算方法的同时,灵活双手，延缓大脑衰退，愉悦心情，增强记忆，保持思维敏捷，健身健脑，延年益寿，预防老年痴呆，身心健康。

二、实验目的

1. 传承世界非物质文化遗产，弘扬祖国优秀传统文化，发展珠算文化。

2. 在上海市珠算心算协会的大力支持下，建设老年珠心算课程，使之成为学校较为成熟的特色课程。

3. 培养珠心算课程师资，建立志愿者队伍，带动更多的人投身珠心算学习，让更多的中老年人在珠心算学习过程中获得快乐，收获健康，提升生活质量和综合素质。

三、实验内容

1. 梳理现有课程建设成果和学习资源，进一步加以完善。

2. 进一步挖掘资源，拓展空间，加强宣传推广，提高珠算文化在居民中的知晓度，弘扬中华优秀传统文化，增强学员民族自豪感。

3. 开发珠心算微课，编写系列教材，编排“算盘健身操”等，寓学于乐。

4. 利用新媒体技术手段，建设微信和网站平台，开发学习资源，拓展交流空间，方便更多珠心算学习者随时随地开展学习。

5. 以上海市珠算心算教学实践基地为平台，培训、培养一批有志于推广珠心算文化的珠心算教师和志愿者，既能组织学习，又能开展宣传推广活动。

四、实施步骤

（一）调研汇总阶段

2014 年 3 月上旬，召开项目组会议，明确实施方案，进行工作分工，在参与和未参与珠心算学习的老年学员中开展问卷调查，汇总结果。

（二）课程完善推广阶段

2014 年 4 月中旬，项目组讨论进展情况，梳理现有资源，进一步明确本年度课程建设的任务和重点。4 月中下旬至 8 月，通过巡讲、招生宣传等活动，提高珠心算课程的知晓率，为推广课程做准备。9月中旬，举办珠心算志愿者教师培训班，培养储备师资。10月中旬，召开实验项目专家论证会（研讨会），听取社区教育专家的指导意见，调整实施方案。定期指导办学点、养老院珠心算课程班教学工作，开展集体备课和研讨。

（三）结题阶段

2015年11月上旬，开始收集资料，准备项目结题。11月中旬，撰写实验报告，听取各方意见并进行修改。12月，参加实验项目组验收。

五、实验结果

（一）建设了一门特色课程

1. 开设课程，编写教材

华泾镇把传承祖国优秀传统文化与老年教育结合起来，使文化传承有载体、有渠道。华泾镇老年珠心算活动源于一位热衷于珠算文化推广的志愿者——黄源镁老师。她是上海市珠算心算协会的会员，曾获得上海市优秀珠心算教师的称号，是华泾镇老年珠心算活动的发起人和团队领袖。我校从2010年春季开始开设珠心算课程，聘请黄源镁担任授课教师，每周五下午定时来校授课。开班初期仅有10余名学员参加初级班学习，目前已开设初级、中级两个班，分别学习加减法和乘除法，两个班级共有学员50余名。为方便老年人学习，规范课程建设，2012年，学校与上海市珠心算协会共同编写了适合老年人的珠心算校本教材，学员反响良好，目前已成为区本教材。2013年暑期，应众多老年学员的要求，我们又编写了两本与教材配套的练习册，供他们课后练习。

2. 动静结合，寓教于乐

珠心算是一门专业性很强的课程，属于脑力运动。枯燥的学习、反复的运算有时会“吓退”部分老年人。经过观察，我们发现多数老年人喜欢寓学于乐的学习方式，所以在课程建设过程中，我们始终坚持“趣味学习，健身健脑”的理念。我们在众多志愿者的帮助下，编排了珠码手指操、算盘课间操、算盘健身操。珠码手指操可以锻炼手指的灵活性和手眼的协调性，同时具有健脑的作用。算盘课间操能活动关节，把学习用具算盘变成健身器材，简单易行，而且算盘清脆的声音能够提神醒脑，具有韵律之美。我们还编排了《我们是快乐的老年人》沙龙之歌、《算盘文化说唱》等文艺节目。这些节目因为独特、原创、自编自演，颇受老年人欢迎。每次上课疲劳时，学员就会自娱自乐，调节学习状态。这支表演队伍多次登上各类舞台，展示老年人快乐学习的精神风貌，宣传祖国的优秀文化。这种动静结合的教学模式，寓教于乐，深受老年人喜爱。

3. 与时俱进，创新学法

传统的学习方式是学员坐在教室里，听教师传授知识，以听为主。随着新媒体技术的发展，人们的学习理念和学习方式也在悄悄发生着变化。智能手机和电脑成为每个家庭的必备之物。我校也与时俱进，在上海市珠算心算协会的支持下，开发了一系列新媒体学习资源。一是建立了“华泾珠算会员驿站”网站。该网站内容丰富，包括学习资源、信息报道、会员交流互动平台等。我校通过该网站，将在国内率先推广创新的老年健脑珠心算教育实践活动对外宣传，为老年人快乐学习、身心健康、延缓衰老探索新路径。二是开通了“华泾玉盘”微信公众号平台。每周一三五发布信息，包括珠心算活动的新闻、会员参加活动后的感悟、益智健脑的趣味珠算题和数独游戏。这些都体现了及时性、群众性、专业性、教育性。目前网站浏览量达 42408 次，发布微信 167 期，受到了老年朋友的欢迎。三是拍摄了 10 节微课。考虑到部分老年人身体不舒服或腿脚不方便，无法到校学习，学校精选教学内容，拍摄了 10 节微课，上传到社区学校网站、会员驿站网站、优酷网站，让他们在家里打开电脑就能学习。这种新媒体的学习方式扩大了珠心算课程学习的受众面，国内其他省市的老年人也可以随时随地利用网络来学习。

（二）成立了一支学习团队

有些老年人学习了珠心算后，获益很大，结业后，仍不想放弃学习。为保持他们的学习积极性，我们成立了镇级学习团队——珠心算沙龙，由授课教师担任沙龙负责人，每月集中举办一次沙龙活动，进行集训、观摩、交流等，巩固学员的珠心算学习基础，进一步凝聚团队，扩大华泾的老年珠心算学员队伍。丰富多彩的沙龙活动，延伸了课堂教学内容，不仅涉及传统的打算盘、心算、手指算，还引入了数独、魔方、七巧板等益智游戏。做数独思维缜密，打算盘心灵手巧，玩魔方心手合一，拼七巧板迅速灵动。老年人通过这些手脑并用的锻炼，让左右脑平衡，增强记忆力，保持思维敏捷，延缓记忆衰退，提升生活质量。沙龙更是为学习珠心算的老年人搭建了“以珠算会友，以珠算交友”的平台。目前，沙龙成员已经发展到近百人，沙龙活动由原来的每月一次调整为每周五一次，每次两小时。沙龙成员说：“我们每周都盼着过星期五。”

每年年底，上海市珠算心算协会、华泾镇老龄办、妇联、社区学校四家单位都会联合举办迎新年会，汇报学员学习成果，交流珠算文化，进行趣味游戏，活动内容丰富多彩。大家在喜气洋洋而又富有文化气息的氛围中辞旧迎新，别有味道。年会一年比一年办得好，越来越有特色。

（三）培养了三支队伍

1. 专家队伍

专家队伍是指由专家、课程开发者、组织者组成的核心队伍，主要负责设计与研究课程，实施教学策略，组织师资培训，包括上海市珠算心算协会的名誉会长（珠算文化国家代表性传承人）、副会长、秘书长和区社区学院副院长、社区学校校长等成员。我们通过顶层设计，开发出适合老年人学习的教材及配套的学习资源，对学习难度、进度、形式进行把关，整合各类资源，为老年教育服务。

2. 师资队伍

这支由教学骨干组成的具有珠算上岗证书的教师队伍，主要负责教学工作，组织各层面的展示活动。随着我校珠心算课程的影响面扩大，其他地区的老年人也希望加入学习队伍。于是，我们在部分居委会教学点、养老院也开设了珠心算班。我校发挥区级珠心算教研基地的作用，着力于教师队伍的培养，主要培养对象是沙龙中的骨干成员。我们通过举办师资培训班、组织教研活动、集体备课、教学点巡视等，加强队伍培养。一年来，效果显著，累计有 22 位学员通过了上海市珠算心算协会颁发的 6 级珠算证书，有 16 位学员获得了志愿者教师上岗证。

3. 志愿者队伍

珠算文化的推广和珠心算课程的展示工作需要有一批志愿者来承担。我们在学员和沙龙中发布通知，招募热心的志愿者成立巡讲队伍。目前已组建了两支巡讲队伍，各 8 人。他们活跃在居委会、养老院、老年学校等场所，以播放视频、介绍珠心算课程、文艺表演等为主要内容，不遗余力地宣传推广珠算文化，感动了很多居民，让大家对祖国的优秀文化有了深入的了解，也吸引了不少老人现场报名参加学习。

（四）课程推广至多家单位

随着我校课程建设的不断成熟，特色日益凸显，影响逐步扩大。珠心算以其易入门、有趣味、可持续的特点为老年朋友所喜爱。为了让更多的老年人能从珠心算学习中获益，我们从 2012 年开始积极进行课程的推广，主要采取巡讲、表演等形式，让珠心算这门课程走进社区。

在华泾镇政府相关部门的支持下，珠算文化巡讲者走遍了华泾镇的 17 个居民社区，走进了徐汇区枫林第二养老院、久康养老院、长宁区逸仙敬老院、杨浦区五角场街道。截至 2015 年 9 月，该课程已推广到五家居委教学点和四家养老院，华泾镇老年学校毫无保留地送去了教材和教学资源。目前，在华泾镇已经形成了“镇社区学校—居委会教学点—珠算沙龙”的三级学习网络。

（五）为提升老年人素质作出了贡献

我们用深厚的文化感染人，用优质的课程吸引人，用优秀的团队凝聚人，在推进老年珠心算课程建设的同时，形成了一支有爱心、有能力、团结协作、乐于奉献的团队。他们怀着传承和发展珠算文化的强烈使命感和责任感走遍了华泾镇的居民社区，在珠算文化和课程的宣讲活动中，发挥了自身的作用，体现了自身的价值。他们以满腔热忱、乐于奉献的精神组建了三支志愿者队伍，定期走进三家养老院。这些六七十岁的老人给八九十岁的老人带去欢声笑语。养老院的老人深情地说：“我们期盼着你们每一次的到来，谢谢你们给我们带来知识和欢乐。”他们以开朗、自信的态度走上讲台，用自身的激情去感染老人和孩子，带领他们感受祖国优秀传统文化的魅力。

参与珠心算学习的老年人，不仅掌握了珠心算的知识和技能，还提升了生活质量，感受到体现价值、服务社会的乐趣。

（六）依靠社会组织，形成合作共赢的机制

我校在建设珠心算课程的过程中，借助上海市珠算心算协会这一专业的民办非企业组织的力量，建立了合作共赢机制。可以说，推动传统文化进社区，建设老年珠心算课程，是多方合作共赢的一次成功尝试。协会从弘扬珠算文化、发挥珠心算健脑功能的角度提供了理论支持，搭建了平台。华泾镇政府从满足本镇人口老龄化的发展需要、关注高龄人群精神生活和心智健康的角度出发，提供了政策和人力支持。华泾镇社区学校从推动终身学习的角度出发，建设社区特色课程，形成示范基地。华泾镇老龄委、妇联将其作为加强为老服务、建设和谐家庭的抓手，定期给予场地支持或经费扶持。老年学员以珠心算学习为目的，走出家庭，融入社会，快乐学习，达到了愉悦身心和健身健脑的目的。

（七）建设成果显著，产生社会影响

作为国内第一所开展老年珠心算课程建设和推广工作的学校，我校在五年中，一步一个脚印，有计划，有思路，稳步推进，在各方的支持和帮助下，取得了一定的成果，收获了各类奖项。其中，上海市珠算心算协会和老年学校联合编写的《老年珠算心算》教材已成为徐汇区区本教材。2012 年，该门课程获得上海市教学资

源评比二等奖。2013 年，该课程先后被评为徐汇区优秀课程一等奖、上海市社区教育特色课程二等奖，珠心算沙龙学习团队被评为上海市优秀老年人学习团队。2014 年，学校拍摄的微课“珠心算基础知识”，获全国微课大赛优秀作品奖。学校 2015 年拍摄的微视频《小算盘，大智慧，传统文化进社区》，在全国微视频大赛收到的 513 件参赛作品中，评分排到第 11 位，进入全国总决赛，获得三等奖。

各类媒体对学校进行了专题报道。上海东方卫视《大爱东方》栏目组拍摄的纪录片《老算盘的新故事》，播放后引起了良好的社会反响。上海电视台新闻坊报道了算盘益智活动。《成才与就业》杂志以《乐学珠心算》为题报道了珠心算沙龙。

华泾镇老年学校自 2010 年开设老年珠心算课程以来，大胆实践，积极探索，走出了一条独特的课程建设之路。

六、下一步工作设想

（一）以“分层适度”深化课程建设

我们要深入开展分层教学，把握教学难度，完善基础类和提高类珠心算健脑课程，同时兼顾养老院的课程内容和教学安排；发挥集体的力量，在集体备课、观摩教学的基础上形成教案集；针对珠心算的特征和老年人活动的特点，收集好的创意，开发节奏游戏、记忆游戏、生活游戏、益智游戏、运动游戏等，为编写《益智健脑游戏集》积累素材；收集案例，从行为学的角度，用质性研究方法，尝试建立老年人珠算活动档案。

（二）以“共建共享”加强合作

上海市珠算心算协会利用自身的资源优势和专业特点，加强理论研究，搭建国内外的交流平台。学校依托镇政府和区社区学院、学习办，精心组织巡讲、沙龙、教研、年会等大型活动，促进课程的可持续发展。老年教育协会、居委会扎根基层，依托志愿者队伍开展大众化、基础类珠心算健脑课程的普及工作。

（三）以“学习交流”促进课程推广

今后几年，在各方的支持下，华泾镇老年学校要把眼光放得更加长远，加强与国内外珠心算学习组织或文化推广组织的交流合作，通过多种媒体、渠道宣传学校课程建设成果，通过请进来、走出去的方式，让老年珠心算课程在世界各地播种、开花、结果。

（结项时间：2015 年）

在老年教育中弘扬本土优秀传统文化的实验

金山区老年大学

一、实验的基本情况

为进一步传承和弘扬中华优秀传统文化，推进老年学校素质教育的深入开展，我校认真贯彻市老年教育工作小组办公室和市老年学校素质教育指导中心召开的上海市老年学校素质教育工作推进会议精神，积极参与并组织开展老年学校素质教育实验项目课题研究工作，以本土优秀传统文化为切入口，采取传统文化教育措施，努力营造良好的环境氛围，取得了一些成效，总结了一些经验。

（一）组建实验小组

学校领导在思想上高度重视，多次召开会议讨论研究，组建了由各部门参与的实验工作小组。学校在部门分工、组织计划、实施方案、人员配置等方面保障实验工作有序推行，促进本土传统文化教育工作顺利开展。

（二）调整实验内容

学校积极贯彻实验推进会议精神，按照领导讲话和文件提出的“落细、落小、落实”的要求，反复修改实验项目申报材料，把本土优秀传统文化作为实验点，开展多种形式的教育实践活动。

（三）扩大实验范围

除了区老年大学，我们还在石化和朱泾两所分校开展实验工作。

（四）研究实验项目

根据老年教育的特点，我们从社区各阶层老年居民的实际需求出发，以提高社区老年居民的文明素养、生活质量为目标，以贴近居民、贴近生活、贴近实际为原则，深入了解，调查研究，从招募、组建兼职教师与志愿者队伍入手，确立了具有金山地方传统和特色的剪纸、戏曲身段、腰鼓、农民画等实验项目，不断拓展学习内容。

（五）确定实验策略

金山地区文化资源丰富，传统文化项目众多，限于师资、场地、设备、人员、经费等，我们的实验工作要有序有效开展。实验策略：(1)抓住几个点进行项目研究，不求面面俱到；(2)鼓励分校开展实验，不局限于区老年大学；(3)以区老年大学为龙头，挖掘各街镇老年学校在本土传统文化上的资源，交流互动。

二、实验的主要做法

(一)传承传统优势项目

为丰富课程学习内容，满足不同人群需求，近年来，我校逐步形成了具有区域特色的多规格、多层次、多内容、多形式的老年教育课程。目前，我校的课程包括健康休闲、道德文明、生活常识、技能培训、文化教育、文体培训六大类。我们开发建成区域课程60多门，有些已成为品牌课程，如农民画创作、字画培训、沪剧沙龙、腰鼓技巧、戏曲身段、歌咏，深受老年居民喜爱。通过申报，部分课程进入上海市终身教育学分银行，农民画创作中级课程被列为2014年上海市重点开发课程。

有些传统优势项目虽然并非出自本地，但在地方上影响较大，自发学习和集中教育的人数较多，老年教育课程设置的时间较长，已具有本土化特点，成为老年教育的首选课程。

(二)吸纳地方品牌项目

金山区在发展和繁荣群众文化工作中，十分重视金山传统文化和特色文化的传承和发展，从实际出发，着力“一镇一品”文化建设，努力让广大群众参与其中。金山区的廊下莲湘和剪纸、亭林腰鼓、山阳民乐、枫泾故事、吕巷小白龙、张堰木兰拳、金山卫走马灯、漕泾镇书画、金山农民画等项目，不仅进一步丰富了金山的文化底蕴，而且展现了新型农村社区群众文化的风采。

我校在老年教育课程设置上结合师资、场地、设备、学员等因素，充分利用本土文化的资源优势，开设了剪纸班和腰鼓班，密切了与廊下镇、亭林镇老年学校的联系和交流，使老年教育活动与当地社会文化相融合，成为当地文化活动的一支重要力量。

(三)参与社区文化活动

我校传统文化学习班立足班级课程学习基础，努力整合资源，开辟渠道，搭建展示老年人在传承传统文化方面才华的舞台。我校先后举办了“七彩夕阳唱响胜利之歌”合唱展演和“纪念抗战胜利70周年老年教育书画展”等大型活动，腰鼓、戏曲等传统文化团队也参与其中，烘托气氛。敬老节，我校组织所有传统文化团队去石化街道敬老院慰问演出，受到了老年人的热烈欢迎，得到了一致好评。

我们积极与社区各方沟通，在党政工团妇各级组织及有关民间协会的支持下，在各类活动中渗透老年教育因子，与工作实际、生活实际有机结合，逐步形成了各种老年居民喜闻乐见的传统文化教育活动项目，包括传统节庆、金山旅游节、社区文化活动、行业协会活动、老年人文体活动、民间文化展示等。我们发挥博物馆、图书馆、剧院等场所的作用，为老年人提供教育服务，展示交流老年传统文化教育成果。

（四）培训实验师资队伍

为了高水准、高质量地完成传承本土传统文化的实验工作，学校积极开展有关本土传统文化教育的教师队伍培训，组织任课教师研讨交流会和各班班长学习交流会，组织各班教师和班长外出学习考察。

现有的教辅和参考资料十分有限，教师在搜集既易于学生理解又具备本土优秀传统文化特色的素材时有一定的困难。如何获取更多的教学资源以继续推进优秀传统文化教育是我们迫切需要解决的问题。我们要求教师充分发挥主观能动性，认真备课，耐心施教，积极鼓励学员。通过一段时期的培训，教师群策群力，教学工作渐入佳境，创造力得到很大提高。

剪纸班的学员称赞包旭涛老师是“尽心尽力的巧手教师”。在包老师的提议下，剪纸班建立了一个“2015 剪纸班”群聊网。她把自己准备的教材上传至网络，供学员学习，在网上点评大家上传的作业，相当于又开辟了一个课堂，激发了学员的学习兴趣。她把自己花钱买的红纸发给每位学员，让红纸衬托出作品的美感，让学员获得剪纸带来的精神愉悦感和成就感。

三、实验的主要成果

（一）提高学员对本土文化的归属与认同感

通过对本土传统文化的学习，教师和学员都获益匪浅，得到了提高。学习民俗文化后，许多老年学员都开阔了眼界，对本土传统文化有了新的认识，产生了对家乡文化的认同和热爱之情。

我们开展的传承本土传统文化教育，不仅是为了让老年人记住传统文化，掌握文化技艺，更是为了让他们寻民族精神之根，寻现代文明之根，让他们在学习本土优秀传统文化过程中，提升人文底蕴，继承传统，弘扬传统，去开创更加美好的未来。

（二）促进老年教育体系的建构

通过对本土传统文化的学习，老年学员在思想道德修养、科学文化素质、身心健康等方面普遍得到改善或提高。学员积极参与社会公益活动，取得了广泛而积极的社会效益。这是对老年大学办学的检验和激励。

随着实验的进一步推进，我校对老年教育体系的建构有了更清晰的认识。课内打基础，课外出成果。老年大学要发挥第二课堂的作用，仅靠上课时间是不够的，必须充分利用课外时间巩固和发展教学成果。为此，我们积极行动。一是组建课外兴趣小组，每个班级根据学员居住区域组织若干课外兴趣小组，每周活动一至两次。二是组建一团多队，组建老年大学艺术团，艺术团下成立舞蹈队、合唱队、戏曲队、腰鼓队等各种艺术队。三是定期举办才艺展示活动，组织戏曲、舞蹈等比赛。四是每年举办成果展，如书法展、摄影展、国画展，为举办个人书画展、出版个人书法集等创造条件。五是积极参加社会公益活动，以此提高老年人服务社会、奉献社会的社会责任感和成就感。

（三）增强学习团队的凝聚力与活力

通过实验，团队精神目标、价值观得到确立。团队成员之间保持良好的沟通，营造了和谐的沟通氛围。团队成员之间相互信赖，自觉认同肩负的责任并愿意为此目标共同奉献。

舞蹈班学员说："我们舞蹈队有强烈的责任感和荣誉感，在严格的考勤、排练、演出等制度保障下，整个舞蹈队井然有序，生机勃勃。我们团结友爱、互相带教、取长补短，新队员在教师和老队员的带教下进步很快。遇到演出任务，队员从不计较个人得失，听从指挥，服从安排。即使只有部分队员参加演出，其余队员也会踊跃随队来到现场，为参赛队员加油鼓舞，做好摄影等服务工作，并在现场进行各类互动。"

我校营造了良好的学习氛围，让团队成员感受到成长的快乐。学员在与社区的融合互动中提高了上进心，培养了敬业精神，满足了自身不断成长的需要。戏曲身段班学员说了这样一件事："七月末、八月初正是一年中最热的日子，我们在教师的带领下，冒着酷暑，一连八个晚上去金山卫镇的各个居民小区巡回演出。虽然大家都热得汗流浃背，但没有一个人喊累，有几位学员即使身体不舒服，也坚持演完。"

四、实验的思考和结论

（一）弘扬本土传统文化要创新教育内容

群众对精神文化的需求是多样的，除了本土特色文化，外来的、现当代的优秀文化艺术也必不可少。开放、包容的文化是现代社会的重要特征，我们不仅要注重本土文化传承，还要有世界眼光。

（二）弘扬本土传统文化要创新教育手段和方式

弘扬本土传统文化要遵循老年教育的规律，结合传统文化教育的特殊要求，因地制宜探索出一条创新发展、受老年学员欢迎的道路。

我们要重视实践教学，创造条件，鼓励教师创新教法，充分利用老年学员的丰富经验，提高他们的积极性。

在弘扬本土传统文化工作过程中，我们要与时俱进，充分发挥现代科学技术在教育教学中的重要作用。

通过对本土传统文化的实验工作，我们对老年学员进行了一系列的教育和熏染，改变了他们以前对本土传统文化的片面认识，开阔了他们的视野，增强了他们对家乡的自豪感。我校作为老年教育机构，应不断加强师资培养，提高传统文化教育能力，做好师生受益、社会满意的传统文化教育工作。

（结项时间：2015 年）

基层老年学校传承本土优秀传统文化的实验

普陀区宜川路街道老年学校

一、实验基础

宜川路街道是一个拥有近13万人口的街道，具有较为深厚的文化底蕴。这里有自清代传承至今的种植园艺文化、瓷刻工艺文化、红色革命文化、工业建设文化、民间戏曲文化、梦清园生态文化等。这些具有本土特色的优秀传统文化滋养着宜川社区的居民，推动着社区全面、协调、可持续性发展。近年来，宜川社区先后创建了上海市特级社区文化活动中心、市老年教育示范性学校、市特级图书馆、市学生社区实践指导站等活动基地，为本土优秀传统文化的传承搭建了良好的平台，彰显了品牌的亮点。作为老年教育工作者，我们有责任挖掘本土特色文化，将其精华融入老年教育，通过潜移默化的教育活动传承本土优秀传统文化，从而提高社区居民的本土文化修养，提升居民热爱祖国、热爱中华民族伟大文明的优良品质。

（一）本土优秀传统文化资源

1. 种植园艺文化、瓷刻工艺文化历史悠久

宜川以种植花木闻名海内外，种植面积最盛时期达300余亩，花木品种达500余种，名贵花木曾选送参加世界花展并获奖。其中，最有代表性的是清朝乾隆年间就闻名于世的“赵家花园菊花种植技艺”。清朝末期涌现了“海派瓷刻”工艺，其传人们也长期活跃在宜川社区。2013年10月，宜川“赵家花园菊花种植技艺”项目、“瓷刻”项目都被列入《第四批上海市非物质文化遗产代表性项目名录》。

2. 宜川戏曲文化深入民心

宜川戏曲文化有广泛而深厚的群众基础。11支近千人的戏剧沙龙队伍，常年活跃在社区文化活动中心、小区、公园。居民自编、自演戏曲活动蔚然成风。街道先后与上海京剧院、上海沪剧院、上海越剧院、上海淮剧团、上海昆剧团、SMG广播文艺中心、东方宣教中心开展合作共建，尚长荣、钱惠丽、马莉莉、梁伟平等

名家被聘请为宜川社区文化指导员。此外，街道促成社区五所中小学校与其中五个专业院团开展共建，成立了京、越、沪、淮、昆剧戏曲艺术教育中心。

3. 红色革命文化、宜居文化、梦清园生态文明建设成果显著

宜川处于沪西，是上海开埠最早建立近代工业和产业工人最为集中的地区之一，也是中国工人运动的发祥地之一。这里涌现了顾正红、李启汉等革命志士的光辉事迹。宜川地区从工人新村到旧城改造的发展，也是上海城区辉煌变迁的缩影，宜居文化深入人心。苏州河治理的历史过程，已成为苏州河畔的宜川人津津乐道的生态文明建设成果。

（二）宜川路街道老年学校开展研究工作的经验

宜川路街道老年学校以挖掘、传承地方优秀传统文化瑰宝为己任，长期坚持挖掘传统文化资源，开发出许多弘扬优秀传统文化的课程。宜川老年学校自 2006 年秋季起开设“瓷刻艺术”“家庭菊花种植和园艺”等课程，逐步推出了一批校本特色教材，把优秀课程申报成为上海市学分银行课程，并成立了民间社团组织，组建了传承人工作室和传承团队活动室。

在保护和传承社区特色文化过程中，老年学校积极申请普陀区社会文化发展基金，组织社团成员参加上海世博会、上海市教育博览会、老年艺术节以及市、区的全民终身学习活动周等展示活动。宜川老年学校与辖区内的中小学共建区域特色文化教育基地，把特色文化项目列入学校的兴趣类课程，以点带面，逐步推广。在网络传播技术迅猛发展的情况下，老年学校积极争取普陀区社区学院的支持，筹备开发相关的数字化课程。学校在老年教育促进本土优秀传统文化传承的理论研究方面开展了许多工作，如进行了“学习型社区建设与社区资源整合及其运行机制的研究”课题研究，撰写了以《挖掘社区文化资源，开好社区学校课程》为题的论文。

在宜川特色文化项目的挖掘、保护、传承等方面，宜川老年学校积累了较为丰富的实践经验。学校在通过老年教育保护和传承非遗项目方面，取得了较好的探究成效。但在工作过程中，我们也发现了一些制约老年学校促进本土文化传承的瓶颈问题，主要包括教育活动中的资源整合不够协调、老年教育运行机制不完善、传承基地作用不明显、传承团队研究能力较低、传承人年龄偏大、老年教育促进本土文化传承的实验研究成效不够显著等。所以，有必要开展相关的实验研究以推动老年教育在促进本土文化传承方面的工作。本实验把“海派瓷刻”和“赵家花园菊花种植技艺”两个非遗项目的传承作为实验研究的主要对象。

二、实验目的

1. 以宜川老年学校的特色课程“海派瓷刻”“赵家花园菊花种植技艺”为例，回顾、观察、总结上海市非物质文化遗产项目在老年学校传承的情况。

2. 针对非遗项目教育的探索和实践，总结出宜川路街道老年学校开展“海派瓷刻”“赵家花园菊花种植技艺”非遗文化教育的有效路径。

3. 通过此项实验，探究老年学校传承非遗文化的最优途径和方法。同时，关注推广非遗文化传承的路径，记录实验过程中的新发现、新问题和新想法，为后续的实验积累资料。

4. 通过此项实验，探究老年学校开展中华优秀传统文化教育对社区文化建设的作用，增强教育对核心价值观的辐射功能，使老年教育与社区特色文化传承互动融合。

三、实验内容

1. 筛选、整理宜川老年学校传承非遗文化的教育成果。

2. 针对宜川“海派瓷刻”“赵家花园菊花种植技艺”非遗项目等优秀传统文化教育开展调研活动，探究宜川老年学校在促进传统文化教育方面的有效方法和机制。

3. 对实验活动考察评价后，概括出老年学校在开展优秀传统文化教育方面的有效路径。

四、实验方法与步骤

本实验项目综合运用文献研究法、调查研究法、经验总结法、行动研究法、案例研究法等多种方法。具体实施步骤如下：

（一）准备阶段（2015 年 5 月至 6 月）

成立课题组，总结已有成果和经验，反思问题，查阅有关文献资料，调查本地课程资源的现状，探索可研究、创新的空间，设计研究方案，组织论证并申报立项。本阶段在查阅资料时主要采用文献研究法，在调查本地课程资源时主要采用问卷调查法和访谈调查法，旨在收集情报，寻找课题最适合的切入点。

（二）实施阶段（2015 年 7 月至 10 月）

依据论证意见，修改研究方案，细化研究内容，全面实施研究计划，在实践中积累研究资料，进行课题中期鉴定和论证，不断调整、完善，保证实验方向正确、过程扎实、效果明显。本阶段主要采用行动研究法、反思分析法、案例研究法，每月进行课题总结，开展研讨反思活动，边实践、边研究、边修正，及时总结经验，物化成果。

（三）总结阶段（2015 年 11 月至 12 月）

整理、统计、分析过程资料，从理论和实践两方面反思和提炼研究成果，撰写研究报告，邀请专家、教育行政部门、教科研部门进行鉴定和结题。本阶段主要采用反思分析法和归纳法，归纳、提炼成果。

五、实验成效

（一）总结宜川社区本土优秀传统文化特色并编撰相关教材

通过实验活动，我们归纳整理了宜川社区具有的六大本土特色文化，包括以“海派瓷刻”“赵家花园菊花种植技艺”非遗项目为代表的民间技艺文化资源，以工人新村为代表的红色革命文化资源，以中远两湾城为代表的宜居文化资源，以梦清园为代表的生态文明传播文化资源，以“宜川社区团队联谊会”“宜川社区教育联盟”为代表的社团资源，以顾正红纪念馆、梦清园环保主题公园为代表的教育场地资源。

我们发现，社区的文化教育资源有利于老年教育课程资源建设，而把传统精华与现代要素紧密结合在一起的老年教育课程，既丰富了老年教育的内涵，又能通过课程教育提升居民素养，促进宜川路街道学习型社区的建设。

因此，我们组织非遗项目的传承人和有经验的教师，共同编撰了《海派瓷刻》《赵家花园花卉和园艺》等本土文化教育教材。

（二）形成老年教育促进本土文化传承的成果荟萃

在实验过程中，我们开展了大量的实验活动，既传承了本土优秀传统文化，又为提炼和升华本土文化传承积累了素材。

1. 完善了社区本土优秀传统文化传承的硬件建设项目。建成了“宜川社区‘海派瓷刻’艺术工作室”（含资料室）、“赵家花园菊花种植技艺工作室”“梁伟平戏曲工作室”。建成了“海派瓷刻”展示场地、“赵家花园菊花技艺”展示场地。

建成了“海派瓷刻”团队活动室、“赵家花园菊花种植技艺”团队活动室。改造了“瓷刻艺术”教学场地、“戏迷俱乐部”活动场地、“小剧场”舞台灯光和视频系统。这为社区本土优秀传统文化的传承和发展提供了活动场地和基础保障。

2. 加大了老年教育课程教学对本土优秀传统文化传承的力度。老年学校开设了“海派瓷刻”“赵家花园花卉和园艺”“沪剧”“越剧”“戏迷俱乐部沙龙”等课程，自编了两本教材和两种教学大纲讲义，为众多热心本土文化传承的居民提供了优质的学习和交流平台。老年学校开设的“瓷刻艺术”课程，被评为上海市首批数字化升级课程，制作的数字课程于2014年9月通过验收，可在教育网上即时链接，有助于更多喜爱民间工艺的社区居民和学生掌握瓷刻技艺。

3. 完成了宜川优秀传统文化项目的档案建设工作。档案建设时，我们细致记录了“海派瓷刻”“赵家花园菊花种植技艺”等传统文化的历史渊源、传承脉络、艺术价值、种植和工艺特点、保护措施等，保存了艺术精品的实物、图片、影像资料，形成了电子档案，为本土文化项目的传承工作奠定了基础。

4. 组织开展了非遗文化传承的宣传活动。如联合宜川街道及各居委会于2013年11月18日、2013年12月1日、2014年3月10日开展了以“非遗文化进社区，传承依靠你我他”为主题的系列展示活动。又如组织“非遗文化进中环”“非遗文化日”“达人工作室成果展示”等活动，在上海市社区教育媒体专访团展示活动中进行现场瓷刻操作演示、瓷刻和菊花创作作品展示。宣传活动产生了较大的影响，《文汇报》《新民晚报》等十多家媒体报道了“海派瓷刻”达人工作室的情况。上海电视台星尚频道还在《今日印象》栏目中专题报道了瓷刻达人的传世绝活。

5. 组织“海派瓷刻”“赵家花园菊花种植技艺”工作室参加上海市以及普陀区“达人工作坊”评选，获得上海市“佩初‘海派瓷刻’工作坊”、普陀区“‘海派瓷刻’工作坊”“‘赵家花园菊花种植技艺’工作坊”称号。

6. 组织“海派瓷刻”“赵家花园菊花种植技艺”老年团队参加上海市老年学习团队评选，获得“2013年上海市优秀学习团队”“2013年上海市学习团队”“2014年上海市优秀学习团队”称号。

7. 深入开展了非遗文化进校园活动。如利用暑假，借助街道“上海市学生社区实践指导站”的活动机制，组织开展了“我来瓷刻”的学习和比赛活动，获得区暑期工作“特色项目奖”。利用中秋节，组织“赵家花园菊花种植技艺”老年团队到社区所属的中小学，开展以“赏菊、品蟹、话中秋”为主题的菊花展示活动。利用社区文化活动中心的戏曲资源，与五所学校合力开设沪剧、越剧、淮剧、京剧、昆曲特色教育课程，其中，洛川学校被选为"上海市非遗文化（沪剧）传习基地"。借助宜川社区教育发展联盟的机制，宜川老年学校与宜川中学附属学校、洛川学校联合办学，分别开设了"海派瓷刻"拓展课程和"赵家花园菊花种植技艺"社团学习课程，并确定两所学校为"非遗项目传习基地"。开展了"首届全国瓷刻作品展售"活动。其中，淄博市的瓷刻作品最为醒目，我们立即组织瓷刻社团成员赴山东省淄博市参观学习当地瓷刻传承的经验，深入了解淄博市瓷刻大师丁邦海开公司、收学员、编撰书籍的瓷刻产业化路径。

8. 扩大了本土文化的影响力。宜川社区居民喜爱的戏曲节已在街道举办了很多届。2013 年 10 月、2014 年 11 月，社区文化活动中心、宜川老年学校等单位拓展思路、积极协调，在南京路"新世纪舞台"举办了第十二届戏曲节，以"宜川杯戏曲大赛"的形式举办全区的赛事，以此扩大本土传统文化的影响力。

9. 组织申报上海市非遗项目传承人工作。学校在 2013 年 9 月申报的两个项目被列入《第四批上海市非物质文化遗产代表性名录》后，积极组织相关团队、工作室、教学班与项目传承人协作，不断创新作品，发掘传承途径，使得传承两个项目的程佩初老师、赵坤荣老师被认定为"上海市非遗文化传承人"。

10. 通过论坛、征文等途径宣传本土优秀传统文化传承经验。如在上海市社区教育论坛、普陀区文化发展交流会、普陀区教育经验总结活动中撰写了《挖掘社区文化资源，开好社区学校课程》《社区教育的追梦人——普陀区宜川社区达人工作室接受媒体采访团采访纪实》《璀璨苏州河畔的明珠　宜川社区学校达人工作室初显成效》《立足社区教育　传承非遗文化》《探寻本土文化的明珠》等文章。在上海市"长风生态杯——魅力苏州河，美丽新普陀"征文比赛中，反映本土优秀传统文化传承的文章《散落在苏州河畔的明珠》获得二等奖。在上海市老年学习团队指导中心的课题"老年学习团队培育模式研究"中，承担子课题"老年学习团队成熟阶段培育模式的研究"的研究工作。申报了上海市社区教育协会课题"社区教育课程资源建设的研究"并进行了研究。参与了上海市工艺美术学院总结瓷刻特殊技艺的理论研究课题"非遗传承中瓷刻、瓷器、釉彩的复言工艺"。

11. 积极申请上海市、普陀区的文化发展专项资金。本土优秀传统文化的传承迫切需要资金扶持，尤其是非遗项目距时代和受众较远，在文化与利益的抉择中容易被抛弃。所以，我们尽全力申请到了 2013 年普陀区文化发展专项资金、2014 年上海市非遗文化补助金，解了燃眉之急，顺利开展工作。

（三）明确了本土文化传承对老年教育发展的促进作用

在探究老年教育促进本土文化传承的过程中，老年教育成果促使宜川街道被评为“上海市社区教育示范街镇”、街道社区学校通过了“上海市标准化街道社区学校”的评估验收。

实验使我们收获了传承本土优秀传统文化的硕果，凸显了老年教育对本土文化传承、本土文化对社区发展的辐射功能，促进了社区建设、老年教育与区域特色文化传承的互动融合，也让我们感受到了本土文化对社区文化建设的推动作用。

六、实验结论与思考

我们通过提炼实验成果，总结宜川老年教育促进非遗项目传承的有效措施，形成了老年教育促进本土文化传承的六条途径。

1. 以传承人为中心的团队学习型传承途径，包括老年学校的授课班级、研究技艺的沙龙、老年学习型团队、学校名师工作室、市区达人工作坊、市非遗项目传承人、市非遗项目团队传承人等。

2. 以节庆活动为基点的传承途径，包括市区“非遗文化日”“市民文化学习周”“街道文化展示周”“重阳节”“居委达人秀”等。

3. 以物化的形态为载体的传承途径，包括瓷刻作品展、菊花作品展、瓷刻现场展示、戏曲节曲目演唱等。

4. 以广大受众为关注点的传承途径，包括工作室建设、中小学传习基地建设、报纸报道、展板演示、电视宣传、网络宣传等。

5. 以学校教育为方式的传承途径，包括在中小学开设拓展性课程、社团型课程、暑期观摩活动、节庆展示活动等。

6. 以宣传和评论为目的的传承途径，包括评选非遗项目、非遗传承人、达人工作室的典型项目传播，报纸、电视、网络等新闻媒体传播，各类课题研究、实验项目学术层面的深化传播。

（结项时间：2015 年）

校园文化与老年素质教育

在践行“长者风范”中推进老年素质教育的实验

上海老年大学

一、实验背景及意义

教育的本质是立德育人，根本目的在于不断提升人的素质，促进人的全面发展。进入21世纪以来，上海老年大学提出了“长者风范”的理念，既考虑了老年教育具有一般教育的特征，又考虑了其自身的特性与特征，希望通过美化生活体验、强化人生意境、细化晚年追求、优化生命质量“四化”建设，把学校办成求知的学园、健康的乐园、温馨的家园、美丽的花园。多年来，“长者风范”这一理念得到了社会的广泛认同。实践证明，“长者风范”活动紧密贴合“实施老年素质教育，践行社会主义核心价值观”主题。在新时期、新常态下，践行“长者风范”的新思考、新内涵、新拓展，是一种文化自觉、文化坚守、文化担当，我们责无旁贷。开展素质教育实验项目，是对“长者风范”的再学习、再认识、再实践。

二、实验过程

（一）创新探索，践行“长者风范”活动

“长者风范”活动，作为一种素质教育的新探索和新模式，源于老年大学的特定环境与办学理念，源于积极健康的校园氛围与人生追求。2015年以来，学校通过多形式、多途径、多内容，凝聚了一批批新老教师、新老学员、新老管理人员，笃守与践行“长者风范”的内涵——厚德明理、好学博闻、举止端庄、诚朴守信，深化和拓展了“博学、厚德、康乐、有为”的校训，形成了积极向上的校园文化。

2001年到2003年，学校先后组织了“我心目中的好教师”与“我身边的好学员”征文活动，探索并迈出了“长者风范”活动的步伐。活动引导大家从不同视角去观察和发现生活中的美，寻找身边的好教师与好学员，即“风范长者”。活动过程体现了老年素质教育的温馨氛围，催人奋进，优秀征文结集成册，反响热烈。

坚守老年教育讲台

“商家三姐弟”（商友敬、商友兰、商友仁）具有代表性和典型性。以商友敬老师为例，他在上海语文界名气不小，有人高薪聘请他去带高三毕业班语文课，他婉言谢绝，甘心在老年大学执教。上海老年大学创办时，他还不到五十岁，坚持在老年大学教了二十多年书，直到2008年去世。他曾幽默地说：“我从黑发教到白发，还要从白发教到秃发。”他还表达过决心，只要“一舌尚存”，就要坚守在老年教育的讲台上。

2006年到2007年，学校开展了“老年学员要具有长者风范”的大讨论。经过讨论，全校师生达成共识：有着丰富人生阅历、较多生活经验的老年学员，步入老年大学，置身精神家园，理应举止端庄、诚朴守信、好学博闻、厚德明理。随后，学校开展了“感动校园，共享和谐”十佳文明推荐评选活动，把“好教师”“好学员”评选活动推向高潮，师生中的“长者风范”再次聚焦展示。请文学社学员采访十佳文明新风尚的集体与个人，将其故事印成专辑广为宣传。

唱响老年学习者之歌

首届学历班学员王金玲，是一位“老三届”毕业生。2006年，丈夫事业有成后离开了她，她没有怨恨、苦闷、消沉，而是选择了学习。经过不懈努力，她从一个“电脑盲”，到如今能驾轻就熟地在博客里发博文、传照片、播音乐、放视频，还先后取得普通话、英语、手语能力证书。2010年，她参加了“中国达人秀”海选。同年6月8日，东方电视台播放了她的专题片。她在晚年唱响了“学习者之歌”，使自己的精神面貌焕然一新，成为大家学习的榜样。

2008年，文史系师生倡议“文明必须从我做起，从小事做起”，5000多位学员签名响应。2010年，学校开展了征言、征文、评选“魅力老人”活动，借助文艺演出与摄影作品，展示“魅力老人”的风采和精神。

在“长者风范”活动中，学校坚持正面引导和典型引路，坚持全方位渗透，坚持上下结合、干群结合、师生结合。学校充分利用校报、宣传栏、电子屏、楼层走廊等载体，传播弘扬“长者风范”的理念。学校通过开设“长者讲坛”，开办系列专题讲座，使社会主义核心价值观滋润老年人的心田。

2014年，学校组织编写并出版了《学习者之歌》，讲述了26个感人的故事。书中，来自四面八方的退休老人，通过“三个课堂”的学习，实现了生命的延伸。他们无私奉献社会，成为最光彩夺目的“风范长者”。建校30周年之际，学校各系或展示、或表演、或写作，向学校、教师及学员献礼，感恩“长者的精神家园”，营造出“长者风范”的良好氛围，扩大了素质教育的影响范围。

（二）与时俱进，弘扬“长者风范”精神

在“长者风范”的实践与探索中，我们认识到，“长者风范”活动，是对老年素质教育的一种深化与推进，是对社会主义核心价值观的一种认知与践行。因此，我们必须与时俱进，在活动中发挥骨干作用，弘扬楷模精神，优化学风校风。

1. 借助志愿者资源，推进活动可持续发展

“长者风范”活动在践行社会主义核心价值观中，既有理论依据，又有实践举措，这是老年大学校园文化建设的一种优势。随着社会经济的发展和老年学员状况的变化，学校把“长者风范”活动作为一种新常态，从形式到内容，都与时俱进。

学校充分发挥“长者志愿者”资源的作用，紧密依靠志愿者的三支队伍。一是300多人的班长队伍，他们在加强自我学习的同时，也为班级、学校、老年教育默默耕耘和无私奉献着。二是60人的注册志愿者队伍，这些志愿者始终积极参与学校和社会的各项服务工作，以点点滴滴的善行义举温暖人心、滋润校园，任劳任怨。三是老年学员队伍，他们把在老年大学学到的知识和技能，用于社区和家庭服务。在践行社会主义核心价值观过程中，学校把“长者风范”活动延伸至社区和社会。2015年，学校从91个学习团队中，评选出16个优秀团队。学校还充分发挥学员理论学习团队的作用，通过征集与积累素材，树立和宣传“风范长者”先进典型，使更多的长者在参与学校工作和为社会服务中感悟人生与生命。

老有所为，投身老年教育事业（一）

杭英老师是位名画家，也是吴昌硕艺术研究会副会长、上海牡丹画院副院长。他曾把价值数十万元的画作无偿捐赠给南通艺术馆。有人劝他：“你画画可以赚钱，参加拍卖可以赚钱……这些容易的事你不做，偏偏要辛辛苦苦去老年大学教书，补贴不多不说，单单面对基础参差不齐的老年学员，就已经够烦人的了。”但杭英老师弃名利于不顾，有困难就克服，乐此不疲地在老年大学执教了20多年。他说：“我要在有生之年，利用老年大学的平台，尽心尽职地为老年朋友传授书画技艺，为上海的老年教育事业挥洒自己的汗水。”

老有所为，投身老年教育事业（二）

陈道森、李玉君夫妇1995年从中科院上海原子核研究所退休。2003年，他们参加了上海老年大学国画山水班的学习。2009年9月，他们把市区的小房子置换成浦江镇的三室两厅。近年来，他们学习了画面、书法、花鸟、装裱、烹调、钢琴、油画、素描等知识，多幅国画作品屡获大奖。这对热心人在社区办班免费传授技艺，相继

开设国画、时事形势、合唱等兴趣班，一周上课五天。陈道森说，自己比子女上班还要忙碌，但忙得开心。如今，世博家园第六居委会的山水画班已成为浦江镇的一张文化名片。“友谊合唱沙龙”团员已学会用外语演唱30多首歌曲，能用简单的外语与外国友人对话。他们的奉献精神得到镇政府和社区居委会的认可与宣传，2010年获得浦江世博家园第六居委会“奉献世博‘老秀才’家庭”称号，2011年被评为“浦江镇世博家园第六居委会优秀志愿者”，李玉君还被浦江镇党委评为“浦江镇2012年‘五带头’优秀党员”。2015年，陈道森当选第二届浦江镇“十佳”好人，李玉君被评为浦江镇优秀共产党员。

2. 借助常态化活动，弘扬中华民族传统文化

学校组织了“寻找心中的好教师”“寻找身边的好学员”“推荐感动校园的人物”等活动，举办了“校园风貌”摄影展、“长者箴言”书法展、“颂长者风范”朗诵会、“长者讲坛”等常态化的“长者风范”活动，在活动中渗透素质教育内涵，规范并倡导社会道德规范。文史系自创、自导、自演了《大城小事》微型话剧，还把学校中好的案例拍成微电影。朗诵班多次在上海图书馆举办“听诵”活动。学校定期组织各文艺团队，开展丰富多样的演出活动，帮助学员提高素养、陶冶情操、净化心灵。管理人员、广大教师、老年学员在活动中感受古今中外长者与名人的思想情操、胸怀理想、言行举止等，在接受自我教育中逐步自我完善、自我提升。许多老年人在“长者风范”理念影响下，积极进取，主动服务社会。

老有所为，投身老年教育事业（三）

王世豪，从专业医生岗位退休，1995年起，先后在上海老年大学、上海远程老年大学、上海老年大学交大分校等多所老年学校执教，开设了“老年实用保健”“黄帝内经养生要诀”“耳穴保健按摩”等保健养生类课程，先后编写了《老年实用保健》《黄帝内经养生要诀》《耳穴保健按摩》《耳穴综合诊疗彩色图解》《激发潜能祛病健身》《简易穴位按摩疗法》《中老年健康科学管理》等教材。其中，《老年实用保健》被评为“上海老年教育推荐教材”，《简易穴位按摩疗法》连印三版，发行11万余册。如今，年逾88岁的王世豪成为老年教育界的“人气王”。他在学会收发电子邮件、制作幻灯片、熟练运用计算机辅助教学后，创下了上海远程老年大学单门课程收视率的最高纪录。20年来，他在课堂、电台、电视台、网络等平台讲课和接受学员健康咨询，成为老年人信赖的养生顾问，其养生之道造福了不少老年人的退休生活。他先后被评为全国先进老年教育工作者和上海市老年系统教育名师。

3. 借助制度化建设，形成良好校风

多年来，学校在“长者风范”活动中，积极听取广大师生员工的意见和建议，

确定了“博学、厚德、康乐、有为”的校训，涵盖学习精神、道德情怀、健康心态、奉献境界。校训是校园文化精神的体现，我们遵循“紧扣校训、通俗易记”的原则，不断丰富其内涵，将其拓展为“厚德明理、好学博闻、举止端庄、诚朴守信”。新校舍落成后，16 字校训通过视频在墙面上滚动播放；教学大楼走廊、楼梯墙按门类列出专题，形成“秋实园”走廊文化；绿化校园的屋顶花园，发动学员制作植物知识卡片，在美化环境的同时学习绿化知识。在丰富校园文化内涵过程中，我们努力提升校风、教风、学风。

每年，14000 多位新老学员进入校园，通过《学员守则》和《班级文明公约》，感悟“长者风范”。大家在学习中感受生活，在宽容中结交朋友，在关怀中延续生命。学校对文史系学员进行了问卷调查，调查结果表明，75.0% 的学员认为“树长者风范，做风范长者”的校园氛围已经形成，80.0% 的学员熟悉“长者风范”具体要求，91.0% 的学员“非常赞成”或“赞成”，能以“长者风范”要求自己，78.0% 的学员能与家人好友分享自身收获。特别是 2014 年学校装修过程中，整整两个学期，教师带头示范，班长勇挑重担，学员主动配合，“共渡难关、共树风范、共创未来”，实现了教学、装修两不误，全程体现了“长者风范”教育成果。

三、实验成效与共识

为加强老年大学素质教育，学校就“长者风范”活动开展情况与学员认知情况进行了调研，以了解“长者风范”的表现特征及水平，探讨学员喜闻乐见的学习载体与形式。调研方法以抽样问卷调查法为主，辅以调查座谈、深度访谈等方法。问卷调查对象是学校九个科系的学员，发放问卷 450 份，回收有效问卷 364 份。问卷调查对象以女性学员、60 至 69 岁学员为主，与学校学员的性别、年龄结构相吻合。问卷调查对象性别和年龄分布分别见表 1 和表 2。

表 1　问卷调查对象性别分布

性别	人数（人）	百分比（%）
男	59	16.2
女	305	83.8

表 2　问卷调查对象年龄分布

年龄（岁）	人数（人）	百分比（%）
60 岁以下	103	28.7
60 至 69 岁	187	52.1
70 至 79 岁	62	17.3
80 至 89 岁	7	1.9

调研时，我们重点了解了老年学员对“长者风范”内涵的认知度、礼仪举止、处世态度等内容。

（一）端庄、厚德、宽容、好学，最具“长者风范”

表 3　老年学员对“长者风范”内涵的认知度

“长者风范”内涵	老年学员认知度	
	频次（次）	样本百分比（%）
仪态端庄，举止大方	341	83.4
厚德慈祥，秉直开朗	314	76.8
宽容礼让，细语轻讲	306	74.8
好学博文，睿智向上	249	60.9
童颜鹤发，幽默风趣	239	58.4
明理守序，规范有章	237	57.9
家事国事，铭记不忘	209	51.1
性静情逸，大爱无疆	194	47.4
约法诚信，坚持信仰	174	42.5
勇于探索，与时俱进	160	39.1
廉洁奉公，隐忍收敛	128	31.3
随机应变，进退有度	126	30.8
总计	2677	654.4

（二）尊重他人、以和为贵，符合“长者风范”原则

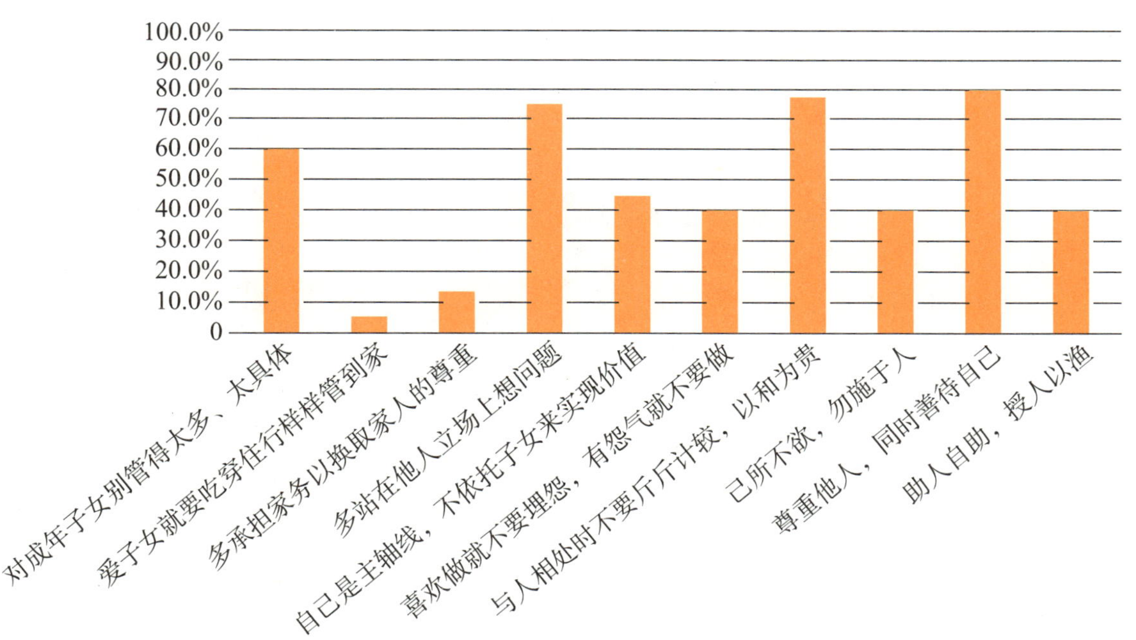

图 1　老年学员对“长者风范”原则的认知度

（三）辨识违背社会公德、不符合“长者风范”的行为

表 4　老年学员对“长者风范”行为的认知度

行为举止	老年学员认知度	
	频次（次）	样本百分比（%）
在公共场合随地吐痰	340	84.6
公共场所见到熟人大声打招呼	317	78.9
在没有车辆行进的情况下，即使是红灯也穿过马路	309	76.9
在公共厕所如厕后不冲水	306	76.1
把暂时不用的物品放在公用走廊上	305	75.9
在树上拉绳子晾被褥	300	74.6
在小区里遛宠物时不及时处理宠物粪便	259	64.4
到超市购物时尽量不用塑料袋	83	20.6
将生活垃圾分类后扔进垃圾桶	63	15.7
用洗过菜的水冲马桶	60	14.9
总计	2342	582.6

（四）处理家庭关系时，不掺和下一辈的矛盾

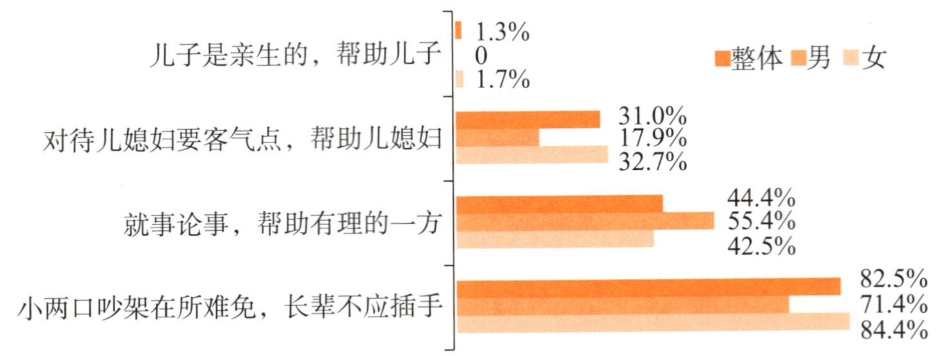

图 2　老年学员对处理家庭关系的认知度

（五）处理邻里关系时，保持中立，求助居委会

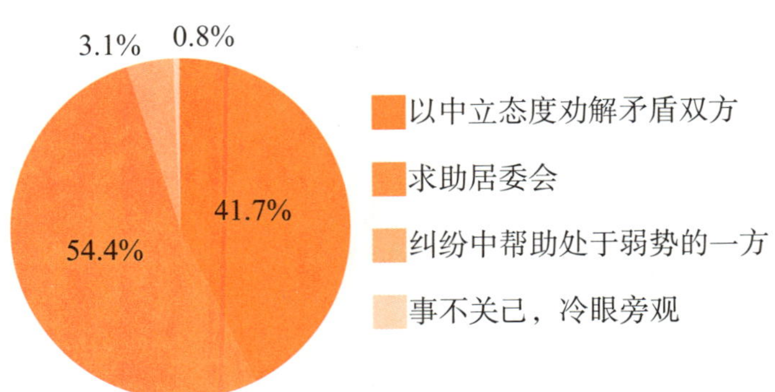

图 3　老年学员对处理邻里关系的认知度

（六）处理与他人关系，别人善待自己时，接受并表示谢意

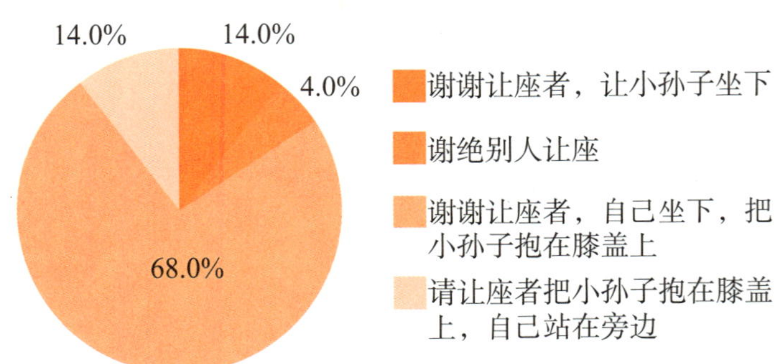

图 4　老年学员对处理与他人关系的认知度

（七）国际交往，尊重异国文化

问卷从称呼他人、收赠礼物、文化禁忌、餐桌礼仪、日常交往、交往态度等方面考察老年学员在涉外关系方面所具备的“长者风范”行为水平。

在称呼他人方面，92.9% 的学员认为，“正式场合中称其全名，一般情况下称其姓氏”是具备“长者风范”的表现。在收赠礼物方面，56.1% 的学员认为，具备“长者风范”的接受礼物方式是“当着客人的面打开，并在客人面前赞美礼物”。在餐桌礼仪方面，93.1% 的学员懂得与外国人共进午餐时，具有长者风范的做法是

"不为外国人夹菜"。在交往态度方面，94.1% 的学员基本上能做到"实事求是，勇于大胆肯定自己的能力"。

（八）公众场合，弘扬中华传统美德

问卷涉及升国旗和奏国歌、颁奖仪式、观摩演出、参与演出等方面。调查结果显示，在升国旗和奏国歌时，89.1% 的学员能做到"起立，两臂自然下垂，两脚跟靠拢并齐，行注目礼"。70.0% 的学员在颁奖仪式上能做到"起立，双手接过奖品，向领导鞠躬致谢，向观众鞠躬致意"。91.2% 的学员在观摩演出时能"根据不同的场合穿戴，做到整洁、朴素、大方"，96.3% 的学员能"准时到达，安静观摩，不做无关的事"。在回答"如果有人向您学习才艺时，您会怎样做"这一问题时，83.7% 的学员表示"愿意教授"。在表演突然忘词时，91.5% 的学员会"向观众表示抱歉，并愿意重新表演"，如果演出时艺术作品受到赞扬，70.1% 的学员会"表示感谢，表达自己的作品还有很多不足"。

（九）老年人喜爱的提高晚年生活质量的内容

表 5　老年人喜爱的提高晚年生活质量的内容

老年人喜爱的提高晚年生活质量的内容	性别			年龄			
	整体	男	女	60 岁以下	60 至 69 岁	70 至 79 岁	80 至 89 岁
外出旅游	90.9%	93.1%	89.9%	90.6%	92.2%	86.7%	62.5%
上老年大学	96.4%	91.4%	97.0%	96.2%	95.3%	98.3%	100.0%
参加文娱活动	56.3%	50.0%	59.1%	63.2%	52.3%	60.0%	25.0%
亲朋聚会	71.6%	56.9%	73.6%	67.0%	73.6%	71.7%	37.5%
赋闲静养	43.9%	39.7%	46.6%	32.1%	53.9%	36.7%	37.5%
搓麻将	11.9%	13.8%	13.2%	8.5%	14.0%	16.7%	0
参加体育锻炼	79.4%	77.6%	79.7%	74.5%	82.4%	80.0%	62.5%
上网交流	49.5%	50.0%	51.4%	53.8%	52.8%	36.7%	0
读书看报	84.8%	72.4%	86.5%	84.0%	83.4%	85.0%	75.0%

（十）老年人愿意自我展示的方面

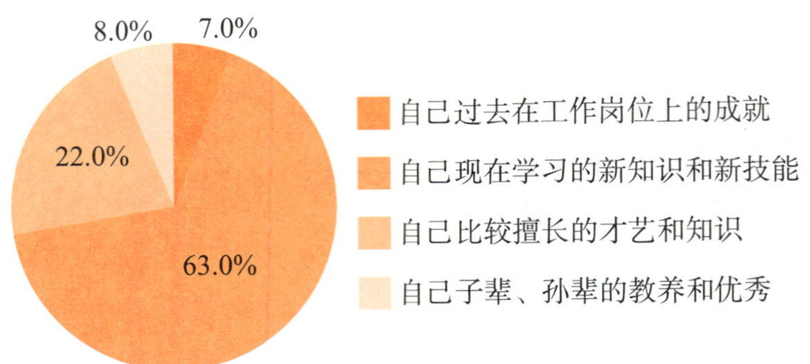

图 5　老年人愿意自我展示的方面

（十一）老年人偏爱的艺术表现手法

表 6　老年人偏爱的艺术表现手法

老年人偏爱的艺术表现形式	科系									
	整体	文史系	书画系	外语系	文艺系	钢琴系	器乐系	家政系	计算机系	保健系
情景短剧	19.0%	24.3%	16.7%	13.2%	32.3%	24.3%	25.0%	20.7%	12.9%	22.9%
歌舞表演	19.3%	5.4%	8.3%	15.8%	71.0%	5.4%	33.3%	27.6%	3.2%	31.4%
相声小品	8.4%	13.5%	0	5.3%	9.7%	13.5%	22.2%	10.3%	0	8.6%
画展或图片展	53.3%	70.3%	77.8%	86.8%	12.9%	70.3%	27.8%	44.8%	83.9%	54.3%

（十二）老年人喜欢的教育形式

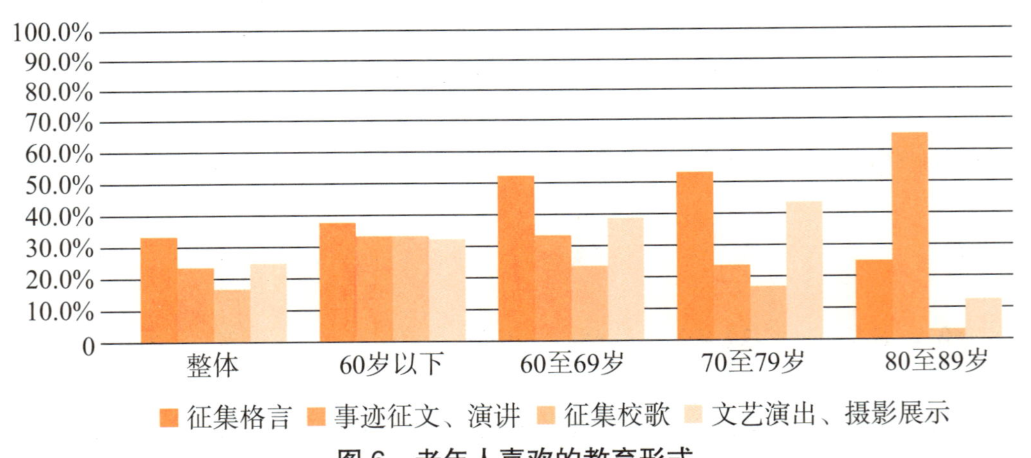

图 6　老年人喜欢的教育形式

调查结果表明，老年学员普遍对“长者风范”具有较高的认知度，且绝大多数学员在行为举止上能遵循“长者风范”原则。

四、实验的思考与谋划

践行社会主义核心价值观，推进素质教育，是一项全面提升人文素养和综合素质的长期任务。对照老年教育的发展任务与上海市教育委员会“落细、落小、落实”的要求，如何让践行“长者风范”精神与时代同步，向标杆看齐，向纵深发展，还有待探索，克服短板，创新发展。

调查结果表明，部分学员的认知较模糊，行为有不当之处。有些学员错将“爱子女就要吃穿住行样样管到家”（3.2%）和“多承担家务以换取家人的尊重”（12.8%）当成“长者风范”原则，将现代社会提倡的低碳行为“到超市购物时尽量不用塑料袋”（20.6%）、“将生活垃圾分类后扔进垃圾桶”（15.7%）、“用洗过菜的水冲马桶”（14.9%）等误解为不符合“长者风范”的行为。这表明部分学员的认知水平还有待提高。在学校实际工作中，我们依然会发现教室里抢座位、走廊里大声喧哗、学员间闹矛盾的现象。这一切，既反映了学校不设门槛、学员水平参差不齐的现状，也要求我们去反思活动中存在的不足，并在今后的实践活动中有针对性地采取具体措施。

（一）全方位、全覆盖，推进“长者风范”活动

从老年人角度来看，“长者风范”是一种情操，更是一种境界。从学校角度来看，“长者风范”是对校园文化建设的促进与完善。首先，继续加强各类载体与平台的建设。继续宣传“风范长者”与“长者风范”，完善《学员守则》与《班级文明公约》，让老年学员进入校园就能感受到一种良好的氛围。其次，继续加强志愿者队伍的建设。通过完善各类管理制度，根据学员层次和年龄的变化，在班长队伍建设、注册志愿者队伍建设、社团建设上下功夫。最后，继续拓展各科系活动。组织多途径、多形式、多方法、多内容的典型事例宣传和展示活动，使“长者风范”活动全方位、全渗透、全覆盖。

（二）进课堂、进教材，探索“长者风范”教育教学

结合课程特点和老年教育规律，把“长者风范”中的素质教育内容融入课程建设和课堂教学，做到“进校园、进课堂、进教材、进团队、进网络”。加强网络建设，促使老年学员跟上时代和科学技术发展步伐。

（三）新途径、新层次，实现“长者风范”辐射延伸

继续开展“长者风范”活动，并通过上海老年大学教育联盟多途径延伸，如向各类学校延伸、向家庭延伸、向社区延伸、向远程教育收视点及网络延伸。

（结项时间：2015 年）

在老年大学校园文化建设中融入社会主义核心价值观的实验

上海老年大学徐汇分校

一、实验基础

上海老年大学徐汇分校是上海老年大学在全市设立的四所分校之一，于 2011 年 9 月 30 日正式成立。学校坚持“以人为本”的办学理念，以“老有所教、老有所学、老有所乐、老有所为”为指导，以规范化、现代化建设为目标，努力践行“增长知识、丰富生活、陶冶情操、促进健康、服务社会”的办学宗旨，努力建成区域内高水平、有特色的老年大学。在上海老年大学的引领下，上海老年大学徐汇分校以 2012 年上海市政府实施项目为契机，秉承“以人为本”理念，积极从硬件、软件两方面大力推动本校老年素质教育发展，并以“弘扬长者风范”为抓手，重点推进老年人思想道德素质建设，初步探索了“以德养寿”老年素质教育模式。目前，上海老年大学徐汇分校在校园环境建设、师资队伍建设、课程理念建设、教学管理等方面进行了有益探索，已成为徐汇老年教育的骨干学校，受到广大老年学员的欢迎和喜爱。2015 年，学校围绕“在老年大学校园文化建设中融入社会主义核心价值观的实验”，重点探索了校园文化贯彻核心价值观理念的路径机制，在办学中倡导老年学员相互帮助、和谐友善，在校园活动中支持老年学员学有所成、服务社会。

二、实验过程

经过实践，我校逐渐摸索出了“软硬皆施”“内外结合”的路径机制。

（一）提升“硬环境”，提供基础平台

我校有大木桥（校本部）、凌云、延庆三个校区，2015 年学员人数超过 6000 人，

已形成一定规模。为进一步提升内涵，学校积极培育融入社会主义核心价值观的校园文化。首先，硬件完善，加快包括多功能教室在内的校园环境建设，深化老年素质教育的校园文化。其次，理顺关系，实现三个校区的统一管理，推动师资、课程、活动等优质资源的共筹、共建、共享。再次，管理信息化，完善学员基本信息，实现“一卡通”式的信息化管理。最后，班级管理自主化，加强班长培训，发挥班长在班级管理中的引领和示范作用。校园硬件环境的改善，不仅体现为数量或质量的提升，还体现为既有硬件环境效益的提升。为此，学校利用暑期对学校部分硬件进行了升级，更换了防滑地板，增加了老年人及残疾人厕所，修缮了多功能教室，使其更适合老年学员使用。教务处进一步规范了功能教室的时间管理，规范了课时安排，提升了使用效率。学校采取了多方面的措施，确保老年学员在学校自由、方便、安全、愉悦地进行学习。

落实分时管理，提升多功能教室使用效率

为了开设更多老年人喜闻乐见的课程，满足老年人保健、交往、运动、休闲、娱乐的多方面需求，上海老年大学徐汇分校进一步落实了多功能教室的分时管理，规范各类教室开门、关门时间，确保教师上课“不迟到”“不拖堂”“不占用”。各时间段不同课程快速衔接，后勤维护快速对接，部分功能教室实现了饱和开课。如今，学校每学期开设150多门课程，涵盖文史、计算机、舞蹈、声乐、保健、家政等科系，为不同年龄、性别、科系学员的全面发展提供了有效支撑。

（二）完善“软环境”，形成主流导向

校园文化离不开学校有形和无形的价值宣传。校园精神文化可以陶冶人，物质文化可以熏陶人，制度文化可以管理人。上海老年大学徐汇分校在加强学校“硬环境”建设的同时，积极改善学校“软环境”，培育校园文化氛围，采取多种措施在校园文化中融入社会主义核心价值观。具体而言，有以下做法：（1）学校积极利用橱窗、宣传墙壁等向全校学员宣传社会主义核心价值观，倡导“树长者风范，做风范长者”；（2）学校加强班级课程建设与校园文化熏陶的整合，设立了文史系，开设了弘扬传统文化的各类课程，组织了多场文史讲座，订阅了各类书籍及杂志，以多种形式体现社会主义核心价值观，使老年学员在潜移默化中受到熏陶；（3）学校进一步完善规章制度，把素质教育作为指导、规范学校发展的重要理念，实现科学规范管理，从而为社会主义核心价值观融入校园文化奠定坚实基础。总之，学校强调校园文化和社会主义核心价值观的双向互动，并在这一过程中实现校园文化的特色建设，进而打造学校的德育品牌。

“以德养寿”老年素质教育模式探索

2014 年，上海老年大学徐汇分校承担上海市老年学校素质教育指导中心的“上海老年学校素质教育的实践与探索”课题子项目，以“‘德为世重，寿为人尊’——探索‘以德养寿’老年素质教育模式”为题，依托学校办学成果与经验，探讨老年素质教育如何立足“德”“寿”，寻找发展路径，塑造品牌特色。课题结题报告，是课题组立足学校老年素质教育办学模式作出的理论性反思，包括四部分：（1）背景分析部分，宏观探讨了推行老年教育的现实意义及以素质教育为指导的必要性；（2）理论研究部分，阐述了老年素质教育的内涵、“以德养寿”的文化象征与品牌特色；（3）实践反思部分，总结了上海老年大学徐汇分校发展素质教育的模式与成效；（4）对策建议部分，依据理念研究与实践反思，对上海发展老年素质教育提出可行建议。

（三）增强“内聚力”，树立榜样，传递正能量

上海老年大学徐汇分校努力增强学校发展的内聚力，树立榜样，提升老年学员的自我管理与自我服务能力，营造校园文化氛围。学校进一步推行教务人员、班主任、班长三级管理模式，为在校园文化中融入社会主义核心价值观提供有序、宽松的环境。首先，做好教务人员规范化管理的培训工作，形成培育社会主义核心价值观的价值共识与主流导向。其次，发挥班主任在“教”“学”“管”中的作用，以班主任为桥梁，建立学校、教师、学员沟通渠道，扎实做好教师服务、学员管理工作。最后，强调班长、学生会等在班级管理和学员组织中的作用，紧抓班长培训工作，由此带动上课纪律、班级安全、学员活动等事项的常态管理，为校园文化培育构建良好的外部环境。上海老年大学徐汇分校始终坚持从不同角度开展集体活动，通过内容和形式的创新，找到最恰当的宣传与互动方式，吸引更多老年人参与活动，不断深化其对社会主义核心价值观的认识。学校积极策划“我心目中的好教师”“我心目中的好学员”等评选活动，发挥榜样的示范作用，使社会主义核心价值观深入人心。

设立志愿组织，推动自我服务，形成良好校风

通过实验项目的开展，学校进一步加强了对学生会等组织的管理，招募了更多的志愿者，推动学员自我服务与相互服务。一方面，发挥学生会、志愿者在办学及管理中的服务作用，推动学员参与日常管理；另一方面，提高学生会、志愿者在活动中的服务能力，引导学员积极参加各类活动。学生会、志愿者参与了学校 2015 年春季、秋季招生报名服务工作，参加了徐汇区老年艺术节、总校校庆演出等活动，共计服务 40 余次。

（四）推行“外服务”，学以致用，服务社会

上海老年大学徐汇分校始终坚信：老年素质教育的意义在于帮助老年人适应

生活转变，继续融入社会，发挥个人潜能，从而实现物质与精神的双重满足。为此，上海老年大学徐汇分校在积极通过各类课程帮助老年学员“康乐”的同时，还积极倡导老年学员有所作为。学校积极支持老年学员参加各类活动与竞演，展示学习成果，服务社会。学校通过一项项组织完善、积极向上的集体活动，增强老年学员的幸福感和成就感，在潜移默化中提升老年学员的综合素质。

学校组织了演出团队，到敬老院服务演出

学校和上海老年基金会徐汇分会合作，开展老年乐学颐养文艺演出配送活动，组织演出团队到徐汇 17 个敬老院慰问演出。学校从舞蹈系、保健系、声乐系、器乐系等文艺类专业中挑选优秀学员，编排了合唱、太极拳、独唱、舞蹈、小品等形式多样的节目，到敬老院义务演出，受到了敬老院的欢迎。互动过程中，学校加强宣传，引导老年学员加强自我学习，积极参加社会服务活动，以实际行动践行社会主义核心价值观，促进校园文化建设。

三、实验经验

学校以友善互助、服务社会为着力点开展实验，把校园文化建设从无形转变为有形，推动了社会主义核心价值观在老年学员间的传播，推动了校园文化建设。各项活动的顺利开展，离不开两个核心支撑点。

（一）加强理论研究，形成共识

老年教育实践可谓源远流长，在我国的发展也可谓成效显著，但老年教育的理论研究却依然单薄。培育老年大学的校园文化，特别是在其中融入社会主义核心价值观，是一个系统工程，要想取得实际成效，必须对老年素质教育、老年人身心特征、老年教育发展规律形成较为统一的认识。因此，老年大学应继续加强相关理论研究，引导学校教职工、学员统一认识，为理念推行构建良好的环境。

（二）打造系统工程，形成合力

老年教育必须尊重老年人学习特点。老年学员相较一般成人，具有更为特殊的行为习惯、更为强烈的自尊心、更为成熟的价值观，强制性、灌输性、说教式的教育往往难以获得预期成效。上海老年大学徐汇分校努力改变单一的教学方式，转而通过硬件建设与环境培育并重、内聚力培育与对外社会服务联动的系统工程来贯彻、落实老年教育素质。

（结项时间：2015 年）

在老年大学开展感恩教育，提升学员素质的实验

上海师范大学老年大学

一、背景与意义

党的十八大以来，党和国家进一步强调在各级教育中努力弘扬中华优秀传统文化。建校以来，我校始终以优秀传统文化教化广大老年学员，并把其作为提升学员素质的重要抓手，取得了良好效果。近年来，随着学校规模日渐扩大，学员人数不断增加，我们对在读学员思想状态持续进行调查分析，并加强教育引导，以有效提升学员素质，形成良好校风，推进校园文化建设。

2019年上半年，学校经过多次调研，决定举全校之力，师生共同参与，上下一起行动，进行“开展感恩教育，提升学员素质”的实验。学校迅速成立了由校长任小组组长、全体校领导任小组成员、分管副校长任常务副组长的实验项目领导小组，同时组成了由分管副校长任组长和任课教师、系主任、学员代表为组员的项目组。我们希望借助该实验项目，提升全校师生的感恩意识，动员师生投入感恩实践，着力营造感恩氛围，努力弘扬感恩文化。我们希望以此为抓手，进一步加强校园文化建设，努力打造一所“有品质、有品位、有品牌”的老年朋友欢迎的示范性老年大学。

二、推进与实践

（一）设立感恩基金

2016年上半年，在充分发动宣传基础上，根据师生意愿，学校设立了“老朋友感恩基金”。我们把感恩基金作为此次感恩教育实验项目的重要抓手，力求全校师生人人参与。募集口号为“每人一元，物轻意重，聚沙成塔，感恩为先”。每学期开学后第二个月举办募集活动，以班级为单位进行。大家于细微之处见精神，用实际行动感恩社会、感恩国家、感恩学校、感恩教师、感恩同学。自2016年5月至今，我校先后组织了四轮募集活动。我们在募集活动中既充分宣传、大

力动员，又再三强调重在参与、重在心意、贵在感恩、贵在精神。募集到的基金由上海师范大学教育发展基金会保管，待适当时机，在听取师生意见后合理使用。每次募捐结果均及时公示，告知全校师生，并专门成立了有学员代表参加的感恩基金管理委员会负责此事。

（二）举办感恩讲座

自 2019 年上半年至今，我校通过专题讲座、会议活动等形式，进行了数百场次的感恩教育宣讲活动。项目启动之初，由校长主讲，各位校领导分头宣讲。我们积极培训班长、骨干等积极分子，并下发了宣讲提纲。宣讲主要内容为：（1）感恩内涵，包括释义解析、中华美德、处世哲学、感恩名言、感恩故事；（2）感恩对象，包括党和国家、时代与社会、学校与教师等；（3）如何身体力行等。在项目推进过程中，我们结合学校成立二十周年纪念活动及每学期一次的感恩基金募集活动，持续进行宣传宣讲，收到良好效果，使感恩教育覆盖各系各班，感恩精神达于师生内心，感恩行动见于全体师生。

（三）组织感恩征文

结合校庆活动，我们组织了全校性的感恩征文。师生结合个人经历、人生感悟、在校感受，把一片片感恩之情抒写成文，踊跃交稿。各系各班共上交感恩征文 560 余篇，体裁以散文为主，也有不少诗歌。那一篇篇一首首出于我校师生之笔的美文美诗，充满感恩情意。这些真挚动人的情感，深深地感染了师生，成为我校持续推进本项目的精神动力。对本次感恩征文，在自下而上推荐基础上，我们专门组织评审组进行评审，共评出一等奖 10 篇，二等奖 20 篇，三等奖 36 篇，在校庆大会上予以表彰并登在校报上以资鼓励，还择优发表在学校《老朋友》杂志上。

（四）开展感恩活动

我校爱心志愿者活动已有十余年历史，本实验项目启动后，在志愿者活动中，我们进一步体现“感恩社会，回报社会”的宗旨，参与人数不断扩大（目前参与师生已逾百人，注册志愿者 70 余位）。志愿者多次走进徐汇、闵行两区福利院和敬老院慰问演出，受到上级领导和新闻媒体的广泛关注，深受养老机构老年朋友的欢迎。志愿者不仅组织了专场演出，还为一些卧病在床、腿脚不便的老人送戏、送歌、送舞到房间。我校志愿者在参与这些感恩活动后的总结交流中表示，能为比自己年长的老年朋友送去关心与温暖，让他们感受到快乐。项目推进期间，我校志愿者先后参加了多场比赛，获十余种奖项，还多次参加市、区、校组织的大型活动。

我们还组织开展了不少以系科、班级为单位的感恩主题讨论会和座谈会。有学员说："我们见证了国家从站起来到富起来再到强起来的历程，见证了祖国的飞速发展，到晚年又享受改革开放恩泽，我们分外感恩这美好时代，感恩党和国家。"也有学员说："感恩学校为我们创造了良好的学习条件，使我们老有所学、老有所乐，感恩辛勤教育我们的教师，同学间也要相互感恩，感恩有缘相遇、相识。我们要看人长处，帮人难处，记人好处，学会欣赏他人，多反思自身的不足，友好相处，真诚相待，共享快乐人生。"

三、成果与收获

（一）有效提高了师生素质

坚持开展素质教育，并将其作为教育工作的出发点和归宿，是办好老年教育的重中之重。我们在全校范围内进行感恩教育，多次组织感恩文化宣讲，引导老年朋友走上讲台讲述对感恩文化的理解，动笔撰写感恩征文，投身感恩志愿服务。大家通过思考"何为感恩""为何要感恩"，明确"如何去感恩"。实验增进了师生对感恩文化的理解，使师生素质有了明显的提高。

（二）初步形成了感恩教育的长效机制

实验初期，有少数师生认为，这次实验就是走走过场，意义不大，但在扎扎实实开展了两年后，大家达成了共识，都认为感恩教育很有必要，应该不断创新方法，使之常做常新，成为学校的一个品牌。实践证明，在老年大学素质教育中抓住感恩教育这个重要切入点，立意高，门槛低，师生容易接受，操作方便，易见成效。本项目听（宣讲）、讲（讨论）、写（征文）、做（一元捐、参与感恩活动）四位一体的成功实践和成熟做法已初步显现成效。我们将长期坚持并不断完善。

（三）切实推进了校园文化建设

我校的办学目标是"努力办成一所有品质、有品位、有品牌的老年朋友向往的老年大学"。我校的校园文化特征是"快乐学习、朋友相处、品味生活"。我校不断打造老年朋友"求知的校园、和谐的乐园、温馨的家园"。通过学习熏陶，师生都应提升素质和文化品位。感恩教育对我校校园文化形成起到了推进和催化的重要作用。

（四）有效提高了师生对学校的认同感和归属感

我校学员以徐汇、闵行两区为主，也有一些学员来自杨浦区、静安区、浦东新区、青浦区、松江区、金山区。因我校报名人数较多，学习机会难得，很多学员都非常珍惜学习时间。经过感恩教育，广大学员对学校、教师、同学的感恩之情愈发强烈浓重，感情更加深厚，对学校的认同感和归属感进一步提高。

（五）有力助推了学校事业的发展

进行感恩教育实验的两年，正是学校发展的一个重要时期。作为一所有相当历史和文化积淀、规模较大、深受学员欢迎的老年大学，这几年我校在各方面均取得了不错的成绩，先后获得了上海市优秀老年大学、上海市示范老年大学、全国示范老年大学等称号。本项目无疑在师生素质提高、校园文化氛围营造等方面起了重要的助推作用。

四、经验与思考

（一）领导重视、顶层设计是开展本项目的基本前提

本项目起步早，在全面启动前，不仅建立了相应领导和工作组织，而且在班子会议上反复讨论斟酌，超前设计。项目正式推出后，又举全校之力宣讲宣传，营造氛围，结合四次募集感恩基金活动形成四个高潮。实验推进中审时度势，及时进行调整，确保实验顺利开展。

（二）宣传到位、全员参与是推进本项目的重要基础

设计初期，我们便明确了这是个全体全员项目，不能少数人做多数人看。这里的关键在于组织和宣传。我们大会小会讲，集中分散讲，深入系班讲，真正做到人人知晓。我们紧紧抓住骨干、积极分子队伍建设这一关键，努力培养 200 多位班长、100 多位志愿者、500 多位征文作者等。这一切都使这个项目真正变成了全体全员项目。

（三）服务中心、符合实际是本项目成功的可靠保证

任何一个项目，如果游离于学校中心工作之外，或者各吹各的号，相互干扰，就注定没有生命力，难以取得成功。本项目与学校教学、班系活动、志愿者活动、思想教育、争创报评“全国示范老年大学”、校庆二十周年活动等中心工作、重大工作紧密结合，倡导实打实，符合师生思想实际。因为本项目的感恩主题对前述中心工作、重大工作都具有服务、配合、促进、提升的重要作用，得到了师生的积极支持和踊跃参与。

（结项时间：2017 年）

加强校园文化建设，提升老年学员素质的实验

浦东新区洋泾社区（老年）学校

社区（老年）学校在办学过程中，应以社会主义核心价值观为导向，提高社区学员素质；以环境文化、精神文化、制度文化为重点，建设优良的校风、教风、学风；以丰富多彩、积极向上的校园活动为载体，接受先进文化的熏陶，提升自身品位。因此，加强校园文化建设，促进学员素质提高，是推进社区（老年）学校健康、持续、快速发展的需要。

一、指导思想

党的十八大提出，积极培育和践行社会主义核心价值观。党和国家领导人在讲话时指出："要切实把社会主义核心价值观贯穿社会生活的方方面面，通过教育引导、舆论宣传、文化熏陶、实践养成、制度保障等，使社会主义核心价值观内化为人们的精神追求，外化为人们的自觉行动。要把社会主义核心价值观的要求融入各种精神文明创建活动，吸引群众广泛参与，推动人们在为家庭谋幸福、为他人送温暖、为社会作贡献的过程中提高精神境界、培育文明风尚。"

二、实验目标

第一，提炼先进的理念文化，凝聚共同的价值认同，通过宣扬和解读，使其成为师生精神世界的驱动力，发挥校园文化办学理念的核心和灵魂作用。

第二，构建有形的物质文化，创设时代的文化环境，增强校园文化的渗透教育功能，精心打造"人文校园""数字校园"，努力构建内容丰富多彩、格调健康向上、充满生机活力、具有深厚底蕴和鲜明特色的校园文化。

第三，建设积极的精神文化，努力践行社会主义核心价值观，提升学员综合

素质，使“以人为本”价值取向成为全校师生的共同追求，真正使校园文化成为展示学校独特形象、引领学校成员成长、推动学校内涵发展的力量源泉。

三、实验内容

第一，形成正确的办学理念，包括办学宗旨、办学目标、办学特色、育人目标、学校校训等内容。

第二，建设清净优美、富有吸引力的校园环境，提升社区（老年）教育的文化品位，营造能提高学员综合素质的校园环境氛围。

第三，建设“以人为本”的社区学校标准化管理制度文化，形成一套具有洋泾特色的管理制度，把管理与服务紧密结合起来，树立管理服务于人的意识。

第四，建设学员管理文化，加强学员自发、自主、自愿活动管理，给每位学员一种精神上的感染、吸引、熏陶和满足。

第五，加强老年教育内涵建设，促进教学管理精细化，加强教师师德、师风、师能建设，营造言行文明、身心健康、崇德博学的学习氛围。

四、实验措施

第一，注重环境打造，强化学校外部墙面、校容校貌、走廊、教室的文化格言布置，营造校园文化氛围。

第二，开展课前五分钟、道德小讲堂、创优争先、文明班级评比、网上学习论坛、学习成果展示等活动，鼓励班级学员、学习团队积极参与，为打造具有洋泾社区特点的校园文化而努力。

第三，加大数字化课程开发力度，借助“洋泾学习港”这一数字化学习服务平台，着力应用数字化教学设备，开发数字化学习课程，开设在线学习课堂，打造数字化校园，推动校园文化建设。

第四，建立实验课题组，由街道党工委副书记任组长，社区教育专家和街道宣传、社区学校工作者为组员，年龄组成上老中青相结合。

五、实验过程

（一）凝聚发展理念，提升校园精神文化

实验中，我校根据践行社会主义核心价值观和社区老年教育发展的时代要求，对办学理念、学习宗旨、办学目标、办学特色、育人目标、校训等内容进行了梳理。

1. 提炼办学理念

办学理念是办好学校的关键，是提高办学质量的先导，是指导全体师生前进的航标，能够促进社区（老年）学校持续发展。我校根据终身学习的特点，结合社区老年教育实际情况，提出了“营造智慧校园，实现跨越发展”的办学远景，形成了“厚德、博学、严谨、创新”的办学理念，着力创建“示范、引领、辐射、服务”的社区老年教育主阵地。在这里，每一个理念都是在实践发展中形成的，都有其深刻的内涵和外延。例如学校功能定位中“服务社区教育主阵地”，就是成为老年教育资源配送和服务中心，积极主动为社区居民配送讲座、课程、教师等，尽可能提供满意优质的服务，让社区老年学员在享受“学习养老”的服务中提升自我。

2. 提出学习宗旨

学习宗旨是老年学员在人生价值、目标追求、理想信念、道德伦理等方面所体现出来的人文精神。我校根据社区老年学员的特点提出了“以人为本、满足需求、服务民生、成就品质”的学习宗旨，并在每个教室悬挂各种学习格言，弘扬文明高尚、崇尚善良、健康向上的学习精神。我们希望借助这一学习宗旨，指导全校师生的行为，促使全校师生为共同目标而奋斗。学校努力创设以人为本、和谐发展的终身学习环境，促进社区老年学员学习。

3. 共同遵守校训

校训是校园文化和人文精神的高度凝练，体现了老年学校的文化追求和精神风貌。为此，我们确定了“有教无类、积学悦人”的校训，明确了广大师生共同遵守的基本行为准则与道德规范。

在实践中，我们感到，老年学员虽然都具有长期磨练成就的优良传统品格，但也需要有明确的学习目的和精神支柱。因此，社区老年学校要以明确的校训引导每位老年学员树立良好的文化追求和精神风貌。我校以老年学员为主体，开展校训铭心活动，积极利用“学习园地”“学员论坛”“洋泾学习港互动社区”，开展“夕阳风采”“学习心声”“探究论坛”等各种形式的主题活动，让学员用自己优秀

的知识品行、道德素养向社会传递正能量，充分展现老年学员的素质。教师言传身教，把实现“中国梦”的长远目标与提升老年人综合素养紧密结合起来，深入人心引发共鸣，并在不断提升的过程中完善自我。

（二）打造优美环境，提升校园物质文化

清净优美、富有吸引力的校园环境，有利于老年学员综合素质的提高。洋泾街道领导一贯重视校园物质文化建设，力求教育设施达标。

1. 与时代发展同步

创建与时俱进的文化环境，增强校园文化的渗透教育功能，精心打造“人文校园”“数字校园”。2013 年，在上海市政府“老年学习能力提升”实事项目的支持下，我校完成了“数字化校园”建设，提升了“洋泾学习港”数字化教育平台整合应用能力，具备了社区老年教育办学要求的教学环境和硬件设施，实现了教育资源的优化配置，使社区老年教育与时代发展保持同步，整个校园环境美观洁净，典雅现代，设立了书画、钢琴、音乐、舞蹈、录播、计算机等九个专用教室。

2. 构建有形的环境文化

努力构建内容丰富、清净优美、富有吸引力的校园环境，帮助老年学员陶冶情操、净化心灵、激发灵感、启迪智慧，进而提高其综合素质。实验中，我们注重环境打造，以“诚、书、艺”为主线，强化学校外部墙面、走廊、教室的文化格言布置，为师生营造“我爱学习、我爱生活”的教育氛围。学校教室、走廊、大厅、楼梯到处都有规范的宣传展板、提示标志、窗栏牌匾和书香氛围。这些都彰显了文化与教育的和谐交融。

（三）注重内涵建设，提升学员综合素质

1. 规范课程建设，注重按需设置

课程是社区老年学校教育的核心载体，坚持创新发展，注重课程内涵建设，是提高老年学员综合素质的基本途径。实验中，通过归纳整理，我校设置了七大类 68 门社区老年教育课程，编制了《洋泾社区（老年）学校教学大纲》和《洋泾社区（老年）学校课程学习指南》，使教师“教有大纲”，使学员“学有目标”。学校开设的 98% 的课程会报送上海市学分银行进行认定。我校积极探索设立公共必修课，加强学员素质教育，以“道德小讲堂”“中华礼仪课”“品味洋泾，游学课堂”等形式，营造言行文明、身心健康、崇德博学的学习氛围，让老年学员学习更精彩有序。

2. 规范课程实施，注重学习质量

社区老年学校是开展老年素质教育的主阵地，创新有序的课程实施是老年学

习的基本保证。实验中，我们规范了学制、学时和学员数额，明确了各项教学规定，使教学管理精细而有序，确保课程有效实施。我们寓教育于活动之中，寓服务于学习之中。社区老年学员则在适应规范学习的过程中，提升公共道德素养。

3. 规范师资队伍，注重师德、师风、师能

教师是学校课程实施的主体。实验中，我们抓住教师队伍这一关键，加强师德、师风、师能建设，提升教师素质。社区老年学员需求广泛，要求颇高，教师也要与时俱进，不断更新知识，提高教学水平。我们按学科分类设立教研组，规范教案和教学管理手册。我们通过公开课、示范课、观摩课、学员意见征询等方法，开展教研活动，加强教材和教法研究，创新教学方法，实施教学满意度评价，激励教师不断改进教学，注重成效，充分发挥教师的主导作用。根据老年学员阅历丰富、善于思考的特点，我们积极开展师生互动、学员交流活动，每学期举办"师生情缘"征文演讲活动，树立优秀教师典型。在学雷锋、献爱心活动中，全校师生为一位家庭有困难的教师捐款的生动事例，正是老年学员"爱国、敬业、诚信、友善"新风尚的真实写照。我们努力激发老年学员的参与热情和创造活力，增强社区老年学校的凝聚力和向心力。

4. 创新数字化学习，与时代发展同步

在信息技术快速发展的今天，老年人完全可以通过学习，享受信息化时代带来的便利。实验中，我们采用"数字化学习 1 + 2"的学习方式和教育模式，在环境、资源、教学、管理、查询等方面实现社区老年教育管理数字化。我们积极推广课堂教学与网上辅导相结合的教学模式，开设了网络生活、平板电脑和数码摄影、视频编辑、后期制作等数字课程，深受广大老年学员喜爱。我们依托"洋泾学习港"这一数字化学习服务平台，着力应用数字化教学设备，开发数字化学习课程，开展在线学习。我们开辟了"乐学网吧、教师网吧、网上学习圈、在线数字课程"等远程学习课堂，使数字化学习成为老年学习新途径。目前，我校班有"网上学习圈"，教有"远程课堂"，学有"乐学网吧"，评有"学习论坛"，展有"网上学习节"，看有"微课、微信、微视频"。数字化学习的推广应用，不仅改变了老年教育的模式，还促进了社区老年学员学习能力和综合素质的提高。

5. 学员自我管理，注重志愿服务

社区老年学员有较丰富的社会经验和较强的组织管理能力，我校积极鼓励他们参与学员管理。在实验中，我校以各班班委会为骨干，以学员志愿者为基础，以自发学习为原则，建立了"洋泾社区老年学校学员志愿者活动委员会"（简称"学

管会”)，通过学员自主管理的形式，倡导良好的校风和学风。从本质上说，社区学员的自主管理是一种教育文化，它能给每位学员一种精神上的感染、吸引、熏陶和满足，培养社区学员的自主意识，使整个校园秩序井然。学校每年的文明创优、争先活动，“学员会”都会积极发动各班学员参加。他们开展了“学雷锋，献爱心”系列主题活动，从自身做起，从身边的小事做起，宣传文明礼仪，为学校做好事，为小区居民服务。“学管会”使学校教学管理精细化、规范化。

(四)加强团队建设，融入社区治理

1. 探索培育机制

随着社区老年教育的不断发展，老年学员不再满足单一的课堂学习。他们通过学习这一纽带，在快乐、交友、融情的共同愿景下，重构了人际交往学习圈子，形成了老年学习团队。实验中，我们设置专职教师关心指导，探索建立切实可行的学习模式、运行机制和学习制度。我们通过指导培训，提升老年学习团队自我管理能力，同时，重发展抓扶持，对老年人需要的、喜欢的、实用的学习进行培育引导。如帮助太极拳、舞蹈、摄影、合唱、视频制作等班级建立团队，提高他们的自主学习和自我管理能力。针对有条件的即将毕业的班级，建立学习团队推荐到居委学习站点，既实现了老年学员学习的持续有序，又促进了居委学习团队的建设发展。几年来，我校先后扶持建立了96个老年学习团队，为社区老年开展自主学习，提高素质夯实了基础。

2. 注重领军人物

老年学校在培育老年学习型团队过程中，要注重对团队主心骨的培养与发掘，精选优聘社区和学校中有一技之长的能人，扶植建立达人工作坊。我校“常青太极拳”等五个工作坊被评为浦东新区达人工作坊，其中，“张雷指尖上的技艺”被评为上海市老年学习团队达人工作坊。这些达人工作坊针对区域内不同的老年团队发展需要“送教送师”，成为培育发展老年学习团队不可或缺的师资力量。他们热爱社区老年教育，熟悉老年人的身心发展规律和学习规律，通过向全体社团成员提供按需施教的教育服务，满足了老年社团学习提高的需要。

3. 明确学习目的

首先，学以致用服务社会，根据老年学员阅历丰富、善于思考的特点，开展团队师生互动、学员交流活动，激发学员自主学习的积极性。我们鼓励老年学习团队走出校门，走进社区，参加社区各类文化活动，积极开展文明创建宣讲、关心他人帮教结对等活动，努力实现老年学习团队自主管理、自我提升的学习目的。其

次，学以厚德传播正能量，以“弘扬传统美德，学习文明礼仪”为主题，充分利用课前五分钟、道德小讲堂、时政课堂等，引导老年学习团队深入开展传承和弘扬中华优秀传统文化教育，组织开展演讲、征文、楹联书法、诗歌诵读等活动，传播正能量，增强老年学员的理论自信、政治自信、文化自信，在老年素质教育中弘扬以爱国主义为核心的民族精神。

六、实验成效

一是提炼了科学的文化理念，开展了多种形式的教育活动，增强了校园文化的渗透教育功能，形成了共同的价值认同，全面提升了老年学员的人文素养和综合素质，推进了老年学校素质教育深化发展。

二是促进了社区老年教育内涵建设，提升了教学管理规范化水平，加强了教师师德、师风、师能建设，成就了老年教育教学品质，提高了老年人的学习兴趣和知识素养。

三是建设了清净优美、富有吸引力的校园环境，提升了社区老年教育的文化品位，营造了言行文明、身心健康、崇德博学的学习氛围，提高了老年人社区生活幸福感。

四是形成了学员管理文化，提高了学员自发、自主、自愿活动管理能力，给学员精神上的感染、吸引、熏陶和满足，提高了老年学员的综合素质，提升了社区老年学员乐于奉献的精神境界。

（结项时间：2015 年）

加强班级文化建设，提升老年人学习品质的实验
——以松江区石湖荡镇老年学校为例

松江区石湖荡镇老年学校

在老年教育事业蓬勃发展的今天，我校积极扩大老年教育资源供给，丰富老年教育内容和形式。我们积极探索从“大写意”迈向“工笔画”的路径，推动老年教育高质量发展。自立项以来，我校不断加强队伍建设，开展教育教学活动，促进班级文化建设。2019 年秋季，我校开设 31 个班级，在读学员 298 人，招生 614 人次，相较立项前，学员人数增长 33%，学员人次增长 24%。我校成功打造以班长管理员带头、授课教师和学员广泛参与的 31 支班级志愿者队伍；成功孵化 1 个五星团队，2 个四星团队，60% 以上班级建成“一班一品”；开展老年人喜爱的教育活动，形成 6 项特色活动；总结班级管理经验，形成“石湖荡镇老年学校班级评优奖励细则”“石湖荡镇老年学校安全保障办法”等制度。

一、实验背景及意义

（一）实验背景

1. 老年教育发展规划要求推进班级文化建设

2016 年 10 月 5 日，国务院办公厅印发的《老年教育发展规划（2016—2020 年）》中指出，要积极推进校园文化建设，培育优良校风、教风、学风，打造一批具有示范作用的老年学校和老年学习团队，改善基层社区老年教育机构设备，建设一批在本区域发挥示范作用的乡镇（街道）社区老年人学习场所。2016 年 10 月 13 日，上海市老龄工作委员会办公室印发的《上海市老年教育发展“十三五”规划》中指出，到 2020 年实现老年学校学习总人数达到 120 万，老年教育参与人数翻一番。可见，国家、市级层面都间接要求通过班级文化建设来培育优良的校风和班风，从而吸引更多的老年人参与老年教育。

2. 老年学校内涵发展需要加强班级文化建设

第一，我校班级较多，其中既有人数较多的舞蹈初级班，又有人数较少的乡土文化学习班，各班受欢迎程度不一，这不仅与课程类型有关，很大程度上也与班级文化有关。第二，我校积极参加市级、区级一些成果展示活动和比赛，但从结果来看，与城区一些学校是有差距的，虽然城乡老年人的文化程度确实存在差距，但我们可以通过努力缩小这些差距。第三，在终身学习活动周成果展示、征文等活动中，看到的总是那么几个班级和个别活跃分子，仍有部分学员的学习热情是不高的，他们的集体荣誉感和责任心需要提高。例如，学校的瑜伽班中，年轻学员占大部分，她们只是来上课，一般不怎么参加学校的活动。第四，从硬件设施上看，我校有 20 多个教室，数量充足，但布置较为简单。第五，90% 以上的班级都没有成文的班级规章制度，更没有班旗、班歌等，班风建设和班级制度建设都有待加强。可见，参与学习人数的增长、学员学习积极性和荣誉感的提高、学员学习成果和学习品质的提升都需要良好的班级文化。

3. 长期的班级文化建设奠定了一定经验基础

在老年教育提升工程中，我校建设了烘焙教室、书画教室、科普教室、茶艺教室等一批专用教室，配有信息化教学设备，经过 2017 年的外墙改造，学校具有了新风貌。经过十多年的发展，我校培育了 2 支五星学习团队和 30 多支星级团队，许多团队形成了正气、健康、向上的团队精神，具有一定的示范引领作用，这都为班级文化建设提供了经验基础。例如，我校的“绚丽夕阳”远程收视队作为上海市五星学习团队，人数稳中有升，与该团队良好的学风分不开，这就为班级文化建设提供了好的案例。学校多个人数迅猛增长的班级为班级文化建设提供了样本。如舞蹈初级班从最初的不到 20 人，仅三年时间增长到如今的 40 多人，主要原因在于有良好的班风、教风、学风，教师和班长承担了“团队领袖”的角色，提升了班级的向心力。

（二）实验意义

1. 理论意义

本项目通过探索班级文化建设中的物质文化、精神文化、制度文化、行为文化建设方法，为校园文化建设和学习点建设提供经验。

2. 现实意义

通过班级文化建设，形成良好的班风和学风，增强学员的归属感、幸福感、获得感，提升老年人的学习品质。

二、实验目的

第一，通过实验项目吸引老年人参与老年教育，增加老年学校的在校学员数。

第二，通过实验项目形成良好的班风和学风，创建一批具有示范作用的文明班级和学习团队。

第三，通过实验项目促进“一班一品”建设，提升老年人的学习品质。

三、实验内容

（一）物质文化建设

一是整合学校现有场地，充分挖掘其功能，整理闲置教室，扩大学习场所。二是为现有专用功能教室添砖加瓦，创设具有教育性、功能性且优美的环境，进一步加强基础设施建设。

（二）精神文化建设

从队伍建设、教学活动入手，建设良好班风，增强班级凝聚力，增强学员集体荣誉感，形成班级良好精神风貌。

（三）制度文化建设

学校制定和完善各项管理制度，班级形成班规班约。

（四）行为文化建设

一是学校积极组织集体活动，并对各班进行考核，如组织终身学习活动周展示活动、征文活动、文体活动、游学体验活动。二是各班积极创新活动形式，除了积极参加学校活动，还可以依据班级特点开展联谊、文体等增进班级凝聚力的活动。

四、实验方法

（一）文献法

通过在中国知网上检索“班级文化建设”关键词，选取多篇文章进行查阅、分析和整理，了解班级文化建设的内涵、意义和路径，为老年学校的班级文化建设提供理论支撑。

（二）调查法

对我校教室、设备等基础设施建设情况进行全面调查，明确目前我校班级物质文化建设中的不足与优势。对现有班级的规章制度、班级活动等精神文化、制度文化、行为文化进行排摸调查，了解班级文化建设情况。

（三）经验总结法

在调查与分析各班级文化建设情况的基础上，对具有示范作用的班级文化进行总结归纳，将其推广到其他班级，同时，对基础教育、职业教育、高等教育、社区教育等班级文化建设经验进行总结。

五、实验过程

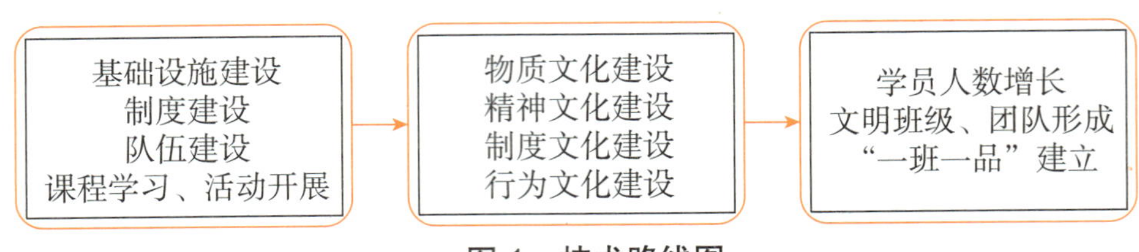

图 1　技术路线图

（一）实验准备（2018 年 4 月）

1. 成立项目组，加强班组建设

首先，成立项目组。实验项目立项后，组建工作小组，负责实验方案制定和实验项目推进等工作。姜延军担任组长，游赛红担任副组长，组员包括洪莉芸、陈臻、刘飞燕。

其次，组建班委。工作小组牵头召开全校学习团队工作会议，介绍项目计划和工作要求，在各班级中成立由班主任、授课教师、班长组成的班委会，见图 2。

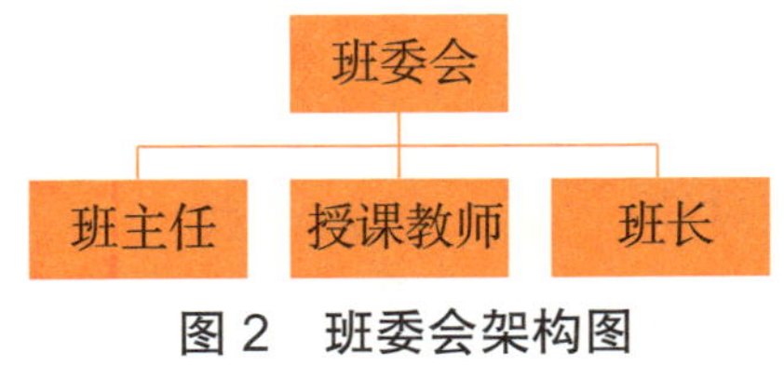

图 2　班委会架构图

2. 开展现状调研，确定实验重点

首先，开展现状调研。根据班级文化中物质、精神、制度、行为文化等建设内容，项目组设计了“石湖荡镇老年学校班级文化建设排摸表”（见表 1），各班级班委会填写表格，反映本班级文化建设现状。

表 1　石湖荡镇老年学校班级文化建设排摸表

物质文化建设	1. 有无专用教室：有　无 2. 教室管理办法：有　无 3. 教学设备完备与否：完备　不完备，缺（　　）

（续表）

精神文化建设	1. 有无班旗、班歌、班徽：有　无 2. 班级风气：好　不好　一般	班级风气指班级的学习风气、纪律、人际关系等
制度文化建设		罗列班级各项管理制度，附文本内容
行为文化建设	班级活动： 学校活动：	罗列活动名称和参与人数
班级典型案例		形成良好班集体的经验

其次，形成调研结论。根据排摸结果，项目组进行总结，得出以下结论：（1）校舍资源和教育教学设施设备能满足实验需求；（2）制度文化、精神文化建设需要加强；（3）行为文化较为丰富。石湖荡镇老年学校班级文化建设汇总表见表 2。

表 2　石湖荡镇老年学校班级文化建设汇总表

物质文化建设	1. 教室：常青藤沪剧班个别时间段与别的班级冲突 2. 教学设备：基本满足
精神文化建设	1. 学员能积极参与各类学习活动，但个别班级因学员的特殊性，请假情况较多，如瑜伽班、形象设计班 2. 志愿服务精神有待加强
制度文化建设	1. 学校：《石湖荡镇老年学校考勤办法》《石湖荡镇老年学校评优奖励制度》《石湖荡镇老年学校奖励办法》 2. 班级：《优秀学员评选办法》，各班级有所不同
行为文化建设	1. 学校活动：游学活动、合唱展演、征文活动、体验活动、人文行走、终身学习活动周成果展示活动 2. 班级活动：聚餐、联谊活动（联欢会、旅游、逛图书馆等）
经验与不足	1. 优秀学员评选办法：出勤率、学习贡献、学习成果为基本标准 2. 奖学金使用办法：以考勤次数均摊到个人，购买学习用品；采用随机抽奖模式；以一年学习时间为限，分新老学员享受机制 3. 年度班级活动各具特色：旅游、聚餐、联欢会 4. 成果展示：班级参与度不平衡，如静态作品班级不如舞蹈等动态作品班级参与度高，征文活动参与度仍不够高

最后，确定实验内容和实验重点。根据前期调研结论，确定以物质文化和行为文化为基础，重点推进班级制度文化和精神文化建设。

（二）实验实施（2018 年 5 月至 2019 年 6 月）

2018 年 5 月至 8 月，加强基础设施建设。依据物质文化建设要求，对学校教室、活动室进行规划和布置。

2018 年 6 月至 9 月，完善管理办法，一是制定教室管理办法，二是修订学习安全制度，三是制定评优奖励细则。

2018 年 9 月至 2019 年 6 月，加强队伍建设。对班主任和任课教师进行培训，对班长进行重新选拔和培养，对班级学习知识分子和有影响力的学员进行挖掘和培育。

2018 年 9 月至 2019 年 6 月，开展教育教学活动，推进“一班一品”建设，一方面，按照教学计划开展课堂学习，引入社会主义核心价值观、爱国主义等教育内容，促使学员学有所得；另一方面，组织开展征文、人文行走、展演等活动。

2018 年 12 月，完成中期汇报。开展学习成果展示活动，检验班级品牌建设成果，完成中期汇报。

2019 年 1 月至 6 月，进一步推进“一班一品”建设，一是老班级品牌的深入推进，二是新开班级的文化建设，三是开展“2018 至 2019 学年终身学习活动周暨成果展示活动”。

（三）实验结项（2019 年 9 月）

实验项目组对班级文化建设进行总结，总结本校班级文化创建的经验和不足之处，完成实验结项报告。

六、实验成效

（一）加强团队建设，形成文明班级

经过不断建设，我校各班级都形成了良好的班风，特别是在市级层面上，由乡土文化班学员组成的“乡土文化学习社”被评为 2018 年上海市五星团队，“石湖荡荡里寻根读书社”被评为第八届上海社区网上读书活动“优秀网上读书团队”。目前，学校班级中有 3 个五星团队（绚丽夕阳学习队、快乐大家演唱队、乡土文化学习社），2 个四星团队，6 个三星团队，其中，“绚丽夕阳学习队”成功挂牌 2019 年区团队工作室。在全校师生的努力下，2018 至 2019 年各班级获得了许

多荣誉，如市级“科普进社区，科普进家庭”一、二等奖。

1. 以设施建设强基础

物质文化建设是班级文化建设的基础，一个班级有了好的学习设备和学习场所，学员才能有好的学习成果。在设施建设上，要做到“三有”。一有学习场所，对学校教室进行合理规划，确保各班有学习场所。二有活动场所，建设多功能报告厅，满足老年学员展演等学习需求。三有主题布置，对专用教室进行设计，进行墙面布置等“软文化”建设，张贴“社会主义核心价值观”“垃圾分类”等海报；在书画教室和手工教室展示学员作品；在远程收视班、乡土文化班、传统文化班教室开辟读书角。

2. 以制度建设强管理

（1）教室管理制度。教室管理力求做到有责任人、有使用记录、有文化元素，根据每个教室特点制定管理办法并张贴，实行“一教室一办法”，如《茶艺教室管理办法》《烘焙教室管理办法》《远程教室管理办法》。制定下发《石湖荡镇老年学校功能教室使用情况记录本》《石湖荡镇老年学校功能教室借用登记本》，要求授课教师每节课下课填写使用情况，于期末交至事务办，确保课堂教学秩序。石湖荡镇老年学校功能教室使用情况记录表见表 3。

表 3　石湖荡镇老年学校功能教室使用情况记录表

使用日期		使用时段		培训人数	
活动名称				负责人	

（2）学习安全制度。老年学员只有学习安全，才能快乐学习。我校位于郊区农村，70 岁以上学员居多，还有多位 80 岁以上老人。因此，实行安全告知书制度和安全责任协议制度，与学员签订《安全告知书》，与教师签订安全责任书，与 80 岁以上老人家属签订学习安全制度很有必要。经过不断完善，目前已有 6 项学习

安全制度文本，分别是《石湖荡镇老年学校学习团队安全责任书》《石湖荡镇老年学校老年教育安全告知书》《石湖荡镇老年学校老年教育安全告知书（80 岁及以上老人）》《石湖荡成校校内使用电动自行车安全协议》《石湖荡成校校内车辆行驶安全协议书》《石湖荡成校员工消防安全承诺书》。

《石湖荡镇社区学校专职教师安全工作责任书》摘录：根据松江区教育系统安全工作会议精神及石湖荡社区学校学员的实际情况，为进一步深化校园安全防控机制，增强安全风险控制意识，明确教师安全责任，确保每位学员在安全的环境中学习，按照“安全第一，预防为主”的原则，制定学校专职教师安全工作责任书。

《石湖荡镇社区学校老年教育安全告知书》摘录：石湖荡镇社区学校多年来认真贯彻“增长知识、丰富生活、陶冶情操、促进健康、服务社区”的办学宗旨，积极开展各类满足社区居民需求的培训活动。近年来，我校老年学员人数与日俱增，学员年龄偏大，为增强学员的安全责任意识，确保学校各项工作有序开展，就 80 岁以上老年学员的安全事项告知家属。安全告知书回执见表 4。

表 4　安全告知书回执

学员姓名	参加了哪些培训	身体状况	家属签名
已认真阅读以上老年教育安全注意事项		学员确认签名：	

（3）学员管理办法。考虑到学校不收费，学员缺勤问题较为严重，建立学习考勤制度，严肃学习纪律很有必要。学校把考勤作为评优评先的首要标准，要求学员每学期缺课不得超过三次，否则自动停课一学期。这就意味着，若学员缺勤 3 次以上，下学期不能学习本门课程。

（4）评优奖励细则。我校积极制定并实施《石湖荡镇老年学校评优奖励细则》（见表 5），评选对象实现了从团队学员到教师的全覆盖，细则中就“示范团队”“优秀团队”“优秀团队管理员”“优秀学员”“最具风采教师”，在考勤、学习时间、学习成果、服务等方面提出了要求，特别提出“志愿服务”一项，鼓励大家弘扬志愿者精神。我校在奖励机制上也进行了创新，实现了从物质奖励到订阅《康复杂志》、参加游学体验活动等精神奖励的转变。

表 5　石湖荡镇老年学校评优奖励细则

名称	评选条件	评选比例
示范团队	1. 每学期学习次数不少于 12 次，学员出勤率不低于 90% 2. 学习团队开班 2 年以上，学员人数增长 15% 以上 3. 专人负责学习点工作，制度健全，管理规范，班务档案记录认真 4. 正常开展学习活动，积极参加各类活动和竞赛，成效显著 5. 当年代表学校参加市级活动并获奖，为学校作出较大贡献的团队优先	15%
优秀团队	1. 每学期学习次数不少于 12 次，学员出勤率不低于 80%。 2. 学习团队开班 1 年以上，学员人数增长 10% 以上 3. 专人负责学习点工作，制度健全，管理规范，班务档案记录认真 4. 正常开展学习活动，有一定学习规模且成效显著 5. 当年代表学校参加区级活动并获奖，学员有作品参加区级活动，为学校贡献力量的团队优先	35%
最具风采指导教师	1. 课程学员满意度 95% 以上 2. 从事社区教育教学工作 2 年及以上 3. 请假次数少于 2 次 4. 积极参与学校各类活动 5. 认真撰写教学备课本、教案等资料	50%
优秀团队管理员	1. 服务学员满意度 95% 以上 2. 从事学习团队管理工作 2 年及以上 3. 每次学习中都认真完成班级管理工作 4. 积极参与学校各类活动 5. 认真撰写班务档案等资料	50%
优秀学员	1. 积极参加团队学习活动，出勤率不低于 90% 2. 在团队学习中能认真完成各类学习任务，且表现出色，在学员中起到示范引领作用 3. 积极参与学校或其他组织开展的各类活动，在竞赛中获奖的学员优先考虑 4. 能主动协助教师或帮助团队其他学员共同提高	15%

说明：可根据实际情况，具体调整。

3. 以队伍建设强保障

（1）教师队伍结构逐步优化。教师（包括班主任和授课教师）是班级的核心，教师队伍能力提升有利于提高学员的学习热情和精神面貌。

（2）扩充专业教师队伍。学校兼职教师年龄偏大，80 岁以上占 17%；学历不高，高中及以下学历占 2/3；仅 1/3 的教师有教师资格证，师资力量薄弱。我校积极引入石湖荡镇综合为老服务中心（养教结合学习点）2 位具有中级职称的音乐、舞蹈专业教师，为学员提供专业的教育指导。

（3）加强教师培训。开展“六个一”活动，提高教师的专业能力。组织教师参加一次党课教育、读一本书、参加一次师资培训、上一次公开课、送一节课、讲一个从教故事，提高教师思想政治素质，弘扬高尚师德，提高教师教育教学能力。

（4）强化教师责任意识。老年学校的教师存在年龄偏高的现象，又因为没有升学压力，往往忽视班级管理和教学质量提升。我校利用“午间课堂”，强化教师责任意识，要求教师重视班级管理。我校将班级管理纳入班主任、授课教师考核，给教师压担子。石湖荡镇老年学校教师考核标准见表 6。

表 6　石湖荡镇老年学校教师考核标准

考核指标	分值
学习成果展示	30 分
学员人数稳定	20 分
无安全和教学事故	20 分
无学员投诉	20 分
认真撰写教学记录和班务档案	10 分

（5）管理员队伍逐步干练。依据“石湖荡镇老年学校团队管理员选拔要求”组建管理员队伍，每个班级推荐一位管理员，协助班主任完成日常的班级管理工作，定期召开团队管理员交流会，加强管理员队伍建设。石湖荡镇老年学校团队管理员选拔要求和石湖荡镇老年学校班级管理员表分别见表 7 和表 8。

表 7　石湖荡镇老年学校团队管理员选拔要求

文化程度	初中文化及以上
年龄	70 岁以下（身体条件好的，可适度放宽）
其他要求	1. 有较丰富的管理经验 2. 熟悉微信、办公软件者优先 3. 有责任心和奉献精神 4. 能认真做好班级管理和班务档案撰写工作

表 8　石湖荡镇老年学校班级管理员表

序号	班级名称	管理员	序号	班级名称	管理员
1	老年书法中级班	张永年	15	传统文化之传统节日大家谈	李南园
2	“魅力”瑜伽班	李香琴	16	老年国画班	蒋伯庆
3	布贴画班	彭永璧	17	西式点心提升班	韩根兰
4	合唱班	肖杏娟	18	形象设计初级班	褚丹英
5	太极二十四式班	陈丽娟	19	女性修身大课堂	徐伟
6	“绚丽夕阳”收视班	钱根寿	20	老年书法初级班	吴俊宇
7	古松远程收视班	吴俊宇	21	剪纸艺术培训班	曹昆丽
8	扁鼓初级班	陈丽兰	22	门球 1 队（塔汇队）	龚大妹
9	老年计算机提高班	钱明财	23	门球 2 队（古松队）	宋友生
10	舞蹈初级班	何凤华	24	门球 3 队（恬润队）	俞凤珍
11	荡里健康行——养身保健大讲堂	韩根兰	25	霞之韵舞蹈提升班	杜莲君
12	乡土文化学习社	陆进贤	26	常青藤戏曲沙龙社	何玲妹
13	茶文化普及班	薛炳章	27	伽园	王晓乐
14	功夫扇班	李南园	28	沪剧初级	叶丽霞

（6）学习骨干力量逐步壮大。我校重视班级中除管理员之外的学习积极分子，他们往往有很高的学习热情和奉献精神，或学习较为出色，或有较强的号召力。班主任和管理员要善于发现表现积极和能力较强的学员，对他们进行培养，为班级文化建设和后续发展补充后备力量。学校每学期对优秀学员名单进行汇总，让班主任和管理员推荐学习积极分子，形成学员档案。石湖荡镇社区学校 2018 至 2019 学年全民终身学习活动周活动评优表彰汇总表见表 9。

表 9　2018 至 2019 学年全民终身学习活动周活动评优表彰汇总表

序号	班级	镇示范学习团队	镇优秀学习团队	最具风采指导教师	优秀团队管理员	优秀学员
1	“俏夕阳”舞蹈初级班		√	陈小兰	何凤华	褚菊珍、王银娥、陈芸、顾建英
2	剪纸班	√		周龙弟		
3	太极剑班		√	万翠英		

（二）拓宽建设路径，建设“一班一品”

经过不断努力，60% 的班级初步完成“一班一品”建设。2019 年区终身学习活动周开幕时，剪纸班“社会主义核心价值观”24 个字的作品展示获得了一致好评。我校主要总结了五种路径。

1. 以全员性、常态化主题活动推进

（1）成果展示活动。在原有活动形式基础上进行创新，采用集中展示与分散展示相结合的方式，要求每个班级都有成果展示。如歌舞类团队，我们借助歌舞展示专场，让学员唱唱跳跳；书画、剪纸等团队，我们借助静态展示与体验专场，让学员给居民写春联，让居民体验“十二生肖”剪纸，让书画作品、手工作品活起来；中医养生等团队，我们借助传统文化展示与体验专场，进行健康问诊。成果展示，学员不再是观众，而是争做“演员”，涌现出“朗诵”“走秀”等精彩节目。

（2）人文行走活动。一是学校联合高校打造生态旅游课堂，开展“石湖荡一日游”人文行走活动，引导学员了解本地区风土人情，开展“圆老年人大学梦”松江大学城高校人文行走活动，引导学员体验高校文化。二是利用“打造农业生态文化体验基地，丰富市民体验学习方式的实验”成果，开展石湖荡镇农业生态文化体验游学活动。三是赴龙华烈士陵园等红色教育基地，开展爱国主义教育，鼓励学员写学习体会，并在微信公众号上展示。据不完全统计，2018 至 2019 年，学校收到游学心得 57 篇。

2. 以主题性、个别化活动加强

（1）游学体验活动。根据每个班级的特点，有针对性地开展游学体验活动。组织书法班参加“绘瓷”体验活动；组织国画班参加“绘扇”体验活动；组织剪纸班参加“五四剪纸”活动；组织手工班参加“钩织毛线帽”“手工串珠”送温暖活动；组织茶文化班参加“茶叶店”“市民终身学习体验基地”游学活动；组织乡土文化班、传统节日班开展“乡土讲解员”讲解活动。

（2）主题征文活动。学校经常向全校学员发布征文公告，鼓励大家参加，要求乡土文化班、传统节日班、远程教育班参与征文人数在 70% 以上，并进行评选和展示。

3. 以微信平台展示鼓励

在学校微信公众号开设“学员风采”“团队骨干”“教师风采”“团队风采”等栏目，向各班级征稿，由专职教师在微信平台展示，图文并茂，激发学员的学习热情。每周固定推送一篇，同时，积极推送到区级“云间众学”平台展示。

4. 以送教志愿服务提升

以学校建设老年教育“三类学习点”为契机，根据课程安排，组织剪纸班、手工班、茶文化班、乡土文化班等班级学员进村（居）委会、敬老院送教，组织合唱班、沪剧班、舞蹈班、拳操班、扁鼓班等班级赴村（居）委会、敬老院开展文艺展演活动。如石湖荡镇老年学校赴敬老院开展“五四”剪纸活动、乡土文化宣讲活动。

以学校融合教育为契机，组织学员赴“区精神卫生中心”“镇残联”等共建单位开展送教、展演等服务活动。如我校校园开放日活动中，组织国画班学员送课。

5. 以实验项目联动

我校坚持以工作项目化理念为指导，注重将社区教育、老年教育、党建工作相互融合，建立实验项目工作机制，以实验项目联动班级文化建设。一是借助“传承有温度的荡里文化，开展有深度的寻根行动”石湖荡镇乡土文化项目，组织乡土文化班开展寻根行动，编写乡土读本，开展乡土文化宣讲，打造乡土文化班文化传承品牌。二是借助“打造农业生态文化体验基地，丰富市民体验学习方式”实验，组织传统节日班编写《荡里民俗》教育读本，打造传统节日班品牌。三是借助“联合高校打造生态旅游课堂”实验，组成以乡土文化班为主力，广大学员广泛参与的“乡土讲解员”队伍，打造生态旅游课堂“乡土讲解”品牌。四是借助“妇教结合，助推妇女之家建设”，组织魅力瑜伽班、舞蹈中级班等年轻女性学员居多的班级，开展交流合作，打造“瑜伽舞韵”“环保走秀”品牌。石湖荡镇老年学校“一班一品”情况表见表10。

表10　石湖荡镇老年学校“一班一品”情况表

序号	班级名称	品牌	序号	班级名称	品牌
1	手工班	布艺、串珠、毛织、丝网花	10	养生班	健康教育讲座
2	书法初、中级班	书法、写春联	11	乡土文化班	乡土文化宣讲、乡土讲解
3	老年国画班	国画作品展示	12	舞蹈初、中级班	舞蹈
4	合唱班	红歌合唱	13	扁鼓班	扁鼓展演
5	沪剧班	沪剧巡演	14	茶文化普及班	茶艺表演
6	远程收视班	征文	15	老年拳操班	太极拳、功夫扇
7	门球班	门球比赛	16	剪纸班	剪纸展演
8	形象设计班	展演活动化妆	17	魅力瑜伽	瑜伽舞韵
9	太极剑班	太极剑展示	18	传统节日班	朗诵、读本编写

七、小结

虽然我校各班级学员都秉承良好的班风学风，积极参加各类学习成果展示活动，取得了一些成绩，但因为城乡居民文化程度、学习基础、学习能力、学习热情、学习资源存在差距，班级文化认同仍要经历一个长期培育建设的过程，提升老年人学习品质也有一个渐进的过程。面向未来，我们仍要聚焦重点、深耕细作，把班级文化建设做深做实，不让一位学员掉队，也不让一个团队落后，引导学员共同绘制精谨细腻的“工笔画”，推动老年教育迈向高质量发展。我校会继续丰富学习资源和活动形式，不断加强队伍建设，持续关注学习热情不是很高的学员，力求开放共享，互学互鉴。

（结项时间：2019 年）

聚焦班级文化建设，推动班级开展素质教育的实验

上海老年大学浦东分校

一、实验背景

随着老年教育的内涵发展，对老年教育质量提升的需求日益旺盛，在数量发展的基础上，更应关注质量。在老年大学办学过程中大力开展老年素质教育，这不仅是新时代党和政府赋予老年大学的光荣任务，也是老年学员本身发展的需要，对加强社会主义核心价值体系建设、全面提高公民道德素质、促进和谐社会建设、实现全面建成小康社会宏伟目标具有十分重要的现实意义。

老年学校班级是为实现一定的教育目的，围绕某一老年教育课程，按一定的人数规模建立起来的教育组织。老年教育办学功能主要在班级活动中实现，班级文化对于老年人学习过程和结果发挥重要作用，关系到老年教育的质量提升与内涵发展。上海老年大学浦东分校，在 2019 年共开设班级 210 个左右，约 4000 位老年学员来校学习。结合实际，我校启动了主题为“聚焦班级文化建设，推动班级开展素质教育”的实验项目，在老年教育开展过程中以班级文化建设为载体，通过班级教学活动与交往过程，营造稳定、和谐、向上的班级文化氛围，使学员在正确的价值取向、健全的规章制度、良好的人际关系和心理氛围影响下，积极进取，团结互助，共同进步，最终推进老年素质教育发展。

二、实验目标

第一，在调研基础上，开展相关人员培训，树立班级文化建设的共同理念。通过培训，帮助相关人员加深对班级文化建设与老年素质教育的理解，让他们初步树立通过班级文化建设更好地发展老年素质教育的共同理念。

第二，通过优质班风的打造，形成民主管理格局，使学员精神风貌更佳，学习积极性更高。

第三，发挥微信服务平台的作用，创新移动学习方式，营造良好的校园学习氛围，提高学员的社会性和个体性，帮助其树立终身学习理念。

第四，通过班级自组织活动与集体活动的定期举办，增强班集体凝聚力，潜移默化形成良好的班级文化与校园文化氛围，积极推进老年素质教育。过程中，总结提炼老年素质教育的典型案例，形成可复制、可推广的实践经验。

三、实验内容

班级文化是班级的灵魂，是班级建设的基本要素。本实验项目以班级成员的言行倾向、班级人际环境、班级风气和自组织活动等为主体标识，从内容和形式两方面聚焦班级文化建设。

（一）建设整体的班级文化

班级文化包括制度文化、观念文化、行为文化。班级制度文化包括各种班级规约。班级观念文化是指与所学课程、班集体和学员素质相关的观念。班级行为文化是指由制度和观念等引发的学员表现出来的言谈举止和精神面貌。在文化氛围良好的班集体中，学员学习风气浓郁，自觉陶冶道德情操，主动接受文化熏陶，不断提升精神境界，善于发现美、欣赏美、创造美。

（二）凸显班级文化的核心与灵魂

班风是班级文化的核心与灵魂，包括班级风格和班级风气，全面反映班级全体成员的群体意识、舆论风气、价值取向、审美观念、制度规范和精神风貌。师生和谐相处、友好合作、积极向上、温馨和睦的班风使学员产生强烈的归属感，自发加入班级文化建设的行列，主动提高自身综合素质。

（三）创设多样的活动形式

班级文化建设形式选择时应主要考虑是否有助于达成课程目标和完成教学任务，是否有利于激发学员的主体性和积极性。主要形式包括校内外自组织班级读书会、校内外自组织班级全体活动、校内外自组织班级团队活动、校内外自组织班级师生联谊活动、班级自组织参与社区建设活动、班级自组织参观游览活动、班级微信群互动学习与友情活动等。

本实验项目聚焦班级文化建设，旨在充分发挥班级文化所具有的自我管理、自我调节、自我约束、自我发展功能，推进老年学校素质教育深入发展。

四、实验方法

（一）典型培育法

在全面推行的基础上，选择相关试点，提高班主任、任课教师、学员三方的积极性，通过培育、扶持、总结、提升，在班级文化建设的内容和形式、路径和方式、功能和成效等方面，形成推进老年素质教育的系列典型案例。

（二）案例总结法

围绕老年学校校园文化建设，聚焦班级文化建设这一重点，在培育相关典型的过程中分析、总结每一案例，形成可推广的经验和成果。

五、实验过程

（一）开展调研，了解学校班级文化建设基本情况

在实验初期，项目组采用座谈会、案例征集等方式开展调研，初步了解学校班级文化建设基本情况。调研中发现，2019 年学校开设了钢琴、器乐、声乐、舞蹈、手工艺、书画、数码计算机、保健、文化、英语十种门类的课程，两学期分别开设 209 个班级。各门类课程的班级比例见图 1。

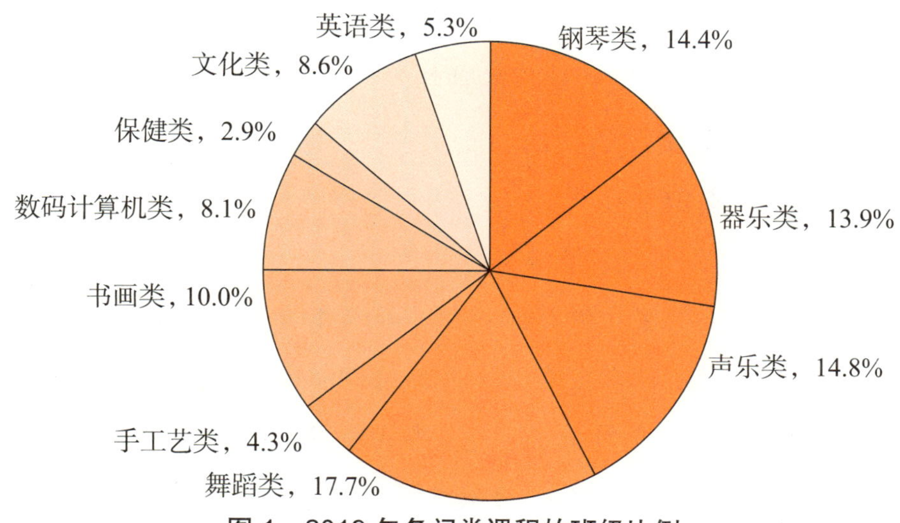

图 1　2019 年各门类课程的班级比例

经统计发现，舞蹈类、声乐类、钢琴类的班级所占比例最高，开设的班级数量也最多。通过座谈会与资料调研发现，这三类课程的班级文化建设较好，学员素质较高。这与课程性质和组织形式有关，钢琴、舞蹈、声乐三类课程更加重视在体验、交流中学习，学员经常相互帮助、沟通交流，建立了良好的人际交流环境。

此外，学校每学期会组织班级汇报演出，而这三类课程多以团队合作的形式进行汇报，对凝聚力要求很高，学期中每个班级课下有许多排练机会，为学员和教师之间建立良好关系、形成优良班风与和谐育人环境奠定了良好基础。其他门类课程，已经初步具备了班级文化建设的基础，但因课程类型不同，在班风建设、班级精神打造、和谐人际关系创建等方面尚处于基础阶段。综上所述，目前学校整体班级文化建设基础已有，但呈现参差不齐的形态，有成功经验可供总结，这些都为实验项目的开展提供了较好的实践基础与提升空间。

在案例征集中，围绕班风培育、和谐人际关系创建、班级自组织活动开展等主题，共收集 19 篇典型案例，反映学校在班级文化建设、推进素质教育发展方面的阶段成果，为继续开展实验打好了基础。

（二）组织班长培训，树立建设班级文化的共同理念

班级文化建设，需要树立共同理念，即引导每位学员认识到班级文化建设的价值所在，形成共同愿景，从而形成良好的精神风貌与规范的日常行为。班长是班级文化建设中的重要角色，承担着班级日常管理、落实班规班纪、组织班级活动、关心班内学员等重要工作，是宣传班级文化建设理念，推进老年素质教育的关键群体。基于此，学校在 2018 年 11 月中下旬，组织约 200 位班长与班级骨干，邀请部分学科教师参与，分两天四场开展关于建设班级文化，促进老年素质教育发展的专项培训。通过培训，班长系统了解了班级文化建设的基本内涵与重要作用，理解了班长一职对班级文化建设的独特作用，明确了建设和谐、积极、向上的班级文化对提升老年人素质的特殊功能，树立了努力建设班级文化的共同理念，为实验的进一步开展奠定了基础。

（三）形成民主管理格局，培育优质班风

在班级中形成有序、民主的管理格局，形成和谐优质的班级风貌，是班级文化建设的首要基础。为此，学校实行班委会管理制度，由班委会协助班主任管理班级的日常工作。班长由学员选举产生，主要负责班级的日常工作，包括带头执行班纪班规、签到、发放学习材料、组织班级活动等，骨干成员协助班长为班级学员提供服务。班委会成员与班主任既各负其责，又相互协调，共同管理班级事务。班主任、班委会成员、学员共同商量，意见基本一致才会开展活动。班级逐步形成了较为民主的管理格局，学员之间逐步形成了一起快乐学习的共同愿景，初步培育出人际关系和谐、有较高凝聚力、团结奋斗、积极向上的班级风貌。

班级文化建设中也产生了很多班委为学员用心服务的典型案例。如学校声

乐班的各班班长和班委为组织好洋泾街道中秋暨国庆联欢会，不辞辛苦地为大家服务。这次演出以上海老年大学浦东分校民族声乐研修班为主，以民族歌剧班为辅，学员水平参差不齐，加上假期人员调配不方便，难度不小。晓音大姐是班级里年龄较大的学员之一，办事认真，待人有亲和力。作为班委的一员，她放弃假期的其他安排，从排练时间到演出时间，从排练地点到演出地点，一项一项落实。倪荣康班委紧张地制作节目需要的配乐和视频。胡心琴，民族歌剧班班长，负责形体和表演。这次参加演出的学员大多没有舞台经验，要想有模有样地登台表演，可是个大工程。葛班委提出把大家召集到 KTV 里，一是激发大家的兴趣；二是解决排练场地问题；三是便于教师辅导；四是现场录像，帮助大家发现问题，及时纠正错误。赵永莲，学员亲切地称她莲妈妈，在集体排练中，默默地关心大家，在演练时多次为大家准备好茶叶蛋。鸿雁是班委里最小的成员，业务能力很强，家住得很远，每次都会克服一切困难，保证排练正常进行。在大家的共同努力下，演出取得圆满成功。

（四）营造良好氛围，创造和谐育人环境

班级人际关系与终身学习氛围，关系到班级文化的建设质量。首先，学校重视转变教师观念，建立新型师生关系。课堂中，教师和学员都是主体，平等相待、彼此尊重、教学相长，共同创建终身学习的和谐环境。其次，学校因地制宜，推广线上与线下相结合的学习方式，充分发挥微信群、相关学习软件的重要作用，增加师生、学员之间相互交流、建立感情的机会，逐步营造一种良好的班级、校园育人环境。如水彩学习班自 2014 年 9 月开班至今，吴运宜老师本着“寓教于乐，循序渐进”的教学理念，不仅在课堂上深入浅出地讲解、分析绘画的要点，还自费购买水果、蔬菜等实物，翻印许多照片供学员绘画临摹。课余时间，他还在微信群里给大家分享习画的各种素材。虽然学员换了一批又一批，但吴老师与学员共同探索的“课内习画，课外交流，师生互动”的充满正能量的学习模式，却作为水彩班的传统保留下来。在校的学员每周都会在微信群里交流作品，吴老师负责指导点评。这种彼此尊重、互助的良好学习氛围，大大提升了学员的学习兴趣，使师生之间、学员之间的感情更加融洽。

（五）打造微信公众服务平台，创新移动学习方式

微信公众服务平台作为信息技术领域的一项新生事物，对社区教育学习活动产生了巨大的冲击。当前，微信公众服务平台的快速发展已将微信的触角延伸到了移动学习领域，凭借其操作使用的便捷性、交互功能的多样性、内容推送的精

准性、信息获取的泛在性等优势，在社区教育领域迅速崛起，成为广受师生欢迎的教学资源移动学习平台。它不仅有效宣传与推送了学校的优质课程，为学员提供了便捷、高效的学习方式，也为创建良好的校园文化提供了优质的网络载体。

目前，我校打造了“浦东社区教育”“指尖上的老年教育”两个微信公众服务平台，分别承担不同任务。“浦东社区教育”这一微信公众服务平台，第一部分为“网上展厅”，定期推送团队展演方面内容，主要目的是把浦东新区内优秀学习团队成果展示分享给学习者，2018 年共推送 15 项星级团队展示成果，观看达 1500 人次。第二部分为“直播课堂”，主要用于推送年度魅力课堂直播课程，为学员提供随时可学、随地可学的在线移动学习内容。第三部分为“网上报名”，推送每学期课程，包括学习时间、教室、教师简介、课程要求等，方便学员及时了解报名与课程情况。“指尖上的老年教育”微信公众号定期推送健康生活相关知识，为学员提供更为精准、优质与专业的学习资源。我校通过两个微信公众服务平台，创新移动学习方式，营造线上学习氛围，增强学员对学院各方面工作的了解，提升学员的归属感与融入感，营造热爱学习、积极向上的校园文化氛围。

（六）整合区域内教育资源，有计划地举办集体活动

集体活动的举办是班级文化建设与老年素质提升的重要方面。它具有陶冶情操、培养品德、丰富知识、开阔视野、发展特长、增长才干、增强体质、强健体魄的作用，有助于班级文化建设和校园文化打造。我校通过举办集体活动，强化集体主义教育，增强学员集体荣誉感，形成正确的集体舆论导向。正确的舆论是班集体不成文的行为规范，是学员自我教育的重要依据，也是形成和发展班集体的巨大力量。班风是班集体的作风，反映了班级中大多数人的思想觉悟、道德品质、意志情感、精神状态。我校每学期末积极筹办文艺演出活动，同时整合区内教育资源，积极承办多类集体活动。如我校与浦东新区青少年活动中心共同承办了庆祝中华人民共和国成立 70 周年——“青丝银丝手牵手，共圆美丽中国梦”文艺演出活动。第一，积极组织，精心准备。活动筹备期，在老年学习团队及班级中广泛征集节目，学员踊跃报名。旗袍秀《东方之星》、舞蹈《花开中国》等 7 个节目脱颖而出。各节目组充分利用时间，反复排练，保证节目质量。第二，牺牲小我，大局为重。舞蹈《花开中国》节目共有 16 位老年学员参加，她们利用课余时间刻苦排练，力求在舞台上呈现最完美的自己。演出当天，一位学员家中突发急事要赶飞机，但她仍顾全大局，坚持完成演出。第三，齐心协力，完美演绎。每场演出的成功，都离不开在背后默默付出的指导教师、领队及相关工作者，他们是演出

成功的坚强后盾。社区学院共有108位演员、230位观众、12位后勤人员、若干志愿者。为了保证演出顺利进行，他们加班加点，毫无怨言。“老有所学、老有所为、老有所乐”，老年学员在老年大学交朋识友、学习知识、掌握本领，将自身所学通过演出的形式展现出来。在大合唱《我和我的祖国》的旋律中，孩子们和老人们携手为祖国歌唱。

（七）开展班级自组织活动，拓宽班级文化建设途径

在班集体活动中，学员扮演不同的角色，承担不同的任务，得到不同的体验，相互影响，相互促进，互展风采。自律与他律相结合的班级文化有利于提高学员的自我效能感，引导学员扬长避短，取长补短，提高自身的综合素质。实验开展后，学校以班级为单位，以任课教师、班委会成员为主要力量，鼓励开展自组织活动，大大提升了班级凝聚力和学员共同学习的意志力，班级文化氛围和谐，学员更加积极乐观。如古筝班任课教师郭玉平、班主任王忠仙、班长严紫莺积极召集、带领学员集体参观上海木文化博览园。参观结束后，师生们在宽敞的展厅里弹响了一首又一首优美动听的古筝曲。悠扬的古筝声与古木散发的沉香融为一体，展厅里一件件沉睡的展品似乎又有了生机。师生们感受到音乐融入自然的奇妙，增添了学习古筝的乐趣。学员说，在上海老年大学浦东分校学习了三年多古筝，不但提高了古筝演奏技巧，而且陶冶了情操，提高了自身素养。

六、实验成效与反思

通过实验项目的开展，我们总结了学校班级文化建设的已有经验，在此基础上，努力建设和谐友好、终身学习的校园文化，推进老年素质教育的内涵发展。经过两年的实验推进，我校逐渐形成了学习氛围浓厚，学员自觉陶冶道德情操，不断提升精神境界，师生和谐相处、友好合作、积极向上、温馨和睦的班级文化。在优良班级文化潜移默化影响下，老年学员逐步具有了终身学习的学习态度、积极主动的学习行为、有序参与的学习规范。在这一过程中，亦有尚未完善之处，我们及时反思，以期为下一步工作提供经验参考。

（一）实验成效

1. 班级文化建设的责任意识和实践能力明显提高

通过实验项目的推进，形成了一批共性突出、个性鲜明、成效显著的“聚焦班级文化建设，推动班级开展素质教育”的有效经验与典型案例，增强了老年教育

管理团队、教师队伍和学员群体进行班级文化建设的责任意识与实践能力。

2. 学员精神状态更加饱满，参与学习的积极性提高

通过班级文化建设，一是继续发展学员的社会性，促进学员的社会化发展；二是继续发展学员的个体性，形成勇于争先、自强不息、各取所长的班级文化；三是学员自律与他律相结合，在班级文化建设中精神状态更为饱满，在学习中找寻快乐，获得成就感，参与学习的积极性与主动性更高。

3. 班级凝聚力显著提升，校园学习氛围浓厚

通过民主管理制度的落实、良好氛围的营造、自组织活动的开展，学员、师生之间有了更多的交流感情与学习的机会，班级凝聚力得以提升。学员逐步具有自我约束、自我教育、自我管理的班级文化建设意识，为校园营造了更加浓厚的学习氛围。

4. 形成较为典型的素质教育实验案例

实验中，我们有意识地培育、扶持、总结、提升，在班级文化建设的内容和形式、路径和方式、功能和成效等方面形成了推进老年素质教育的典型案例。

（二）实验反思

1. 素质教育内容与网络平台融合度不足

实验中，微信移动学习平台与素质教育内容尚未做到真正融合。借助微信移动学习平台，简单推送学院工作相关资讯，或直接将已有课程上传至学习平台，虽在一定程度上增强了学习的新颖性，提高了学员对学院的认知度与融入度，但缺少有针对性的加工与筛选，且并未有针对性地推送与素质教育相关的内容，致使实验中出现内容与平台融合度不足的情况。

2. 计算机类、保健类班级文化建设难度较大

反思整个实验过程，如何提高计算机类、保健类班级文化建设的积极性与主动性，最大限度地发挥班级文化在老年素质教育推进中的特殊作用，成为实验推进的主要难题。这类班级具有实用性与技能性强的特征，班级交往局限于课堂环境，师生、生生之间交际较少，凝聚力较弱，开展素质教育实验难度较大。

（结项时间：2019 年）

强化班级文化建设，创建特色打浦校园

黄浦区打浦桥街道老年学校

黄浦区打浦桥街道老年学校总部坐落在蒙自路223号，建筑面积5600平方米，分部设在瑞金二路400号，建筑面积670平方米。学校目前拥有教育局委派的专职教师10名、志愿者教师60多名，开设课程32门。近年来，我校共开设了244个班级、学员人数达到7152人次。自2018年起，我们开展了“强化班级文化建设，创建特色打浦校园”的市级实验项目研究，旨在通过对班级主题文化的实践研究与思考，提升老年学员素质，促进班级文化创建，彰显学校品牌，打造特色校园。

一、项目研究背景与价值

（一）研究背景

《上海市中长期教育改革和发展规划纲要（2010-2020年）》《上海市老年教育发展“十三五”规划》中指出，应积极应对人口深度老龄化趋势，培育社会主义核心价值观，全面推进老年教育内涵发展；倡导“在学习中养老”理念，提升老年教育学习品质，让更多老年人享受高质量教育服务，进一步提高老年人的生命质量与幸福指数，促进社会和谐与文明进步。

1. 现状与趋势

目前，上海已经率先进入深度老龄化阶段。人口的深度老龄化带来老年人精神文化需求的快速增长，老年学习逐渐呈现多元化、多层次的需求特征，不同学历水平、不同年龄层次老年人的学习需求呈现出差异化的特点。

2. 任务与挑战

整个老年教育的办学过程，客观上体现了素质教育的效果，反映了老年学员的心理素质、健康素质、文化素质等。老年人群已经成为社会不可忽视的重要力量，他们自身素质的提高对和谐社会构建和社会文明进步具有不可替代的作用。面对新形势，老年教育还存在一些薄弱环节，如老年教育供给能力不够，师资队伍数量不足、专业化水平需要加强，运用互联网支持老年教育还有很大提升空间，老年学员的差异化学习需求未得到满足。

（二）目的意义

学校是社会主义精神文明建设的重要阵地和窗口。校园文化是以校园为主要空间，以师生为主体，以校园精神为主要特征并向外延伸的一种群体性文化，是学校凝聚发展的源泉。老年教育通过学校辐射社会，示范家庭，推动整个社会的精神文明建设。校园文化由物质文化、精神文化、制度文化和行为文化等组成，发挥着教育、传承和激励功能。社区学校班级文化、校园文化的建设是多方面的，如管理者要有先进的办学理念、要以社会主义核心价值观为导向、要有系统的制度建设、要有优秀的教师团队和班级管理者团队、要有丰富的课程和文化活动。黄浦区打浦桥街道老年学校办学至今，积极引导和培育社区内广大居民“合乐善学、和谐健康”的生活价值观，倡导“学习育品位、互助提品质”，得到市、区政府和广大居民的高度赞同，被评为“上海市社区教育示范街道”。经过多年的探索和实践，街道内各类老年学习团队发展迅速，形成了具有社区自身特点的老年学习团队发展格局，为深入开展以“班级主题文化建设为载体，促进班级文化创建，打造特色校园”为目的和导向的社区学校建设奠定了基础。

本实验的研究目的和价值追求是立足打浦桥街道老年学校文化建设的实践基础，按照本市老年教育发展“十三五”规划提出的“全面推进老年教育内涵发展”的要求，积极探索、创新推进班级主题文化建设，形成符合本街道社区学校建设的特色文化，提高班集体凝聚力和向心力，从而归纳梳理出班级文化建设的有效措施，逐渐形成校园文化特色，不断提升老年学员素质。

二、项目研究目标

基于党和政府对人口老龄化背景下全面推进老年教育内涵发展的要求，立足打浦桥街道老年学校班级文化、校园文化创建的已有基础，本项目在思考和设计时，提出三方面的实验目标。

一是建立班级管理机制。社区教育是一种“泛在可选”的教育模式，教育者、教育对象、教育资源、教育时间具有丰富性、多元性、灵动性。打浦桥街道老年学校借助街道文化中心和市民学习基地的场地开展教学工作，更需要通过完善班级管理机制来凝聚团队、凝聚学员，提高凝聚力和向心力。

二是提炼班级文化品牌。在形成班级常规管理制度和进一步完善管理机制的基础上，通过班主任、专兼职教师、班级骨干团队和学员的思考、探索、实践，逐渐提炼出符合本班特点、展现本班个性的主题口号和文化品牌。

三是形成特色校园文化。通过对本实验项目开展的全程干预，探索以班级主题文化建设为突破口和载体的特色校园文化建设方式。在本实验推行一段时间后，选择部分班级，通过比较分析，开展中期评估，了解主题文化建设对班级的实际促进作用。通过班级文化品牌创建，归纳梳理打浦桥街道老年学校的特色校园文化。

三、项目研究内容

打浦桥街道老年学校主持研究的“强化班级文化建设，创建特色打浦校园”项目，发挥区域内老年人文化生活建设的优势，聚焦老龄化这一公共社会问题，以积极投入创建“全球卓越城市”、切实提升老年人素质的探索与实践行动，提高项目内容的适切性和研究成果的可行性。本项目在思考与设计时，把班级文化、校园文化的特色创建作为载体来促进老年教育的内涵发展，进一步提高老年人的生命质量与幸福指数，促进社会和谐与文明进步。

从目前老年学校办学情况来看，学校课程的开发力度、信息技术的使用程度、班级文化的建设效度等还不能满足老年学员对于课程、师资、班级软实力建设等的需求。打浦桥街道老年学校关注老年学员的实际需求，把班级文化建设作为着力点，提出了将老年学校建设成为“老年人需要的求知乐园、学习互助友爱的温馨家园、迸发快乐健康的阳光心园”办学目标。

（一）核心概念

1. 班级文化

班级文化是班级群体文化的简称，是作为社会群体的班级所有或部分成员共有的信念、价值观、态度的复合体。班级文化是一种个性文化，代表着班级的形象，体现了班级的生命力，是班级全体成员共同创造的财富，其创建是一个动态的、发展的系统工程。班级文化是一个班级的灵魂，有其独特性。它具有自我调节、自我约束的功能。班级文化可分为硬文化和软文化。硬文化是一种显性文化，摸得着、看得见。软文化是一种隐性文化，包括制度文化、观念文化和行为文化。学员置身班集体的文化氛围中，其思想观念会受到潜移默化的影响，逐渐形成一种与班级文化相融合的价值观。班级中全体成员的群体意识、舆论风气、价值取向、审美观念、制度文化和精神风貌，是班级文化的核心与灵魂。班级文化使班级中的每个人精神振作，身心愉悦，人与人之间紧密团结，高度信任，关系和谐，班集体由此具有无穷的力量和生机。

2. 班级主题文化

班级主题文化是在班级这个特定的范畴里通过实践所形成的在精神、制度、行为等方面被全体成员所认同的群体意识和行为规范。班级主题文化具有原创性、特质性、创新性的特点。

3. 两者之间的关系

班级主题文化属于班级文化中的软文化，是创建班级文化的核心。班级主题文化凸显班级品牌，彰显班级个性，表现班级情感，凝聚班级智慧，体现班级价值取向，是班级的生命底色。因此，班级文化建设过程中，班级主题文化的形成和凝练是关键。

（二）研究内容

本项目在深入分析本校已有的班级文化、校园文化以及学员对学校课程建设、师资情况、制度建设、文化品牌创建需要的基础上，把项目研究的核心内容确定为两方面：一是班级主题文化创建；二是特色校园文化提升。基于这样的思考，本项目的具体研究内容主要聚焦四方面。

1. 现有班级文化、校园文化的梳理与整合

实验前期，充分开展各项调研工作。通过召开行政会议、全体教师会议等，梳理学校已经制定的各项规章制度，根据老年教育、终身教育的最新要求对制度中陈旧的内容进行调整，补充新的要求，力求与时俱进。通过对专兼职教师、学员进行问卷调查及访谈，了解师生需求，在此基础上对现有的班级文化和校园文化进行梳理整合。

2. 班级主题文化建设的途径与方法

实验项目组主要采用行动研究法开展班级主题文化建设，在班级主题口号的征集确立、班级骨干团队的培育建设、班级日志的设计运行、班级文化活动的组织实施等方面探索班级主题文化建设的有效途径。

3. 班级文化品牌的提炼和特色的形成

在班级主题文化建设的基础上，根据各班的特点，进行个性化班级文化品牌的提炼，努力打造“一班一品”的格局，逐渐形成班级特色。

4. 特色校园文化创建的内容与途径

开展班级向社会相关组织延伸辐射活动、“三色学习圈”建设等实践活动，探索打浦桥街道老年学校特色校园文化创建的内容与途径。

（三）预期效果

本项目聚焦打浦桥街道老年学校班级主题文化和特色校园文化建设，通过四大主题的探索与实践，旨在达到以下预期实验效果：（1）形成班级主题文化建设的操作模式；（2）形成一支骨干团队，规范班级管理；（3）形成特色校园文化建设的操作方法。

四、项目研究实施过程

（一）研究阶段

本项目的研究过程大致分为五个阶段。

第一阶段，成立项目小组，细化实验方案。成立由校长领衔的实验项目组，明确分工、职责到位，在人、财、物上予以支持。建立培训和激励机制，采取专家指导、团队扶持、实践体验、师生协作等方式进行对口培养，提升思想理念，增强管理能力。

第二阶段，开展基础调研，明确实验基础。对学校的专兼职教师、学员等开展访谈和问卷调查，对学校现行各项规章制度进行梳理，了解师生需求，进一步明确本次实验的方向。

第三阶段，落实实验方案，跟踪实验情况。根据既定的实验方案，有序落实推进，并对实验情况进行过程记录。

第四阶段，进行中期评估，总结实验效果。对实验情况开展中期评估，及时了解实验效果。

第五阶段，总结反思实验方案。通过对实验项目的前期追踪、中期评估、后期反思，及时把握项目运作动态，梳理运作过程中出现的各种问题，及时总结分析，确定应对策略，确保实验项目顺利完成。

（二）实施流程

1. 基础调研

基础调研的目的是了解学员需求，为建设班级主题文化奠定基础。

首先，成立项目小组，细化实验方案。成立由校长领衔的实验项目组，建立班级文化创建团队，在人、财、物上予以支持。充分调动辖区各方资源，满足老年学员学习需求。建立培训和激励机制，采取专家指导、团队扶持、实践体验、师生协作等方式开展各级各类培训，提升思想理念，增强管理能力。

其次，开展基础调研，明确实验基础。项目组对老年学校129个班级3776位学员进行了基础调研，通过开展全员问卷调查、召开班干部研讨会、班主任（任课教师）与学员互动交流等多种形式，充分了解学员对班级文化建设的意见和建议、学员对教师和班主任的认同感、学员对班级课程安排和规章制度制定的想法、学员对班级开展的各类主题活动的想法、学员对班级主题文化特色的建设愿景等，在此基础上进行归纳整理。调研结果见表1。

表1　调研结果

调查项目	满意（%）	不满意（%）
学员对班级课程设置的满意度	82	18
学员对班级师资配备的满意度	100	0
学员对班级制度建设的满意度	89	11
学员对班级文化创建的满意度	72	28

有学员指出，班级课程的设置应定期听取学员的意见，既要考虑学员的兴趣爱好，也要尽量根据学员的基础和能力分层分班，使课堂教学效果最优化。有学员指出，班规班纪可以进一步规范，针对少数经常请假、学习态度不端正的学员应采取淘汰流动机制。部分学员对班级文化建设有需求，部分学员不了解班级文化创建的内涵、方法、途径等。

通过召开班干部研讨会及与部分学员互动交流，研究组发现，129个班级中，92个班级有创建班级主题文化的意向，37个班级没有创建班级主题文化的意向。平行班级的班长认为，班级教学内容一致，隔壁班级已有主题文化，本班与其一致即可，不用重新创建。

由此可见，班级文化创建工作迫在眉睫。项目组决定以班级主题文化建设为载体，促进班级文化创建，打造特色校园。

2. 实践探究

实践探究的目的是创建班级主题文化，促进班级凝心聚力、和谐发展。项目组深入研究后，再一次召开班干部会议，讨论班级主题文化的内涵和创建实施路径。大家达成共识，以“四个一”建设为抓手，推进班级主题文化建设。

（1）凝练一句主题口号

主题口号是班级特色的高度概括，也是班级学员凝聚力与向心力的体现。各班学员在班主任与专业教师的带领下群策群力，积极思考本班的主题口号。学校按照课程内容对班级进行分类，包括语言类、文体类、家政类、金融类和器乐类等。每个大类又按照具体内容细分成小类，如文体类包括书画、舞蹈、声乐、体育等。每个班级的主题口号既要体现类别特点，又要凸显本班特色。如两个英语平行班的主题口号是不同的，英语一班是“日常英语班”，学员学习英语是为了进行日常的交流，主题口号是“学习英语，丰悦人生”；英语二班是“英语出国口语班”，学员已经有了英语会话的基础，有一定的词汇积累，学习英语的目的是出国旅游或探亲，主题口号是“学好英语口语，提升语言能力，增进国际友谊”。瑜伽班的主题口号是“瑜悦身心，伽倍柔美”，体现了学员对生活的积极追求。书法班的主题口号是“笔墨凝香，品格高洁”，体现了学员在学习中锤炼品德的自我要求。摄影班的主题口号是“在视界里看祖国，在行走中爱上海”，体现了学员爱党、爱国、爱家乡的情怀。

（2）形成一支骨干团队

骨干团队是班级主题文化的思考者与实践者。班级的“领头人”负责班级文化的规划创建及日常管理工作，其个人能力和魅力会直接影响班级学员的参与积极性。各班的班主任深入班级，协助班长，采取“自荐＋推荐”的方式，选择工作认真负责、有一定思考能力和组织能力的学员组成班级骨干团队。骨干团队的人数没有硬性规定。骨干团队参与班级主题文化的思考酝酿，参与班级实践活动的组织管理，参与班级日常事务的协调。为了提升骨干团队的管理实效，依托互联网，学校创建了“三级微信群”学习管理模式，即“学校班长群”＋“班级骨干群”＋“班级群”。“学校班长群”由学校中层领导管理，定期发布学习通知、活动要求等。“班级骨干群”由班长管理，针对班务情况进行策划和管理。“班级群”由班级骨干团队管理，发布通知、作品展示、学习交流等。“三级微信群”学习管理模式的建立，不仅在学校管理上起到规范作用，也提供了班级主题文化展示、互鉴的平台。

（3）用好一本班级日志

学校每个班级都有一本班级日志，内容包括课堂教学情况、出缺勤情况、学员反馈情况和班级主题文化创建情况、班级实践活动开展情况，由班级骨干团队专人负责记录。如我校开设了 8 个声乐班，配备了 5 位专业任课教师，可供 500 余位学员自由选择。其中，“乐韵班”的专业水平比较高，曾代表街道合唱队参加上海市学习节开幕式演出，在市级、区级合唱比赛中多次获奖。班级学员在骨干团队的带领下，把“畅游乐韵”作为班级主题文化，坚持自我管理、自我教育、自我服务、自我监督原则，除日常上课外，还定期开展声乐沙龙活动。每次活动中，队员们都会以真诚的态度评价彼此的演唱，互相切磋声乐技巧，共同提高演唱水平。班级日志中记录了“乐韵班”的沙龙活动情况、外出比赛情况、获奖情况，留下了学员的成长足迹。

（4）开展一系列班级活动

班级活动是推进班级主题文化建设的重要载体。2019 年，为庆祝中华人民共和国成立 70 周年，黄浦区开展了“海派黄浦，红色荣耀”系列活动。自活动启动以来，各班汇聚骨干团队的力量，组织学员以上海学习网、“学在黄浦”微信公众号为主要平台开展线上学习活动，充分利用本区丰富的“红色文化”资源，开发人文行走路线，让学员在“红色文化”建筑中和“红色文化”人文行走过程中，了解中国共产党诞生及中华人民共和国成立的历程，增强民族自豪感。摄影班学员来到“上海韬奋纪念馆”，学习先烈故事，用照片记录“红色视界”；声乐班学员齐聚“一大会址”、周公馆，用嘹亮的歌声讴歌党的伟大；时装班、肚皮舞班的教师和骨干带领学员身穿传统服饰，行走在革命纪念地，成为城区一道亮丽的风景线。每个班级都在“红色阅读”“红色行走”系列活动中凸显班级主题文化特色，展现班级文化风采。

3. 实施推进

实施推进的目的是提炼班级文化品牌，逐步形成班级特色。

一是加强内涵建设，提升班级文化的广度和深度。通过班级主题文化建设，加深学员对班级文化内涵的理解，在此基础上进一步加强班级内涵建设，提升班级整体文化水平。班长和骨干团队成员通过问卷形式了解学员对班级建设、管理、未来发展的想法，召开会议，讨论提升班级文化的着力点和抓手。如建章立制，形成班级公约，让管理更规范，创新班级群学习模式，开展线上线下互助学习。

二是加强品牌建设，提升班级文化的影响力。班级由不同学员组成，差异较大，即使是同一类型的平行班，也存在着教学内容不一、学员基础水平差异的现象。项目组提出“一班一品”“班班有特色亮点”的想法，学员充分挖掘本班资源，如人脉资源、场地资源，结合主题口号，开展各类活动，打响班级品牌。

4. 拓展辐射

拓展辐射的目的是提升班级文化，创建特色校园。

（1）向社会团体、居委等延伸辐射

一是自强增能。各班通过提升自我、做强自我，为社区精神文明建设增添光彩。“夕阳红鼓队”“乐韵合唱队”等团队，凭借超强过硬的专业水平，多次在市、区各种大赛上获奖，为社区增添光彩，吸引越来越多的社区居民“走出小家、融入大家”。

二是带动提升。各班通过专业特色活动，带动社区居民，一同投入老年文化建设和健康娱乐活动，打造阳光社区，提升居民幸福感。“浦悦书友会”等团队，在街道的支持下，带动社区居民开展读书活动，不仅提升了居民爱书、读书的意识，还营造了良好的社区文明建设氛围。

三是主动服务。各班的骨干团队充分利用自身的专业技能，定期或不定期为社区居民服务，和谐邻里关系，增强居民幸福感，提升社区精神文明水平。“浦墨书画社”以老少同乐的形式，定期为社区居民赠画送字，丰富了居民的文化生活，提升了居民的生活质量。

（2）建设“三色学习圈”

为创建“老年人需要的求知乐园、学习互助友爱的温馨家园、迸发快乐健康的阳光心园”，我校努力建设“三色学习圈”。

一是红色学习圈。我校借助上海老年慕课平台、上海学习网的课程资源开展学习活动，通过挖掘黄浦区爱国主义教育基地、名人故居、历史遗址等实物资源，开展“红色印记”人文行走寻访活动，丰富课程资源，让学员在社会中学习，在活动中增强凝聚力。

二是金色学习圈。我校依托黄浦区百年老店、百年名企运作平台，开展现代文化艺术、中华老字号商业文化等海派文化体验基地的体验学习，让学员深入理解上海城市文化、城市文明的传承与发展，串起金色记忆，将班级文化融入城市文化。

三是绿色学习圈。我校设计了绿色环保、生态健康的学习课程与学习活动，鼓励学员积极参与“垃圾分类”工作，积极开展“绿色行走”活动，积极参加养生类课程学习，养成健康的生活习惯，形成环保的科学理念，从一点一滴做起，为建设“美丽中国”而努力。

五、项目研究成效

经过两年深入细致的探索与实践，我校“强化班级文化建设，创建特色打浦校园”项目完成了预定的目标和研究任务，取得了一定成效。

一是探索形成了“以班级主题文化建设为抓手，提升班级文化建设”的操作模式。经过思考、实践、反思、再实践的过程，目前，打浦桥街道老年学校各班级均形成了本班的主题文化。我们以“四个一”建设为抓手，完成了班级主题文化的基本架构，即“凝练一句主题口号”“形成一支骨干团队”“用好一本班级日志”“开展一系列班级活动”，操作性和可行性都比较强。

二是形成了班级骨干团队，规范了班级管理模式。老年学校原先的管理模式是班主任带动班长发挥主体作用。这种模式曾对学校管理起到关键作用。然而，随着班级体量的增大和班级人数的增多，我们发现，仅依靠班长一个人的力量无法提升班级文化水平，无法促进班级个性化发展。要打造“一班一品”的特色，必须群策群力，依靠班级智囊团的力量。项目组基于前期调查和实践经验，通过探索，总结形成了一套班级骨干团队选拔、培训、管理的模式，使之更具规范性。

三是初步形成了“线上 + 线下”的学习管理体系。基于老年教育课程、师资、场地供给不足与老年人学习需求多样之间的矛盾，我校尝试运用互联网思维来提供学习资源，展示学习成果，交流班级文化。我们通过“三级微信群”的架构来加强管理，促进学习，增进联系，效果良好。

实验项目研究的后期，我们召开了专兼职教师座谈会和班级骨干团队会议，进一步听取大家对学校开展班级文化建设、校园文化建设的意见和建议。100% 的教师表示，通过班级主题文化和特色班集体的建设，班级的文化氛围更浓了，凝聚力更强了，学员学习的主动性和积极性更高了。很多兼职教师感受到了学校的人文关怀和团队温暖。94% 的班干部表示，自己的工作能力在活动中得到提升，学员的支持配合度比以往高，团队合作意识明显增强。有的班干部希望学校能在现代科学技术方面对大家进行进一步的培训。

实验项目的初步研究告一段落，达成了预设的研究目标，并取得了一定的研究成果。但在新的背景下，要想通过班级文化建设促进学校文化品牌形成，还有很长的路要走。项目组将在专家的引领和街道的支持下，进一步深入探索、实践和完善。

（结项时间：2019 年）

学习团队与
老年素质教育

建设“学在黄浦”微信公众号，推进老年学习团队建设的实验

黄浦区老年大学

老年学习团队，作为老年教育活动开展的有效形式，伴随老年教育事业的发展，得到社会各界越来越多的关注。丰富老年人生活世界，建设老年人精神家园，让越来越多的老年人老有所学、老有所乐、老有所为，已成为构建和谐社会，促进代际和谐的重要内容。

在老年教育蓬勃发展的形势下，深入研究微信等信息化手段在促进老年学习团队组织管理、实践活动、展示交流等方面的作用，对进一步提高学习团队建设质量有重要的现实意义。

一、项目目标

通过微信平台建设，提高老年教育特别是老年学习团队服务能力，提升老年学习团队社会影响力，最大限度满足老年朋友的教育文化需求，使其老有所为、老有所学、老有所乐。

二、项目实施

（一）老年学习团队现状分析

1. 队伍素质亟须提升

人是学习团队发展的软实力和核心要素。团队负责人大多是团队的骨干，在学员中有号召力，其素质高低至关重要。但不少团队负责人没有接受过专业的老年教育知识学习，对老年教育的认识不够深刻，难以适应从学习者到管理者的角色转换。通过与团队沟通，不少负责人认为自己也应进一步提升专业技能和个人素养。同时，老年学习团队成员素质参差不齐，成员间要形成紧密的学习互助关系尤为困难，而这种团队凝聚力正是老年学习团队长远发展的核心要素。目前，部分学

习团队功能还停留在松散的业余活动层面上，老年教育功能未得到有效发挥。

2. 活动科学性有待提高

学习团队活动开展，与老年人学习需求息息相关。由于老年人不适合进行长时间的集中学习，学习团队主要开展的是便捷简单的学习活动。因学习资源匮乏，学习团队的活动内容相对粗浅、单一，科学性不强，缺少持续发展的动力，难以满足区域老年人多样化的学习需求，尚未形成科学规范的学习体系。

3. 老年人参与度有待提升

目前，老年学习团队开展的活动很丰富，也取得了一些成绩，但同时也存在受众面狭窄、参与度不高等问题。学校应激发他们对团队学习内容的兴趣和热情，降低或消除他们参与团队学习的障碍，实现“需求”与“供给”的对接，进而有效提升参与度。

4. 团队特色仍需推广

学习团队因各具特色而有生机，将这些特色培育成品牌项目，才能更好地彰显团队的生命力。我校的百悦影视沙龙、舞蹈沙龙、摄影创作沙龙、摄像制作团队、新歌合唱团和集兰书画社等，虽取得过较好的成绩，但知晓度仍局限在小范围内，有待进一步推广，形成规模化的示范效应。在不同地域、环境、群体基础上建立起来的老年学习团队，发展状况也千差万别。

虽然每个学习团队都有长处与优势，但其发展仍存在很多限制因素，要促进学习团队的发展，就必须将这些难题逐一破解。这就需要把信息技术和老年教育有机融合起来，最大限度地实现老年教育资源共享，使各项学习资源得到优化配置，为老年教育的发展创造新的机遇，满足老年学习团队的个性化学习需求。

（二）开展项目调研

此次调研的主要对象是老年教育工作者和老年学习团队成员。对老年教育工作者的调研，采取书面报告的形式。对老年学习团队成员的调研，采用发放调研问卷的形式，实际发放问卷200份，回收有效问卷180份。问卷回收后用SPSS软件进行分析，了解黄浦区老年学习团队信息化基本状况、行为表现及影响因素等，为今后老年教育信息化建设与应用打下扎实可靠的基础。

1. 老年教育工作者调研结果

黄浦区拥有深厚的历史人文底蕴和时尚精致的现代气息，居民的学习需求日益专业化、多样化。目前，网上学习已被大多数黄浦居民所接受，但利用信息化手段参与终身学习的主体人群是信息化素养较高的中青年人。由于个人背景不同，老年人的网上学习需求存在明显差异。黄浦区老年大学、街道老年学校根据居民的需求开设了电脑入门、幻灯片制作、数码照片处理、汉语拼音与打字等信息化相关课程。打浦桥街道老年学校根据居民需求开设了平板电脑操作班。十个街道都尝试通过建设上海远程老年大学居委收视点来推广老年远程教育，通过学分银行课程建设帮助老年人积累学分，提高老年人学习积极性。

信息化工作稳步推进的同时，问题也很突出，部分老年教育工作者对信息化工作的重要性认识不足，自身也缺乏信息化技能，对加强信息化技能培训有较大的需求，希望能够尽快从传统教师转变为适应信息化教学的新型教师。同时，老年学校里电脑等硬件设备短缺、学习网站注册登录步骤复杂，制约了老年人开展线上学习活动。

2. 老年学习团队成员调研结果

本次问卷调查对象以老年学习团队成员为主，内容分为基本信息、信息化学习现状、微信学习需求、意见与建议四个模块。

（1）基本信息

① 性别。180 位调查对象中，男性占 38.0%，女性占 62.0%，女性比例明显高于男性。通过对老年教育工作者的访谈得知，参与老年教育活动的学员以女性居多，究其原因，一是较多老年教育活动适合女性参加，二是女性自身参与终身学习的积极性较高。这也从侧面反映了上海地区政府和家庭对女性学习权益的尊重。

② 年龄。60 岁以上的老年人占总人数的 80.3%。他们处于生理上功能退化、心理上“寻求价值”的阶段。他们从工作岗位退下来，闲暇时间增多，生活失去节奏感，迫切需要通过参与各类社会活动，发展兴趣，排解忧愁。

③ 学历。高中或中等职校学历的老年人占总人数的 41.5%，大专学历的老年人占总人数的 28.0%，本科及以上学历的老年人占总人数的 17.0%，初中及以下学历的老年人占总人数的 13.5%。通过对老年教育工作者的访谈得知，相较其他区，目前黄浦区参与老年教育的居民文化水平较高，对网上学习的需求也日益增强。

④ 参加老年教育学习活动情况。180 位调查对象均参加过各类老年教育学习活动，对目前开展的老年教育学习活动满意度达 95.0% 以上，超过半数的被调查者每周花费在老年教育学习活动上的时间超过三小时。这些数据反映出学员对老年教育学习活动的热爱。

⑤ 目前影响学员参与老年学习团队的主要因素。超过 2/3 的被调查者认为，影响其参与老年学习团队的主要因素是信息不畅、课程太少、活动单一，场地、路

程、时间则被列为次要因素。这反映出近年来老年教育虽有较大发展，但仍不能满足老年人参与老年教育活动的迫切需求。在中心城区硬件条件有限的情况下，通过信息化手段拓展老年教育辐射领域成为必然选择。

（2）信息化学习现状

① 信息化认可度。140 人认为线上学习很有必要，33 人认为线上学习可有可无，7 人认为不需要线上学习。这反映出老年人对线上学习的重要性有比较高的认知度，为老年教育信息化建设与应用提供了较好的群众基础。

② 利用各类网络资源进行学习的情况。常利用各类网络资源进行学习的学员占总人数的 41.6%，偶尔利用各类网络资源进行学习的学员占总人数的 45.5%，从不利用各类网络资源进行学习的学员占总人数的 12.9%。

③ 每天线上学习时间。每天线上学习时间 0 小时的有 31 人，1 小时以内的有 64 人，1 至 3 小时的有 52 人，3 至 6 小时的有 26 人，6 小时以上的有 7 人。绝大多数调查对象形成了较为稳定的线上学习习惯。

④ 利用手机、平板电脑、电子书等进行学习的情况。常使用移动终端进行学习的人数为 63 人，占总人数的 35.0%；偶尔使用的人数为 79 人，占总人数的 44.0%；从不使用的人数为 38 人，占总人数的 21.0%。

⑤ 线上学习的场所选择（多选题）。124 人选择自己家中，74 人选择可以免费上网的场所，选择工作单位的有 63 人，选择网吧的仅有 22 人。可见，居家学习的宽松环境更受居民欢迎，老年学校等可以低价甚至免费上网的场所也得到了老年人的认可。

⑥ 妨碍学员开展线上学习的主要因素。不会使用相关设备成为妨碍老年人开展线上学习的最主要因素，占 29.0%，缺少线上学习设备占 24.0%，其他依次是无法与同伴面对面交流、线上学习资源不符合自己需要、不知道能从线上学到什么、担心上网影响健康。这些都与老年人日常学习特点和线上学习缺陷息息相关。

（3）微信学习需求

本部分内容主要了解老年人微信学习的潜在需求，为微信平台建设等信息化相关工作提供指导。

① 微信使用情况。180 位调查对象都知道微信，超过 2/3 的调查对象正在使用微信，很多学员对通过微信来参与老年教育学习活动表示期待。

② 微信学习内容（多选题）。125 人选择查看社区新闻，93 人选择浏览报纸杂志，82 人选择参与学习活动，71 人选择查看课程信息，52 人选择参与线上课程。

③ 可能存在的妨碍因素。对于使用“学在黄浦”微信平台进行学习存在的问题，超过半数的学员选择了“内容没有吸引力”和“个人信息不安全”。

④ 微信功能建议（多选题）。113 人选择了在线互动交流，92 人选择了个性化学习方法和课程推荐，53 人选择了学习效果检测，46 人选择了注册学习并累计时长，32 人选择了课程、活动在线报名预约。调查对象对在线互动和个性化推荐的偏好折射出目前学习网站功能上的不足，这也是线上学习的共性问题。

（4）意见与建议

我们通过开放式问题，征求老年人对目前网络学习的意见和建议。

① 个人信息素养层面。老年人希望得到应用性较强的线上学习指导，多开设一些普及性电脑课程。

② 硬件设施层面。老年人希望相关机构提供更多能够免费上网的设备，方便自己就近学习。

③ 学习内容层面。老年人希望线上课程能与线下课程同步，特别是热门课程，方便学习者自学。

④ 微信操作层面。老年人希望减少注册等步骤，使学习更便捷。

⑤ 宣传层面。老年人希望能够推广普及信息，让更多人知道这些好的学习平台。

（三）“学在黄浦”微信平台建设

为了扎实推进学习型城区和学习型社区的创建，让更多市民享受优质的学习资源和便捷的教育服务，2015 年，在黄浦区学习促进委员会的指导下，在黄浦区学习促进办公室的组织协调下，“学在黄浦”微信公众号正式上线，面向全体市民提供终身教育资讯和服务。针对老年人的学习需求，该平台具有学习服务功能。

根据社区教育三级网络架构，“学在黄浦”微信公众号框架也分为三级，分别是“学在黄浦”微信公众号管理平台、二级管理中心、信息采集点。

“学在黄浦”微信公众号管理平台设在社区学院（老年学习苑），通过学员个人信息库、课程管理信息库、师资管理信息库、教育资源信息库四大数据库，着力实现市民线上学习、学习轨迹查询与课程检索、线上报名等功能。

二级管理中心设在社区学院、咨询中心、老年教育小组办公室，在显眼位置张贴二维码，通过集中开展活动，统计市民学习情况。

信息采集点设在市民学习基地、老年学校及相关场所，通过注册“学在黄浦”，记录市民学习轨迹，方便统计。

"学在黄浦"微信公众号划分为三个模块(见表1),便于市民开展终身学习活动,构建了多种功能体系(见表2),便于后台管理。

表1 "学在黄浦"微信平台模块

模块	主要内容
学习要闻	市区新闻、社区动态、老年资讯、培训信息等
学习资源	社区院校、老年学校、市民学习基地、附近学校等
我的学习	我要注册、我的签到、我的课程、我的意见、我的积分等

表2 "学在黄浦"微信平台功能体系

功能体系	功能名称	主要用途
系统管理	用户管理	进行用户身份管理和用户基本信息维护,对用户学习成果进行管理统计
	权限管理1	进行用户功能、数据等权限管理及学校权限分配
	权限管理2	进行系统功能及业务权限管理
	模板管理	首页、栏目、内容都套用模板形式进行数据合成并发布成静态网页
	日常数据维护	日常访问维护和常用登录管理
基本信息	信息发布	按栏目设置撰写、发布新闻稿
	信息修改	对已发布的信息进行在线修改
	信息审核	由具有审核权限的管理员进行设计并发布到网络站点
	置顶、焦点、推荐	设置每个新闻的权重,置顶、焦点功能
	关键字管理	设置查询和关键字
	系统投票	设计和管理投票功能
学习系统	课程体系管理	管理课程体系结构
	课程管理	管理课程
	课程审核	自行申报的课程由区级管理员进行审核
	课程统计	按设计规范的课程体系形成统计数据,统计用户学习成果
	课程报名	基于实体卡和虚拟卡进行在线实时报名
	电子期刊管理	管理电子期刊
	场馆预约	基于实体卡和虚拟卡进行在线实时预约
	开班查询	查询并按每门课程的报名情况进行汇总
	学习点管理	了解学习点下设课程和授课地点
	师资管理	管理学习点授课教师信息
备注:部分功能将在推进过程中进行完善		

三、项目实施效果

首先，通过项目推进，理顺团队培育机制，采取有效措施加强学习团队建设，分析微信公众号在促进老年学习团队发展过程中的积极作用和影响因素。明确了管理层分工，丰富了老年教育的内容、对象和学习方式，体现了开放性、交互性、共享性、虚拟性、多媒体化等特色，具体表现在三方面。

一是教学内容更加丰富。教学内容的表现形式多媒体化，有声有色，图文并茂，极大地激发了学习者的兴趣，并把复杂和抽象的内容具体化、直观化，降低了理解的难度。网络的开放性使得学习者可以方便地访问世界范围内的信息资源，拓展了学习内容，较大程度上满足了老年学习团队成员不同的学习需求。

二是老年教育对象规模扩大。网络营造的虚拟环境突破了时空的限制，跨越了传统老年教育环境方面的障碍，使得参加学习的人数增加了，许多弱势群体也加入到老年教育的队伍中。只要家中有电脑，能上网，学习者就能平等享受学习机会。

三是学习自主化。在信息化老年教育中，学习者虽然年龄、层次、文化水平等参差不齐，但都可以根据自身条件和需要制订学习计划，在网络上搜索信息，与教师、学伴通过各种通信工具联系，达成学习目标。

其次，以微信公众号建设为抓手，以信息化手段完善老年学习团队的组织管理体系和运行架构，促进教育资源推广、整合。在项目组推动下，各团队逐步完善活动制度，建立成员档案，明确活动时间、活动规则、注意事项和参加办法。项目组积极探索老年学习团队契约化管理，以协议书的形式相互约束，明确责、权、利，在完善相关运作机制基础上，发布《“学在黄浦”微信公众号管理办法》和《关于“学在黄浦”微信公众号信息上报工作的通知》，明确操作流程。

最后，总结经验，拓宽老年学习团队展示平台和宣传渠道，运用多种信息化手段促进老年学习团队健康持续发展。一是以传统节日为载体发布活动信息，展示老年人的风采。我国的传统节日很多，利用这些传统节日让老年人表演传统节目，既能让他们欢度节日，又能让他们展示自己的风采。二是利用社区平台，为社区居民演出，丰富、充实居民的文化生活。通过社区联谊活动和文艺比赛，提高社区艺术团队的艺术水平。借助街道和社区的剧院、图书馆等场所，拓展老年团队学习成果展示交流平台。三是参加市级、区级层面的老年教育艺术节。一年一度的老年教育艺术节给各类学习团队提供了展示的机会和观摩交流的平台。这些都可以在微信上进行推广、交流。

教育贯穿人的一生，学会求知、学会做事、学会共处、学会生存成为各类教育共同的发展理念。老年教育的发展对于终身教育理念的落实和学习化社会的建设有着非常重要的意义。信息技术融入教育，拓展了我们对教育的认识。今后，信息化和老年教育互为补充，将提供更多的学习机会来满足老年人的多种学习需求。

四、展望

项目组将针对以下几个领域存在的问题进行思考，推动老年学习团队发展。

（一）继续挖掘区域学习资源

理论上，对于老年学习团队内涵的把握要更加科学明晰，以不断完善区域学习资源的分类框架；实践上，对于区域内学习资源的挖掘要继续深入，借助得天独厚的区域优势，整合、转化好黄浦区的资源。

（二）建立科学的体验效果反馈机制

在微信推广后发放学习效果电子调查问卷，通过微信即时反馈的方式收集学习者的反馈信息，以检验工作的有效程度。

（三）建立多方参与的评估体系

借助市级考核评价体系，结合“学在黄浦”微信公众号的特点，尝试建立由“自评”和“他评”两大板块构成的评价体系，更好地服务于老年学习团队建设。

（结项时间：2015 年）

基于“乐进”理念开展素质教育，推进老年大学学习团队文化建设的实验

长宁区老年大学

一、实验背景

当前，我国老年人口迅速增长，老年学习团队无论在老年大学还是在街道和社区，都是一支十分重要的队伍。在团队成长的不同阶段，必然会遇到各种各样的问题和矛盾。为保障团队成员顺利实现各自的人生价值和团队的共同目标，在相互合作的过程中，提高素养，形成独特的团队文化，显得格外重要。

老年大学学习团队的成员，大多来自社区，具有广泛的社会性与群众性。他们在老年大学学习，满载学习硕果而归。他们运用多种社会资源，借助社区活动平台，以团队活动的形式回馈社会、服务社会。有的团队由小起步，不断发展壮大；有的团队却从强至弱，甚至名存实亡。一个很重要的原因就是团队成员个人素质的高低以及整个队伍是否有一种积极向上的团队文化作为支撑。因此，老年大学应发挥指导、辐射、引领作用，推进学习团队的文化建设。

依据上海市教育委员会《关于在老年教育中培育和践行社会主义核心价值观的指导意见》等文件精神，2015 年，我校提出了“乐进”的教学理念，旨在让每位学员在老年大学更好地学习，为其提供适切的、快乐的教育教学服务，使他们学有所得、学有所乐、学有所进。学员离开学校后，通过老年学习团队的自主学习活动等形式，把乐学进取精神和长者风范持续下去，发扬开来。可见，学习团队成员素质及团队文化建设至关重要。

二、实验目标和内容

（一）实验目标

发挥老年大学在区域层面引领辐射、服务指导的作用，深化老年大学内涵建设，让老年学员积极主动地走出校园，走进社区，提高素质，真正实现老有所学、

老有所乐、老有所进、老有所为。

（二）实验内容

1. 完善管理机制

依据“乐进”理念，尊重老年学习者的主体地位和个性差异，组织多种形式的活动，从团队文化建设入手，规范团队管理，进一步提高团队成员素质。

2. 健全运行机制

关注老年学习者丰富多样的个体需求，激发老年学习团队的主动性、积极性、创造性，发挥老年大学师资、课程、管理上的优势，为老年学习团队的骨干提供各种培训，为老年学习团队提供展示的平台，让老年学习者自己得益，家庭得益，他人得益，社会得益。

3. 优化保障机制

开拓新思路，探索新方法，优化组织、设施、经费、激励、制度保障机制，促使老年学习团队规范、健康、全面发展，促进学习团队文化建设。

三、实验方法

一是行动研究法与实践反思法。在实践中加强反思，运用边实践、边反思、边提高的方法，努力达成目标。

二是问卷调查法与访谈调查法。了解学习团队的内在需求和活动现状，分析推进学习团队建设的条件与可能性。

三是文献研究法与专家咨询法。对学习团队的有关研修与实践成果进行梳理和分析，借鉴他人经验，向有关教学专家咨询。

四是个案研究法。研讨老年学习团队文化建设成效与相应策略。

五是经验总结法。总结学习团队文化建设取得的成果。

四、实验过程及结果

（一）项目实验的前期工作

项目试验的前期工作包括以下几方面：（1）筹建以校长为首、以教学科研和四个分校负责人为骨干的项目实验组；（2）查阅并收集老年学习团队文化建设和素质教育的相关资料，作为本实验的参考依据；（3）对近年来全校 33 个学习团队活动情况进行全面的调查、统计和分析，做到资料数据详尽，图片资料齐全；（4）召开全校学习团队队长调研会，进一步了解各团队发展现状；（5）根据调查研究结果和数据分析结果，进一步反思在老年学习团队发展过程中，因忽视团队文化建设而产生的影响，形成新思路，完善实验方案；（6）聘请专家和领导论证实验报告，把实验重点放在团队文化建设这个根本问题上。

（二）实验过程及效果

1. 建立网络，提升管理效果

由一位专职教师负责管理全校 33 个学习团队工作，与我校四个校区五个教学点组成一个联络交流网，形成“总校—分校—分校管理人员”分别负责的学习团队管理格局。管理人员共同加入团队微信群，参加学习培训，参与团队活动，在上传下达、团队协调、内外联络、监督提升等方面发挥了关键作用。两年实验下来，相比之前松散、无序、缺指导、少检查、无考核的团队活动状态，现在队员们都能感受到学习团队的作用和价值。团队虽然是自发建立的，却是有组织领导的；学习虽然是学员自主的，却是有学校指导的；活动虽然是可选择的，却是丰富多样的。有了联络交流网，团队成员可以随时获得指导、信息、资源和经验。这对于健全团队制度，促成良好管理，提高整体素质，逐步形成团队文化，增强团队成员的自觉性、自信心、集体观念和团队意识大有好处。学校管理人员能及时了解队员思想，掌握团队情况，适时调整策略，及时、完整地把团队活动或重大事件等记录在册，建立相对详尽的团队成长档案，为团队星级晋升提供强有力的依据，促进团队文化创建，为学习团队健康持续发展打下坚实的基础。有了学校管理人员的参与和协调，团队活动变得丰富多彩。定西校区书画、篆刻、摄影类学习团队把书画、摄影作品搬进养老院，供老人们欣赏，学员与养老院爱好书画、篆刻、摄影的老人一起切磋技艺。声乐、舞蹈、钢琴、拳操、戏剧、时装、书画、摄影等多个学习团队，组织了一场场有规模、有质量、有教育意义的慰问演出，在多个养老院里呈现。

2. 加强培训，提高骨干认识

老年学习团队成员有高涨的热情、特殊的专长、丰富的阅历，也有着不同的生活境遇和退休生活安排。由于各团队处于不同的发展阶段，各阶段又有不同的特点和问题，团队指导教师和队长应基于团队实际情况，把老年学习团队想做的事情做好，并持续下去，进一步激发团队成员的热情和上进心，促进团队素质教育和文化建设。团队指导教师和队长的思想认识、道德情操、工作能力，影响团队文化建设氛围。

我们建立了学习团队专项培训制度。总校、各分校每月交流研讨团队活动，每学期进行一次团队骨干培训。举办学习团队文化建设讲座，进行团队学习活动内容和经验交流，开展队长组织管理能力提升的研究、团队文化建设定位和方法的交流、辐射社区活动途径和方法的探讨等。通过学习培训，大家对老年学习团队的性质、目的、形式、特点、要求有了更深入的了解，对之前在活动中比较容易忽视的全员提高素质、团队文化建设等内容有了更深刻的理解。

《上海市老年学习团队评价指标》是团队学习和活动的指南，队员人手一份。这让他们在学习活动中对自己的团队产生了强烈的归属感。我校“越剧沙龙”团队先被评为市级优秀学习团队，后又被评为市五星级团队。年逾八十周岁的队员虽然不能继续在老年大学随班就读，但他们在学习团队中仍发挥重要作用。队员赵阿姨是江苏街道越剧队队长，能力强，业务精，号召力强。她组织街道里喜欢越剧的老人到老年大学学习，带领他们一同参加学习团队的活动。她说：“长宁区老年大学学习团队是我继续学习的新课堂，我虽然离开了班级，但不会离开这个团队。”

我们借助相关培训，帮助团队骨干熟练掌握了活动相关资料上传操作方法。现在，我们 33 个团队的学习活动报道都能及时通过微信群传送给管理员，再由管理员把关上传至上海老年学习团队在线平台。2018 年，我校学习团队线上上报活动达 275 次。

我们针对团队成长过程中可能发生的各种问题，开办了各类辅导讲座，从不同层面帮助新建团队的指导教师和队长尽快理顺思路，挑选核心成员，创造“参与”环境，规范团队制度，明确权责划分。我们引导团队领导者提高认识，明确以身作则的重要性，注意工作方式和说话技巧，容许差异与不同声音的存在，学会系统思考，凝聚人心，使“小我”和“大我”同步发展。目前，绝大多数团队的队员能够互相宽容理解，把自己的追求与团队的发展紧密联系在一起，愿意为团队的共同目标尽心尽力。

3. 完善制度，提高活动质量

为进一步加强学习团队文化建设，在实验过程中，我们进一步完善了《长宁区老年大学学习团队管理制度》。团队每年有计划、有总结；每个团队都要认真填写《长宁区老年大学老年学习团队管理手册》，学校定期进行检查；贯彻落实《上海市老年教育“十三五”发展规划》中提出的打造星级老年学习团队的发展目标，培育各类新的学习团队，发展已有的学习团队，争创星级团队；建立管理人员进团队制度。我们修订、完善了《长宁区老年大学申报学习团队规定》和《长宁区老年大学学习团队活动要求及经费使用办法》，形成了《上海市长宁区老年大学学习团队考核奖励细则》，从精神和物质层面有效促进老年学习团队的健康发展。我校 33 个学习团队中，一星 13 个，二星 12 个，三星 5 个，四星 1 个，五星 2 个。2019 年上半年，我校开展了“记录感动，发现身边之美”活动，征集“最美学员”照片 338 张，其中不少照片来自学习团队成员。他们在居委、街道参与社区公益活动，担任辅导教师，参加各级各类演出和比赛活动，充分展现了积极向上的精神风貌。

4. 引导团队，拓展活动形式

我们鼓励学习团队通过走出校门、走进社区、参观学习、实地采风、同行交流等方式，丰富学习内容，拓展活动形式，打造团队品牌，注重文化建设。我们要求老年学员利用“学在数字长宁”平台上的微课资源进行自学，提高自身素养。

实验中，我们借助各级团队微信群交流活动内容，共享活动成果。微信群提高了一些学习团队的学习积极性和创造力。有了微信群，各团队的学习形式越来越丰富，学员学习积极性越来越高，提升自己、服务他人的意识越来越强烈，同时形成了相互学习、你追我赶、积极向上的学习氛围。

我们与逸仙第二敬老院、逸仙第三敬老院、金福第二养老院、金福第一养老院、康逸敬老院建立了养教结合点。学校管理人员牵头协调，队长带领学习团队，以“养教结合”的形式，定期到养老院开展送教、送演活动。团队成员还为老人理发、照相、护理，与老人交流书法、绘画、摄影技艺，在活动中服务了他人，提升了自己。

我们积极引导学员参加社区志愿者服务或到社区任教，用学到的知识和技能回馈社会，服务他人。各类比赛展示活动中都有我校学习团队的身影。一些学习团队的队员如今成了社区学校辅导员。

如今，我们有了越来越多的优秀学习团队。由上海歌剧院著名演员戚成荣老师指导的荣荣声乐团队，每年在市老干部大学系统举办的各类演出活动中获奖。由上海评弹团秦建国团长指导的评弹沙龙，是全市唯一的评弹学习团队，学员的足迹遍及长三角，为爱好江南雅韵者演出。由上海市“终身学习典范”钟锦芬老师指导的“钟灵毓秀”时装团队和由著名拳操教练朱秉爱指导的爱建太极拳团队，积极参加各级各类活动和比赛，硕果累累。由上海京剧院演员、上海戏曲学校教师朱彩屏指导的京剧学习团队，在2019年9月上海市老干部局举办的“壮丽70年，我们再青春——上海市老干部庆祝中华人民共和国成立70周年主题活动”中演出的京歌《咏梅》，得到了与会者的高度赞扬。团队过硬的纪律作风、精湛的专业水准、教师的无私奉献精神和队员的团结协作精神，令活动组织者感动。声乐、舞蹈、器乐等学习团队经常活跃在社区、街道、公园，以快乐学习和公益活动的方式，为建设和谐社会尽自己的一份力。很多队员表示，虽然我们每个人不一定是最优秀的，但我们在一起就可以组成一个最优秀的集体。

五、实验共识

第一，明确地位。把建立和完善老年学习团队作为促进学校发展的重要抓手，关注老年学员“实现自我价值”的需求，关注团队文化建设，使学员在乐中求学、在学中找乐。

第二，加强培训。定期培训学习团队负责人，督促学习团队制订行之有效的活动计划，保证活动正常实施和持续开展，强化自主管理，积累活动资料。这是团队持续发展的必要手段。

第三，管理跟进。每个团队都有队长和指导教师，学校还会指派管理人员深入学习团队，担任联络员。这是团队建设和发展的重要途径。

第四，考核奖励。激励机制的实施在很大程度上能提高学习团队的积极性和学习活动的有效性、持续性。因为老年大学经费有限，建议上级主管部门加大这方面的投入。

第五，辐射服务。我们鼓励队长带领学员发挥余热，为社会作贡献。通过活动，团队成员的学习热情和社会责任感得到了提升。这有助于发挥老年大学服务功能，推进老年大学学习团队文化建设。

（结项时间：2019年）

在学习团队建设中强化校方支持和引导，推进老年素质教育的实验

杨浦区老干部大学

一、实验背景

（一）老年素质教育内涵不断丰富

老年素质教育以提高老年学员的基本素质为目标，着眼社会长远发展，注重培养老年学员的能力，促使其德、智、体等全面发展。开展老年素质教育是党和政府赋予老年大学的光荣使命，是老年学员本身发展的需要，对全面提高公民道德素质、加强社会主义核心价值体系建设、加强和谐社会建设、全面建成小康社会宏伟目标具有十分重要的现实意义。

（二）老年学习团队成为老年大学开展素质教育的重要平台

老年学习团队以集体组织形式，采用社团、沙龙等方式开展活动，具有自愿参与、自主教育、自我管理特征。老年学习团队以其学习的社会建构性、默会性、交互性、实践性区别于传统课堂学习。它是老年学校课程教学的延伸，是老年教育的重要形式，是老年学校开展素质教育的重要平台。

（三）当前在老年学习团队中开展素质教育存在的问题

老年学校并未深入贯彻并主导落实老年学习团队的素质教育理念，老年学习团队开展素质教育的实践仍处于一种自发、隐性的状态。学习内容不平衡，休闲、娱乐、保健始终是主流，时政类、人文类、电脑科技类内容相对较少。不同的学习形式在老年学习团队中发展不平衡。

老年学校要推动学习团队开展素质教育，提高学习团队的吸引力、凝聚力，提高其服务社会的能力和可持续健康发展的能力，就必须“以主动作为求实效”，在学习团队建设中开展强化校方支持和引导，推进老年素质教育的实验。自2011年以来，我们在本校的学习团队中开展实验，以期为通过学习团队建设推进素质教育提供可借鉴的经验。

二、实验目标

我们以素质教育理念为纲，探索“团队自主发展、自治管理，校方加大支持、强化素质教育引导”的学习团队管理新模式，建立科学化、规范化、高效化的学习团队管理运行机制；提升学习团队的学习效能和团队品质，使学习团队发展成为新知识和新文化的学习基地、新思想和新理念的传播基地、健康生活和行为方式的培育基地、银色人才资源的开发基地。

三、实验内容

第一，学校以老年素质教育理念引领团队建设，主动把推动老年素质教育发展作为团队建设目标。

第二，学校积极引导老年学习团队的学习内容，大力扶持组建时政类、人文类、电脑科技类等素质教育内涵更深厚的老年学习团队。

第三，学校加强对学习团队学习共同体理论的指导，对活动平台和活动方式较少的学习团队加大支持和引导力度。

第四，学校与社区教学点合作，探索学习团队共建共扶机制。

第五，学校指导学习团队开展自治管理，探索建立自治管理制度。

四、实验过程和主要内容

根据我校管理服务人员少、学习团队数量多、内容多样化的实际情况，我们形成了“面上广宣传、搭平台、建机制、立制度，重点挑选在性质、内容上具有代表性的团队进行扶持”的工作思路，共涉及三个阶段、九个角度。

（一）第一阶段：从三个维度入手强化宣传，培育快乐团队

实验前期，我们加强宣传动员，组织学习团队负责人和核心工作人员认真学习关于开展素质教育、创建学习型社会、构建终身教育体系的文件精神，充分认识学习团队的重要作用，自觉在团队建设中融入素质教育内涵，为实验的开展做好理论宣传、打好思想认识基础。在推进学习团队素质教育的实验过程中，我们把提升学员精神文化生活质量、增强老干部身心素质作为首要目标，着重考量老年人精神文化生活质量的三个维度，即愉悦度、生活烦恼影响程度、自我认知度，

把“快乐”的目标贯穿培育全过程。我们通过个人自愿选择、发展兴趣爱好、开展生活休闲活动提升团队成员愉悦度；通过团队建设，帮助团队成员更好地倾诉生活中的烦恼，降低生活烦恼影响程度；通过个人在团队中获得的点滴进步和团队活动的展示、交流，实现团队成员自我认知的提升。

（二）第二阶段：从三个方式入手大力扶持，培育优秀团队

实验中期，我们重视对学习团队进行政治方向的引导和适度的激励，通过专业培训、平台展示、评价激励，使学习团队永葆生命力。首先，强化大学内部支持。学校定期组织学习团队指导教师和核心成员参加专业培训，提高团队骨干成员的业务水平和工作能力；每年召开学习团队负责人联席会，搭建平台，了解团队活动的经验和做法，通过讨论和交流，找出学习团队推进素质教育存在的问题和症结，并提出合理化建议；派专人做好学习团队的服务协调工作，既给予各学习团队在招收队员、经费安排、活动开展方面的自主权，又统筹各学习团队资源的整合、分配；为各类学习团队活动和交流搭建平台，每两年开展一次交流评比，对一些成绩优异的学习团队进行奖励。其次，努力拓宽扶持渠道。我校联合在 12 个街镇授牌的社区教学点，通过召开教学点联席会议，共办纪念活动、共建展示平台、共享人才资源。我校通过年终评比、总结表彰等形式，将教学点紧密团结在老年大学的教育体系内，建立了对学习团队的共建共扶、资源共享机制，拓展了服务资源。

（三）第三阶段：从三个目标入手探索创新，培育“常青”团队

实验后期，在学习团队的培育过程中，我校注重成熟一个，培育一个，发展一个，并严格按照“个人能力提升、团队品质提升、社会效应提升”三个目标的要求，严把学习团队的质量关。目前，学校已建立了综合文艺、体育保健、实用技能三大类别 23 个团队，其中，超过 1/2 的团队属于素质教育内涵较为深厚的团队。学校加强制度建设指导，各团队都形成了完备的章程、学习计划和活动安排，明确了每个阶段的知识性目标、技能性目标、情感性目标，通过有序接收新成员，为团队带来新气象，始终保持艺术创作的生命力。学习团队定期开展组队交流和成果展示活动，表达对生活和艺术的热爱，展示成员积极向上的精神风貌。此外，我校以人员艺术素养普遍较高的老干部沪剧沙龙为重点实验对象，开展团队自治管理制度建设探索，指导团队形成了自治方案，成立了自治管理领导小组，明确了自治管理的指导思想、小组成员和主要职责。总结经验后，形成了全校层面的老年学习团队管理制度。

五、实验结果

回顾实验历程，学习团队有三点显著的变化。

第一，团队成员在相关学科领域或实践领域中的知识和技能得到快速提升。书画、摄影、电脑三个沙龙都是以兴趣爱好为纽带组建起来的学习团队，由学有专长的成员担任指导教师或负责人，开展互帮互学。通过对摄影题材的选择，团队成员用影像感悟自然之美，发现生活之乐，抒发爱国之情。通过参加书画展、摄影展和"老少博客秀""大手牵小手"等市级、区级相关活动，团队成员在愉悦身心、交友求知的同时，服务社会，实现自我价值，传递正能量。书画沙龙的丁松年，在杨浦、虹口两区多个街道的社区学校、书画社义务讲课 370 余次，听讲者 3800 余人次。个体知识的增长反过来又促进了团队凝聚力和整体品质的提升。实验后，我校 3 个学习团队分别建立了手机微信群，大大拓展了学习的时间和空间。团队成员在相互学习提高的同时，增进了感情。

第二，团队成员情感与身份获得认同，团队凝聚力大大提升。读书沙龙是由殷行社区 25 名离休干部（目前平均年龄 83.4 岁）组成的一支团队。团队以学、听、看、议、写、行等方法开展学习，做到"五个一"相结合，即集中学习与自我学习相结合、当前形势与社会热点相结合、参与社区活动与发挥作用相结合、寓教于乐与养生保健相结合、单位学习与小组交流相结合。学校与殷行街道联手做实平台，创新载体。通过参加形势报告会、参加辅导讲座、收看重大活动直播、参加主题座谈交流、撰写心得体会等活动，夯实了学习平台；通过参与杨浦"双创"（创建上海市文明城区、创建国家卫生城区）工作和殷行传承"家风、家训"美德征集活动，创新了道德示范载体；通过"老青结对博客秀"——"我的中国梦"主题活动，创新了传统教育载体；通过开展"金色夕阳行"之为老为民服务活动，发挥沙龙政治优势，传递正能量，创新老干部志愿者行动载体。学校培育指导，沙龙自主学习，在大家的共同努力下，2014 年读书沙龙被评为上海市优秀老年人学习团队。

第三，团队成员个性与社会属性得到发展，自主意识与责任感得到激发，民主与合作能力得到锻炼。杨浦区老干部大学沪剧时装沙龙成立于 2011 年 9 月 23 日，现有学员 38 名，沙龙把沪剧、时装两种不同的艺术形式结合起来，在核心人物、团队负责人的带领下，以"锻炼身体，陶冶情操，身心健康，互相学习，广交朋友，服务社会，促进和谐"为宗旨，通过学唱优秀传统曲目，向社会传递正能量。沙龙培育了成员的爱国主义精神，完善了成员的道德观念，增强了成员对真善美的感受力。我校开展了多种形式的学习交流活动，在市、区各类展示和比赛中取得了优异的成绩。沙龙成立之初就制定了章程，每学期都有学习计划和活动安排，从知识、技能、情感三个维度明确发展目标，近年来又成立了学员自治管理小组并形成了自治方案，明确了指导思想、小组成员和主要职责。目前，团队内部组织健全、管理有序、氛围活跃、凝聚力强。2015 年初，沪剧时装沙龙带着创意时装秀《申曲悠悠霓裳秀》成功登上上海教育电视台《常青树》栏目开播十周年特别节目的舞台，受到了人们的关注和赞美。

六、总结与反思

第一，学习团队应始终强化“学”的属性。学习团队建设和发展应始终围绕“学”字进行，切忌舍本逐末。学校不能忽视对团队学习内容、发展理论、核心价值观的引导和培育，一味追求形式、平台、物质上的帮扶。学校要把握好管控的度，根据学习团队的具体情况灵活应对，切忌一刀切，出现“一统就死、一放就乱”的局面。

第二，学习团队应加强核心人物的培育和选拔。学习团队发展的关键是核心人物。只有专业水平、道德品质都很高，德艺双馨又真心、热情服务大家的人才会被推选为团队核心人物。因此，在老年学习团队建设中推进老年素质教育的实验，还应抓住核心人物这一关键角色。后续，我校将开展相关实验和研究。

第三，学习团队应不断完善规章制度。制度的设立并不是终点，有了制度不一定会持续有效运行，有了制度也不代表可以放松引导和扶持。开展“在学习团队建设中强化校方支持和引导，推进老年素质教育”的实验，不应局限于形成《杨浦区老干部大学老年学习团队管理制度》，而应通过立项、调研、实践、反馈、总结、规范六个阶段，根据学习团队发展的不同阶段和不同特点，因时因地制宜，在不断修改完善中，促进老干部大学学习团队健康、持续发展。

（结项时间：2015 年）

加强学习团队文化建设，推动素质教育全面实施的实验

宝山区大场成人中等文化技术学校

一、实验背景

国务院办公厅《关于印发老年教育发展规划（2016—2020年）的通知》中指出，要“积极推进校园文化建设，培育优良校风、教风、学风，打造一批在培育和践行社会主义核心价值观方面具有示范作用的老年学校、老年学习团队”。可见，老年学校文化建设是老年教育事业发展的重要组成部分，是素质教育的重要载体；学习团队是培育和践行社会主义核心价值观、推进素质教育的重要形式。加强学习团队文化建设有利于全面实施素质教育，对于激发学员的学习热情、促进学员身心全面发展、提高学员综合素质具有重要意义。

团队文化强调的就是合作、交流、互助、共赢，而合作共赢的基础是共同的目标和价值观。我校作为一所区镇老年学校，在开展老年教育的过程中，逐步培育了一批老年学习团队，团队的数量与规模正在逐步扩大。然而，我们在团队发展过程中发现，各学习团队发展并不均衡，缺乏横向沟通交流，学习内容比较单一，团队管理不够规范，团队成员的合作意识比较薄弱，缺乏共同奋斗的目标。这些问题基本上都与团队文化及学员素质的缺失有关，制约着团队的发展。因此，在遵循老年教育规律的前提下，采取有效措施，加强学习团队文化建设，对团队凝聚力和向心力的提升、团队成员综合素质的提升均有积极作用。

二、项目进展

（一）明确实验目标

总体目标：落实好学习团队文化建设的各个环节，全面提升老年学员的道德修养和综合素质，在团队中形成老有所学、老有所乐、老有所为的终身学习风尚，使

老年学习团队成为真正意义上的学习共同体，有效推进老年素质教育的开展。

具体目标：（1）吸引更多的老年学员加入学习团队，实现学习团队数量及规模的扩大；（2）创新学习方式，丰富学习内容，把社会热点融入相关学习活动，提升学习团队的内涵；（3）把老年素质教育融入团队文化建设，营造学习氛围，给团队成员足够的发展空间，引导成员树立文化自信，相互学习，取长补短，提升素质；（4）发挥学习团队的示范引领作用，辐射和影响社会，争创星级团队。

（二）设计实验内容

实验内容：（1）对学校现有老年学习团队信息进行梳理、统计、汇总，并加以分析，以掌握基本情况；（2）对部分团队成员进行问卷调查，了解其对自己所在团队开展学习活动的满意度，并听取改进建议；（3）访谈部分星级团队负责人，总结他们的学习团队在开展学习活动过程中遇到的问题及解决措施，作为典型案例在其他学习团队中进行分享交流，相互学习，取长补短；（4）规范学习团队管理制度，确定团队目标与章程，提升团队成员自我学习与自我管理的水平；（5）围绕中华优秀传统文化、“中国梦”等主题，在学习团队中开展多种形式的教育活动，引导成员树立文化自信，提升文化素养，传递正能量，促进团队内涵发展；（6）宣传各学习团队的学习动态、学习成果等，促进学习团队的交流与互动；（7）引导各学习团队走出校门，积极参与志愿服务，用所学知识和技能服务社会，成为社会主义核心价值观的积极践行者；（8）表彰优秀的学习团队，进一步调动团队成员参与团队文化建设的积极性。

（三）选择实验方法

1. 文献研究法

分析研究相关文献资料并进行讨论，明确团队文化与素质教育的内在关联，借鉴成功之处，为项目实施打好基础。

2. 问卷调查法

在调研汇总阶段，设计问卷，了解部分团队成员对其所在团队开展学习活动的满意度，以便获取充分的数据资料。

3. 访谈法

在引领提升阶段，对星级团队负责人进行访谈，归纳教育方法，总结相关经验，从而进一步分享与交流。

4. 行动研究法

在引领提升阶段，以素质教育为抓手，结合老年学习团队实施及管理情况，开展多种形式的学习活动，促进学习团队内涵发展。

5. 比较研究法

对实验前后团队数量、成员人数、成员对所在团队开展学习活动的满意度进行比较，得出相关结论。

（四）规范实验过程

1. 第一阶段：调研汇总阶段（2018 年 4 月至 8 月）

首先，召开项目组会议，明确实施方案，合理分工。其次，梳理并统计学校老年学习团队相关信息。对学校所有老年学习团队相关信息进行梳理，形成本校老年学习团队信息统计表。再次，开展学习活动满意度问卷调查。从学习内容、学习形式、团队管理、人际关系等方面设计问卷，并抽取一定数量的学员进行问卷调查。最后，汇总并分析结果。对本校老年学习团队信息及问卷调查信息进行汇总，分析学习团队现状，了解团队成员对所在团队开展学习活动的满意度，发现问题并努力寻求解决方案。

经统计，我校共有 18 个老年学习团队，其中，五星级团队 1 个，四星级团队 1 个，一星级团队 3 个，非星级团队 13 个。各学习团队的活动频率都能保持每周 1 次及以上，团队成员出勤率均达到 85% 以上，五星级团队的学习内容比较丰富，其他团队的学习内容相对单一，各团队的学习方式均以课堂学习为主。我校老年学习团队情况见图 1。

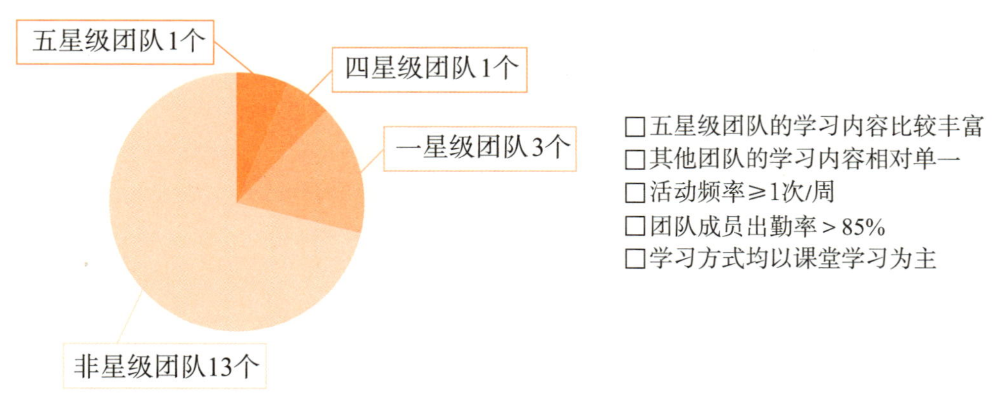

图 1　老年学习团队情况图

本次调研发放了 100 份问卷，回收了 96 份问卷，有效问卷 92 份。经调查发现，团队成员对团队中的人际关系和自身的学习能力感觉良好，对团队学习环境和学习氛围基本满意，但对团队的学习内容、学习形式、管理制度的满意度不高，对团队学习资料、教师讲课水平的满意度也不高，部分成员认为自己在团队中没有充分发挥自身优势。

因此，我们再次明确了团队文化建设的必要性与素质教育的重要性，在课程设置、学习内容、学习形式、团队管理等方面对相关老年学习团队进行引导，多开设一些能使学员与时俱进、了解当前形势的课程，多增加一些人文类的课程，同时加强教师队伍建设，积极引导教师把社会主义核心价值观、素质教育要求贯穿课堂教学全过程。

2. 第二阶段：引领提升阶段（2018 年 9 月至 2019 年 4 月）

首先，访谈星级团队负责人——提炼经验，示范推广。“快乐大场联谊会”与“金秋之声合唱团”分别是五星级团队与四星级团队，这两个团队都有自己的团队章程与学习制度，且执行比较到位。团队学习内容较为丰富，且形式多样，学习氛围比较浓厚，能定期开展团队学习成果展示和交流活动。团队负责人热心团队工作，组织管理能力比较强。通过对他们的访谈来总结相关经验方法，作为典型案例，在其他学习团队中进行分享交流。

其次，进一步规范老年学习团队管理——规范运作，强化管理。我们从团队骨干培训、组织学习、活动记录、学习材料整理等方面着手，对各学习团队的团队章程和学习制度进行指导与完善，使其更好地落实团队发展目标和年度学习计划，使老年学习团队朝着规范化的方向发展，进一步提升团队成员自我学习与自我管理的水平。

最后，整合各类文化教育资源，开展多种形式的学习活动——形成团队文化，渗透素质教育。

其一，发展线上学习、移动学习、体验学习等多种学习形式。我们在各老年学习团队中宣传“上海学习网”“上海老年人学习网”，推荐相关网络课程。结合“消防日”开展消防知识线上学习活动，要求各学习团队自学消防安全相关知识，制作宣传消防安全知识的幻灯片，并进行交流与评比。动员各学习团队积极参与社区线上读书活动，引导学员阅读电子书、观看视频课程、发表评论，激发学员阅读兴趣和学习热情，营造“人人皆学、时时能学、处处可学”的终身学习氛围。

我们要求每个学习团队建立自己的微信群，授课教师把每一次上课概要及相关学习文件发布到微信群里，学员在群里进一步学习与讨论。我们把各学习团队的负责人拉入同一个微信群，在群里定期推送学习内容，以短视频、情境描述、链接等形式发布学习任务，内容包括政治理论、道德修养、法律法规、养生保健、文史知识、环境保护、科普常识等。此外，我们还推荐了“指尖上的老年教育”“乐学宝山”“学在南翔”等微信公众号，推荐了“微信读书”应用软件，供大家学习。

我们在团队中开展了烘焙体验、剪纸体验、参观体验活动，让学员在体验中加深对中国传统文化的理解。参观陶行知纪念馆是一次生动的爱国主义教育，对学员而言是一次思想的洗礼。参观中国工业设计博物馆、上海陶瓷科技艺术馆、中国 3D 打印文化博物馆，让学员收获了知识，开阔了眼界，感受到科技发展带给人们生活的巨大便利。

其二，我们组织了诵读、演讲、征文等比赛，满足老年人的精神文化需求。为传承和弘扬中华优秀传统文化，我们开展了以“学习优秀传统文化，共筑中国梦”为主题的诵读与传唱活动。团队成员以诵读、歌唱、舞蹈等形式进行演绎，让人沉醉其中。整个活动过程展现出了团队成员积极向上的精神风貌与团队合作精神。

为引领学习团队积极践行社会主义核心价值观，我们围绕“我心目中最美的老年学员”主题，开展专题研讨活动，通过视频、橱窗等载体，展示和宣传学员的优秀作品。各团队积极参与活动，踊跃报名。

其三，我们通过观摩、展示等，搭建团队提升和发展平台。我校墨汇缘、瓷画之友、摄影三个学习团队的书法、瓷画、摄影作品非常优秀，我们在征集、挑选、排版、印刷成册后下发给各学习团队，同时在大场文化中心举办书法摄影展，进行实物展示，吸引了不少学习团队来现场观摩。

我们还举办了“学习成就未来”成果展示活动，各学习团队积极进行汇报演出，表演内容丰富多彩，有越剧表演、走秀表演、才艺表演、太极舞表演、大合唱等。精彩的表演不仅体现了团队本身的魅力，而且使得整个校园形成了一种和谐、向上的氛围。

3. 第三阶段：推广辐射阶段（2019 年 5 月至 9 月）

首先，成立宣传小组，宣传各团队的学习内容。每个学习团队推选一名通信员，他们共同建立一个通信群，通过微信等平台发布重要信息，宣传各学习团队的学习动态、学习成果等。“快乐大场联谊会”和“金秋之声合唱团”在宣传报道方面做得比较出色。他们通过快乐电脑沙龙、相关网站发布团队信息，同时将这些报道发布到通信群中，供其他团队学习借鉴，扩大了团队影响力，促进了学习团队的交流与互动。

其次，各学习团队走出校门，用所学知识和技能服务社会。我们鼓励各学习团队用自己的学习成果反哺社会，辐射和服务更多人群。五星级团队“快乐大场联谊会”代表我校与长乐养老院签订了送教协议，每周开展一次送教活动，到社区教居民剪纸、使用手机等，在帮助他人的同时体现了自身的价值。“快乐大场联谊会”还参加了“科普在社区，科普进家庭”活动，积极宣传低碳与环保理念。“金秋之声合唱团”不忘把学习的快乐分享给他人。他们进养老院开展各种表演。“金秋之声合唱团”参加了“筑梦新时代，文艺进万家——庆祝中华人民共和国成立70周年文艺巡演”活动，传递了爱国、爱党、爱社会主义的正能量。此外，我校的摄影团队自发到各地进行采风，拍下生活中的美好瞬间，用镜头记录社区丰富多彩的文化生活，用摄影作品传递正能量，让摄影真正走进千家万户。

4. 第四阶段：结题阶段（2019 年 10 月）

主要开展了四方面工作：（1）收集资料，准备结题；（2）项目组进行研讨；（3）撰写实验报告，听取各方意见并进行修改；（4）接受实验项目组验收。

三、项目实验取得的初步效果与成果

（一）实验成效

成效一：学习团队数量及规模进一步扩大。通过开展丰富多彩的学习活动，对团队作品进行展示宣传，吸引不少老年学员主动加入学习团队。不少老年学员还自发成立了学习团队。我们逐步发展了太极拳社团、拉丁舞社团、金秋之声综合学习社团三个学习团队，团队成员数量不断增加。实验后期，我校老年学习团队增加了 5 个，五星级团队增加到 2 个，二星级团队增加到 3 个，新增了 2 个一星级团队。

成效二：团队学习方式更加多样，学习内容更加丰富。从原来单一的课堂学习逐步发展成线上学习、移动平台学习、远程学习、体验学习、人文行走等多种学习方式。此外，各类活动的开展，拓展了老年学习团队的学习内容。

成效三：学习氛围浓厚。通过发展线上学习、移动平台学习、远程学习、体验学习、人文行走，在教学楼内开辟作品栏，对团队优秀作品进行展示宣传，开展诵读、演讲、征文等比赛，在校园里、团队中营造了浓厚的学习氛围。

成效四：团队成员对所在团队开展学习活动的满意度大幅提升。起初，团队成员对团队学习内容、学习形式、管理制度、学习资料、教师讲课水平的满意度不高。我们在课程设置、学习内容、学习形式、团队管理等方面努力改进，不断加强教师队伍建设。实验后期，团队成员对所在团队开展学习活动的满意度有了明显的提升。

成效五：素质教育得到了发展，团队成员的综合素质进一步提升。在各项活动的开展过程中，学员的爱国主义精神、道德观念、对真善美的感受力与表现力都有所提升。如摄影团队学员用影像感悟了自然之美，发现了生活之乐，抒发了爱国之情；声乐团队通过传唱经典红歌，向社会传递了正能量；其他团队通过参与各类读书活动，展现出团队成员积极向上的精神风貌。与此同时，学员的人文素养也有了进一步的提升。如我校"金秋之声合唱团"参加了宝山区市民终身学习人文行走主题活动，赴上海淞沪抗战纪念馆，接受"血沃淞沪，红色永志"爱国主义教育。

成效六：基本实现了三大转变，即由娱乐型向学习型转变，由自主分散型向自发联合型转变，团队管理由无序向有序转变。我们通过开展教学、展示、公益等活动，提高团队成员的学习积极性，进而培养团队成员对团队的认同感、归属感。针对各学习团队发展不均衡、缺乏横向交流的问题，我们通过观摩、展示、研讨等方式搭建团队共同提高的平台，增强团队互动。通过规范团队管理制度，团队能更有序地开展各项活动。

（二）实验成果

成果一：形成了一批星级团队典型案例。

成果二：建立了一系列团队管理制度。

成果三：形成了团队自编、整合的教材，有《声乐基础》《视频剪辑》《葫芦丝》《智能手机操作》《创意手工》《图像处理》等。

四、实验结论

实验已经取得了实质性的进展和显著的成果，但从老年学习团队文化建设的总体目标与全局来看，它只是个初步的项目。本次实验项目给我们的启示很多。实验结论主要有三个。

第一，在老年学习团队中开展丰富多样的学习活动，可以激发团队成员的学习热情，使其更新观念，陶冶情操，既增长知识技能，又提高自身修养和生活质量。

第二，在构建和谐社区方面，老年学习团队是社区建设不可或缺的力量。老年大学应加强老年学习团队规范化建设，逐步形成团队自我组织、自我教育、自我管理、自我提升的机制，引导团队成员自觉践行社会主义核心价值观，共同建设和谐社会。

第三，人文行走是一种新型学习方式。我们可以试着在学习团队中宣传各区的人文行走路线，引导团队成员通过寻找、发现、记录、体验、分享等学习过程去提升人文素养。

五、后续工作设想与展望

我们要进一步增加学习元素，提高老年学习团队的自主学习能力与服务能力，充分挖掘相关区域资源，提升老年学习团队的学习品质。此外，我们要进一步加强星级团队建设，打造特色学习团队和品牌学习团队。

（结项时间：2019 年）

丰富老年学习团队学习元素的实验

崇明区老年教育工作小组办公室

一、实验背景

《上海市老年教育“十三五”发展规划》指出，在“十二五”期间全市近30万老年人组成1.2万余个不同类型的老年学习团队的基础上，到2020年实现“老年人学习组织数量翻一番”，并且在现有老年学习团队基础上“培育500个五星级优质学习团队”。团队学习是老年人参与老年教育活动的重要依托。

近年来，老年学习团队在上海如雨后春笋般涌现出来。一般而言，老年学习团队的发展都会经历从形成到成长再到成熟的过程，多数老年人参加团队活动的初衷是快乐和健康，很少直接把学习作为目的，因此，绝大多数形成阶段的老年学习团队的学习元素是不充分的。老年学习团队作为老年教育的重要依托，应该以社区为根，以教育为本，凸显学习与教育元素。这是老年学习团队成熟的重要标志。

开展本实验，掌握老年学习团队在成长阶段丰富学习元素的规律，有利于老年学习团队发展为成熟团队，并形成可复制的模式，为各地加强对成长阶段的老年学习团队的培育以丰富学习元素提供借鉴。由于国内鲜有培育老年学习团队以丰富学习元素的研究成果，从国际上又难以获得可以照搬的现成经验，因此，本实验具有较大的独创价值。

二、实验目标

不断丰富老年学习团队的学习元素，是老年学校开展素质教育工作的重要途径。本实验的目标是明确丰富老年学习团队学习元素的基本要求，掌握丰富学习元素的基本策略，促进老年学习团队学习习近平新时代中国特色社会主义思想，贯彻习近平总书记“加快生态文明体制改革，建设美丽中国”的思想，学习、宣传、践行生态文明，在崇明世界级生态岛建设中发挥老年人的积极作用。

三、实验内容

一是对老年学习团队的学习元素进行界定。

二是在老年学习团队中进行拓展学习内容、拓宽学习渠道、完善学习资源、优化学习方法、规范学习过程的实验。

三是在老年学校中进行运用多种策略丰富老年学习团队学习元素的实验。

四是总结丰富学习元素后，老年人积极参与崇明世界级生态岛建设的成果。

四、实验方法

（一）文献研究法

通过查阅资料，获取与本项目有关的信息，提升项目组成员的理论素养，为项目实验提供有力的理论支撑。

（二）经验总结法

总结丰富老年学习团队学习元素的经验，加以归纳提升，明确丰富老年学习团队学习元素的基本要求。

（三）行动实验法

提出丰富老年学习团队学习元素的假设，按照假设开展各项工作，进行实验。

（四）案例收集法

深入调查，收集典型案例，总结老年学习团队丰富学习元素后在提升老年人整体素质、增强团队活力、参与社区建设、参与崇明世界级生态岛建设方面的经验。

五、实验过程

（一）项目启动阶段（2018年6月至7月）

建立项目组，由崇明区老年教育工作小组办公室负责人和有关工作人员、部分乡镇老年学校校长、部分老年学习团队负责人、崇明区职业教育与成人教育学会负责人组成。

项目组成员认真分析我区老年学习团队的情况，学习相关文献资料，进行项目论证，界定老年学习团队中的学习元素。

（二）项目调研阶段（2018 年 8 月至 9 月）

深入调研，总结经验，提出丰富老年学习团队学习元素基本要求的假设，提出老年学校运用多种策略丰富老年学习团队学习元素的假设。

落实实验单位。项目组把崇明区老年学习团队联盟的 50 个成员单位作为实验单位，把城桥镇城中居委读书读报组、中兴镇轩香读书社、三星镇沈镇村舒怡健身舞团、向化镇向宏居委彩霞学习小组作为重点实验单位。

（三）项目实施阶段（2018 年 10 月至 2019 年 8 月）

按照假设，项目组在崇明区老年大学、部分乡镇老年学校和 50 个老年学习团队中开展实验，根据实验中遇到的具体问题，调整假设，完善实验方法与内容。

一是开展团队负责人培训。组织了两次老年学习团队负责人培训，邀请上海市老年学习团队指导中心主任徐玉萍、崇明区职业教育与成人教育学会会长俞志亮开办了关于丰富学习元素的讲座。

二是深入团队进行指导。项目组成员来到新村乡敬老院馨乐学习小组、建设镇晚晴文艺队和虹霞文艺队、中兴镇墨韵书画社、新海镇新 E 路学习圈、城桥镇西门北村五月花健身队，了解他们丰富学习元素的具体做法，进行现场指导。

三是推广先进经验。结合崇明区老年教育工作小组办公室工作，召开区老年学习团队工作现场推进会，推广中兴镇轩香读书社优化学习方法、三星镇沈镇村舒怡健身舞团拓展学习内容的先进经验。

四是组织撰写典型案例。在总结经验的基础上，组织编写了典型案例集《正是夕阳明媚时——崇明区老年学习团队风采录》，已印刷成册。这些案例体现了崇明老年学习团队丰富学习元素的基本情况。

（四）项目结项阶段（2019 年 9 月至 10 月）

整理、收集实验项目资料，对实验内容、实验过程和实验成果进行梳理，对丰富学习元素、提升老年人整体素质、组织团队活动、参与社区建设、参与崇明世界级生态岛建设的经验进行总结。完成结项报告。

六、实验成效

（一）老年学习团队学习元素的概念界定

广义的学习包括有意识的学习和无意识的学习。虽然文化体育等群众性老年活动团队实际上也会学习，但他们往往没有意识到自己在学习，所以属于无意识的学习。本实验把老年学习团队的学习界定为狭义的学习，即有意识的学习。老年学习团队的学习元素首先是人员，其次是学习和活动，还有场地、设备、管理等。学习元素是核心元素，规定了学习团队的本质属性。凡有意识地开展学习，并且能够认识到自己具有学习团队属性的团队，都可以归入学习团队的类型。

（二）明确了丰富老年学习团队学习元素的基本要求

1. 拓展学习内容

参加实验的老年学习团队在学习内容方面得到有效拓展。多数老年学习团队在原来的基础上增加了新的学习内容。他们围绕崇明区委、区政府2019年推进世界级生态岛建设的重大举措，学习有关新闻报道，与时俱进。如向化镇向宏居委彩霞学习小组，从单纯学习健康知识，逐步拓展为多元化的学习活动。在创建世界级生态岛系列活动中，该小组组织组员学习了“控烟知识”“垃圾分类”“环境保护”等课程，反复学习《崇明世界级生态岛发展“十三五”规划》，并在区级知识竞赛中获奖。又如建设镇虹霞文艺队不断完善学习内容，有时政、法制、科普，有讲故事、读书报、学烹调，还有唱歌、健身舞、小品、快板、戏曲、舞蹈，既有理论学习又有动手操作，学习内容得到了有效拓展。

2. 拓宽学习渠道

随着社会的进步和科技的发展，学习媒介越来越先进，学习渠道越来越广阔。崇明区老年大学和街道、乡镇老年学校开办了各种各样的教学班，老年学习团队可以组织符合招生条件的队员前去报名学习，也可以组织有兴趣的队员就近参加老年学习点学习。这是拓宽学习渠道较为简便的方法。

街道和乡镇党政有关部门经常举办市民大课堂、道德讲堂等市民教育活动，文化馆、图书馆、博物馆等机构也常常开办面向市民的专题讲座，老年学习团队可组织队员前去听讲。此外，上海远程老年大学开设了很多以电视为媒介的课程，老年学习团队可以组织队员观看电视授课。这也是很好的学习渠道。

3. 完善学习资源

学习资源的完善程度是衡量老年学习团队学习元素丰富程度的重要指标。学习资源主要体现在两方面：一是课程资源，也就是教材；二是人力资源，也就是指导教师。多数团队的学习具有较强的主观性和随意性，缺少系统规范的教材或讲义，而且，许多教材的内容无法满足团队成员的学习需求，指导教师的专业能力和业务水平也参差不齐。事实上，指导教师在引领团队发展和指导团队学习过程中具有举足轻重的作用。丰富学习元素，提高教学质量，师资是关键，课程是核心。实验过程中，项目组多次为老年学习团队配送学习资料，通过培训与指导规范教材建设。各乡镇老年学校通过定时送教上门的方式为老年学习团队提供专业化的课程与师资。老年学习团队的学习资源得到进一步完善。

4. 优化学习方法

通过实验，优化了团队学习方法，提升了学习效果。通过自主学习与集中学习相结合的方法，团队成员既能够步伐一致、共同提高，又能够根据自己的学习时间和习惯合理调整。及时复习法、分解学习法、讨论学习法、寓教于乐法、体验学习法等多种学习方法的综合运用，丰富了团队学习形式。如城桥镇城中居委读书读报组的队员，不断探索总结，创立了“一唱二做三讲四创”的学习方法。唱是指每次学习活动中唱一首革命励志歌曲。做是指做一套自编养生保健经络拍打操。讲是指建立小组学习主讲人制度，人人参与主题式学习讨论。创是指建立写作、摄影、手工艺、书画、文艺、旅游、志愿服务等兴趣小组，创造性地开展各种学习活动。

5. 规范学习过程

为使团队学习规范化、有序化，项目组成员深入各团队进行调研，对学习场地的选择、学习资源的提供、学习时间的控制、学习计划的制订、学习活动的记录管理、师资队伍的建设等方面进行指导。依托各级各类老年教育机构，尤其是乡镇老年学校和各类学习点，为学习团队提供学习场地、发放学习资料、配备专业指导教师，并且要求每次活动都做好记录，制定完善的学习管理制度。通过规范团队学习过程及强化管理，团队的学习活动规范又有序。

（三）掌握了丰富老年学习团队学习元素的基本策略

1. 团队负责人培养策略

老年学习团队一般都是由团队负责人发起成立的，他们在学员中具有较高的威望。加强团队负责人的培养，是帮助老年学习团队丰富学习元素的关键。

一是培训。通过培训使他们了解创建学习型社会的重要性，掌握老年教育的基本理论，自觉地把自己所带领的团队定位为学习团队，提高拓展学习内容、拓宽学习渠道、优化学习方法、规范学习过程等方面的能力。

二是指导。乡镇老年学校要委派专职教师联系老年学习团队，指导团队负责人在实际工作中丰富学习元素。乡镇老年学校要搭建老年学习团队交流平台，交流丰富学习元素的经验。

三是激励。老年学习团队的负责人都是志愿为老年教育服务的热心人，他们在丰富学习元素方面有许多创新的做法。乡镇老年学校要及时总结他们的先进经验，经常宣传他们的先进事迹，提高他们的工作积极性。

2. 典型引路策略

许多老年人活动队伍还没有达到学习团队的水平。对这些队伍，不能用行政手段要求他们建设成为学习团队，只能通过典型引路的办法逐步影响他们。崇明区成立了老年学习团队联盟，对成长阶段的老年学习团队重点进行丰富学习元素的培育，以达到典型引路的目的。

崇明区老年学习团队联盟成立后的主要工作是推进团队丰富学习元素。一是请专家讲解可以从哪些方面入手丰富学习元素。二是请各团队介绍自己丰富学习元素的经验。三是召开现场交流会，专题交流读书读报类团队和文化体育类团队丰富学习元素的做法。四是组织联盟成员丰富学习元素的征文评选活动。五是开展优秀队长、优秀队员评选表彰活动。通过这一系列活动，联盟成员单位在丰富学习元素方面更加自觉了，学习能力明显提高了，成为各乡镇老年学习团队的先进典型。

3. 分类指导策略

老年学习团队可以分为读书读报类团队、文化体育类团队、两者结合的综合类团队三大类型。三种类型的老年学习团队具有明显区别，只有采用分类指导策略，才能使不同类型的团队在丰富学习元素方面都取得实效。

读书读报类团队，不管是学习时事政治的，还是学习养生保健知识的，都有丰富的学习元素。但这类团队在形成初期，往往只是讲讲、读读，不关注学习方法。在成长阶段，需要帮助他们优化学习方法，以取得更好的学习效果。在学习内容上可以由浅入深，逐步深化。

文化体育类团队数量最多，帮助这类团队成长为成熟的学习团队，对于老年教育事业的发展具有重要意义。文化体育类团队的学习元素相对较少，需要帮助他们逐渐丰富学习元素，如根据团队成员学习兴趣引入养生保健知识、科学生活知识和生态文明、时事政治等内容。

大多数综合类团队的活动比较频繁，许多团队每周要活动多次，甚至每天都有集中活动。对这类团队，需要帮助他们进一步拓展学习内容、拓宽学习渠道、完善学习资源、优化学习方法、规范学习过程，以提升整个团队的学习品质与学习效益。

4. 周全服务策略

为老年学习团队提供指导服务，是各级老年学校的职责之一。帮助他们丰富学习元素时，需要用好周全服务策略。

一是提供课程服务。各级老年学校要专门为老年学习团队设计课程菜单，定期让他们挑选，以丰富他们的学习内容。

二是提供师资支持。各级老年学校要经常选派专职教师到老年学习团队去上课，把先进的教学方法带过去，起到示范作用，要帮助有需求的老年学习团队聘请专业指导教师，提高活动水平。

三是提供场地和设施支持。有些老年学习团队希望利用各级老年学校的场地和设施开展学习活动，在条件许可的情况下，各级老年学校应当持欢迎的态度。

四是搭建交流平台。建立学习团队负责人活动制度，以交流丰富学习元素的经验。搭建展示老年学习团队风采的平台，交流学习成果。

（四）提升了老年学习团队的学习效益

1. 老年学习团队成员的个人素质得以提升

通过丰富学习元素，团队成员的学习获得感明显提升。通过学习养生保健知识，老人们有了健康的养生理念，身体更硬朗了。团队成员聚在一起，说说笑笑，相互交流，让晚年生活更加丰富、充实。老年人的精神面貌与思想素质都有了明显改变，幸福指数得以提升。如绿化镇墨香社学员，通过学习，书法技艺不断提升，心态更加平和，变得更加自信。长兴镇“乐之舞”舞蹈队的陈秉红，自从加入了舞蹈队，精神变好了，人也变美了，越活越年轻。通过学习，老年人更加健康快乐，生活质量得以改善，生活品质得以提升。

2. 老年学习团队的社会价值得以彰显

首先，团队学习有效促进了社区治理。许多老年学习团队学习形式灵活多样，既有讲座交流，又有个人练习，还有集体活动。团队成员主动参与社区事务管理，在矛盾调解、文明社区创建中发挥积极作用，使小事不出楼道，大事提前防控，有效拓展了基层民主和群众自治。老年学习团队逐渐成为居民学习文化、交流信息、扩大交往、增长知识、凝聚力量的重要渠道，成为崇明区和谐发展的重要力量。

其次，团队学习助力崇明世界级生态岛建设。很多团队学习十九大精神和创建崇明世界级生态岛有关内容后，还带动周边村民一起行动，共同参与乡镇和村级各项生态岛创建实事工程。如新村乡“快乐加加”老年学习团队积极响应政府推行的垃圾定时定点投放政策，多次邀请周边村民一起学习和宣传，既参加了创建崇明世界级生态岛的行动，又锻炼了身体，得到了区、乡两级政府的肯定。

最后，团队学习推动本土文化建设。老年学习团队在学习内容和学习形式上不断丰富。学习活动有意义、有主题、有系统、有成果，是学习活动能持续进行的重要原因。如由崇明区教育学院退休职工组成的“夕阳追梦”学习团队通过专项研究来丰富学习元素，他们组织老同志撰写崇明教育故事，为崇明的本土文化建设发挥余热。

3. 老年学习团队的服务能力与影响力得以提升

老年学习团队结合农村实际，推进振兴家乡建设。团队成员在努力学习的同时，增强了为社区服务的意识，把学到的知识用于为社区服务，提升了服务社区治理、助力社会建设的能力。

各学习团队充分考虑各村委的工作实际，组织学习相关内容，编排相关文艺节目，开展宣传演出。如建设镇虹霞文艺队，学习垃圾分类知识后，编写了快板节目《垃圾分类》和小品《一定要分》；学习移风易俗相关知识后，编写了小品《办丧事》和《老娘舅》；学习禁毒知识后，编写了小品《悔恨》……这些节目在村里演出后，收到了良好效果。通过参与社区治理，开展宣传演出，各学习团队在丰富学习内容的同时，扩大了学习成果的影响力。

七、实验思考

老年学习团队往往由年龄、职业、爱好各不相同的团队成员组成。为了满足老年学习团队多样化的学习需求，提供有针对性的学习资源，各级老年学校需要进一步在课程资源的开发与建设发展方面努力。

社区教育有着鲜明的地域色彩，需要因地制宜、因人而异、因时而进。在城镇化过程中，崇明区老年学习团队的成长与发展呈现出较强的阶段性特点。与上海其他区相比，崇明区老年人的文化程度与知识水平相对较低，老年教育的人力、物力资源也不够完备。如何从整体上提升团队的学习品质、进一步构建稳定和有序的学习模式，需要终身教育工作者持续努力与深入探索。

（结项时间：2019 年）

引导学习团队运用微信群进行学习的实验

闵行区七宝镇老年学校

一、实验背景

（一）学习媒介从课堂延伸至网络

信息化社会给老年人的学习带来了便利。作为现代网络技术发展的产物之一，微信群已经成为老年人自主学习、相互交流的重要渠道。据调查，目前，七宝镇 80% 的老年学习班和学习团队都建立了微信群，许多师生都加入了不同的微信群。微信群的建立，使各类班级和团队的管理更为便捷，是对现有教学模式的延伸。

（二）新媒介带来了新问题

微信群的普及，也带来了一些新问题。如何促进老年学习团队微信群的规范化发展，并引导学员利用这一平台开展健康自主学习，有效提升综合素质，是值得我们思考的问题。

二、实验目标

（一）营造良好的微信群学习氛围

良好的微信群学习氛围包括三方面：（1）正确的舆论导向；（2）互相尊重、互帮互学的人际关系；（3）敢于开拓进取、勇于改正错误的学习风气。

（二）提升老年学员网络学习素质

老年学员网络学习素质分为两方面：（1）网络学习必备的知识、技能；（2）网络学习必备的思想、道德。

三、项目实施途径

（一）通过对群主的培训，提高学习骨干的素质

通过道德素养和信息技术两方面的培训，提升团队核心人物的素养，使其意识到自己的责任，在微信群这个平台中以身作则。

（二）网络学习规则的建立和维护

通过问卷调查、召开座谈会等，明确微信群及网络学习的内容和方式，为不同类型的班级设定不同的学习目标，每月限定一个主题，引导学员在微信群中互相交流。

（三）通过项目引领提高老年学员的素质

在微信群内引领学员共同学习并完成一项共同的任务，可以使群内的老年学员心往一处想，劲往一处使。这不仅能推动任务完成，还能提高学员素质。

（四）通过召开相关会议，营造良好的网络氛围

总结实验过程中各类班级和团队微信群发展的经验，互相交流。定期召开座谈会，召集参与实验研究的团队骨干交流实验过程中出现的问题。召开联席会议，总结交流在网络学习中所取得的学习成果和经验。

四、实验内容

（一）前期调查

为更好地了解老年学习团队的现状，实验前，我们在老年学员中发放了101份调查问卷。经过整理和统计，我们发现，77%的学员希望能老有所学，习得知识。很多学员反映了班级微信群管理不规范的问题。通过问卷调查，我们选定了参与实验的学习团队，分别是写作沙龙、“花花园”电脑沙龙、朗诵艺术班。这三个团队的共同之处是学员有一定的学习动机，微信群在日常管理中存在不足之处，团队骨干和学员都希望通过实验来改变所在团队的网络学习氛围。此外，朗诵艺术班的学员想在毕业后继续学习，学校也想借此实验，破解老年学员不愿毕业的难题，尝试借助网络平台规范学习沙龙的发展，让线上学习成为沙龙型课程的主要学习方式。

（二）制定规范

必要的行为规范是良好的网络学习环境的必要保障。我们在微信群里发表

言论时必须遵守社会主义核心价值观，注意保护个人隐私，互相尊重。在微信群学习骨干例会上，每位团队负责人和骨干都发表了自己的意见，共同制定了微信群公约，主要内容包括牢记信息安全、回避不宜话题、坚持实事求是、拒绝广告拉票、相互关心爱护等。在微信群公约实施过程中，我们进行了柔性调整，如拉票是目前微信群经常出现的情况，从刚开始的一刀切，调整为允许出现与老年教育和本人学习成果相关的拉票行为，但不能影响正常学习交流。

（三）技术支持

微信有多种功能，如文档、图片、视频等的上传和下载。微信群的建立和维护涉及一些具体的技术操作，需要对微信群内的人员进行适当的培训。这次实验中，我们把技术培训工作和"花花园"电脑沙龙的线下交流活动结合起来，每月第二周的星期二下午，由参与实验的学习团队的微信群骨干提出学习需求，然后由电脑沙龙的教师和学员设计每月学习的课程方案，通过学习和讨论的方式来提升信息技术能力。

（四）项目引领

良好的网络学习环境不是自发形成的，需要有意识的引领。这就要求我们在每一个微信群里面，根据学习的主题、广大学员的学习意愿、当前社会发展的形势来选定项目，以项目来吸引和带动大家一起学习，同时在学习的过程中发现问题，为大家提供思想或物质上的帮助。在这方面，我们借鉴了以往村（居）委学习团队主动发展的研究成果，即在一个阶段集中力量做一件事，做一件有意义的事，做一件自己想做的事，做一件从未做过的事，做一件通过努力能做到的事。在每个微信群确定自己的项目后，实验项目小组每月与每个学习团队沟通一次，指导和推动实验研究。

1. 写作沙龙微信群

写作沙龙以线上活动为主，有自己的微信群和微信公众号。微信群是写作沙龙交流学习的主要方式，每月中旬固定半天时间线下交流。通过课题组的指导，写作沙龙设立了"一件事"项目，决定对一部作品集进行调整。除了成员常规的作品，他们还组织了以"庆祝中华人民共和国成立 70 周年"为主题的文学创作活动，并利用微信群及写作沙龙微信公众号进行交流，互相点评。写作沙龙的部分成员喜爱诗词，所以在写作沙龙内部还成立了一个诗词沙龙。在这次文学创作活动中，诗词沙龙成员也有部分作品。前期，成员在微信群内交流自己创作的作品，互相切磋，完善作品。中期，挑选部分优秀作品在写作沙龙微信公众号展示。后期，出版《蒲溪文林》。

在此之前，写作沙龙微信群中学员转发的作品很多，有时也会出现一些不和谐的声音。通过此次实验，我们制定了统一的微信群公约，以学校的名义发布，规范了微信群的管理，不和谐的声音变少了。

2. 朗诵艺术微信群

一是合理使用微信群规范，引导学员积极主动地在群中展示自己的学习成果。朗诵艺术微信群成立之初，以转发网络上优秀的朗诵作品为主，缺少实质性的学习和交流。教师要求大家把朗读课上教授的相关素材的音频发到群中，几乎没有学员做到。有个别学员只发私信给教师，不愿意在微信学习群内交流。建立规范后，教师按照规范直接把学员私信发来的音频作业转发到班级微信群，让学员互相学习，共同进步。刚开始，很多学员很羞涩，觉得不好意思，但在微信群的学习交流中尝到甜头后，基本上都能主动把音频作业发在群里，接受教师的指正，从而受益，逐步形成了良好的学习氛围。目前，班中 90% 的学员会按时在微信群内上传自己的作业。

二是项目引领。该团队把学校要求的演出任务《从石库门到天安门》作为自己的项目。项目组结合课上教学和课下交流情况，鼓励大家把自己的朗诵音频发到微信群中，请教师和其他学员指点。通过交流，进步最大的是施晓曦同学，她原来普通话正音部分不是很好，上课又羞于举手发言，现在不仅能读准，还能主动发言。在项目引领中，教师的作用十分关键。学语言一定要过“开口关”，上课一个半小时每人说不上几句，通过群聊，学员锻炼了表达能力，学习效率大大提高。而一对一的个别指正和辅导对任课教师也提出了更高的要求——教师要利用大量的课余时间指导学员。教师这种无私奉献的精神也是微信学习群不断发展的动力。

2019 年 7 月，我校的学习型沙龙“诵苑”正式成立，满足了不愿从朗诵班毕业的学员的学习需求。“诵苑”主要借助微信群学习交流，学员自行选择作品朗诵，互相点评。在项目引领上，与朗诵班保持一致，同样要遵守微信群公约。

3. “花花园”电脑沙龙微信群

一是建立活动规范。“花花园”电脑沙龙是我校一个老牌的学习沙龙，成立多年，一直健康发展，其原因就是有一套与时俱进的活动规范。学员最早是在 QQ 上进行学习和交流，学习时间是每周二晚上，学习的主要内容是通过聊天的方式练习电脑打字，随着智能手机的普及，逐渐转向微信群学习，但微信群的发展也慢慢进入瓶颈期。因为电脑学习和手机学习的方式较为单一，很多学员的学习兴趣开始下降，于是学校进行了思考，希望采取措施提高大家的学习兴趣，让学习氛围有高涨的趋势。特别是在此次实验开展的前期，通过与团队负责人和骨干沟通，考虑到“花花园”电脑沙龙内人才济济，兴趣爱好广泛，学校建议他们每月开展一次主题活动。他们还完成了市、区的一些线上学习活动，如线上读书活动、垃圾分类知识竞赛。

二是项目引领，保证每个阶段都有一个需要共同完成的任务。2018 年 12 月，召开了“花花园”年会，主题为“2018 年‘花花园’致敬改革开放 40 周年联谊会”。“花花园”电脑沙龙是学习型团队，学员兴趣爱好广泛，所以作业展示类型有摄影、摄像、微电影、美篇等。“花花园”进行了以“庆祝中华人民共和国成立 70 周年”为主题的作业展示活动，用时 20 天左右，展示作品 16 篇。“花花园”参加了第九届上海社区线上读书活动。团队成员参加了上海老年人学习网的“生活垃圾分类”知识竞赛。

微信群的规范和引领，使每位成员在信息技术不断发展的今天能够与时俱进地学习，使老年学员的综合素质得到提升。

五、实验后的行为改进和进一步呈现

（一）从缺乏远大理想转变为追求生活的意义

通过微信群的规范和引领，学员逐渐改变了自己的思想。之前，一些老年学员认为，自己辛苦了一辈子，退休后应该放松放松，享受生活。他们在学习中没有追求，也不愿承担任务。教师稍微提出一点要求，他们就有意见。因为微信群有相应的规范和要求，看到群内其他学员都完成了任务，这部分人受到感染，也出色地完成了任务。这种情况，在朗诵艺术微信群中表现得最为明显。

（二）从注重个人名利转变为乐于合作，主动承担社会责任

学习是个人行为，但又不是单纯的个人行为。老年人参加社区学习，在享受社会为自身提供的各种学习便利的同时，必然要承担一定的社会责任。针对群体中少数人的不良思想和行为，我们借助微信群进行规范和引领，树立风清气正的榜样，对不良行为进行善意的批评，引导大家为完成共同的任务而努力。这种情况，在写作沙龙微信群中表现得最为明显。

（三）从注重操作技能转变为注重文化内涵

以往，社区教育中存在着“技术至上”的思想。由于不重视思想道德教育，一

些人渐渐迷失了方向，在微信群内转发或者发表一些负面、虚假的信息，造成了不良的影响。通过微信群的规范和引领，这种情况有了很大的改变。许多学习团队，在开展活动时首先考虑的是思想道德和文化价值。

这些成果将进一步通过活动来展示：（1）写作沙龙，写作文集；（2）朗诵艺术，朗诵班结业成果展示，优秀作品展示；（3）电脑沙龙，线上学习圈的活跃学习。

六、反思与展望

首先，随着信息技术的不断发展，网络学习的媒介也不断更新，从网站到QQ群和微信群，从电脑到手机，如何让老年人与时俱进，熟练掌握新媒介的使用方法，这是学校层面需要思考并解决的问题。建议加强信息技术素养类课程的设计和开发。

其次，由于缺乏面对面的交流，线上学习容易使老年人感到孤独，降低其学习积极性。如何提升老年人的学习积极性，营造线上学习平台的活跃学习氛围，提高线上学习团队的凝聚力，也是值得思考的问题。

（结项时间：2019年）

志愿服务与老年素质教育

倡导老有所为，通过志愿服务推进老年素质教育的实验

上海市退休职工大学

一、实验背景

志愿服务是衡量一个社会文明程度的重要指标，是评判和谐社会助人为乐风尚的重要标尺，是践行社会主义核心价值观的重要途径。老年学员有丰富的社会经验和充裕的时间，与同龄人之间有更多的共同语言，更容易沟通，老年学员志愿服务队伍是应对深度老龄化社会的重要力量。

我校作为老年学校素质教育实践基地，一直把素质教育作为学校建设的主要抓手，大力弘扬社会主义核心价值观，支持、帮助学员和老年学习团队开展志愿者服务活动，取得了一定成果，涌现出一批以保健服务队为代表的热心公益且活跃在志愿服务一线的优秀志愿者集体与个人。本次实验，旨在进一步提高志愿者参与志愿活动的自觉性和使命感，让志愿者在开展志愿服务活动的过程中完善自我，超越自我。

二、实验目标

弘扬志愿者精神，倡导老有所为，推进老年素质教育。通过项目实验，把老年学员乐于助人、勇于奉献的精神发扬光大，吸引更多老年朋友加入志愿者行列。通过开展志愿服务，提高学员思想境界，丰富志愿服务内涵。

三、实验内容

以正确的政治导向，引导学员树立志愿服务理念；把素质教育内容融入志愿服务活动过程。

（一）实验方法

一是选择老年学习团队、班级、学员开展实验。二是以保健服务队及社区教育志愿服务品牌项目等为重点。三是通过多种形式的媒体舆论宣传，营造校园氛围。四是表彰先进，树立榜样。

（二）实验步骤

1. 成立工作小组

2017 年 4 月，成立了由学校主要领导任组长、办公室主任和教务主任等任组员的项目工作小组，确立了“点面结合，正确引导，善于启发，积极实验，探索总结”的工作方针，并明确了实验步骤。

2. 进行宣传动员

通过校园电子报、网站、校报、微信公众平台等进行宣传。在班级里动员，引导师生积极参与。召开专题会，了解实验进程和师生意见，以便及时发现问题，进行相应调整。

3. 进入实施阶段

一是以点带面。选择保健服务队、经络养生沙龙团队、玉兰书画社等类型不同、活动多样、有特色、骨干威信高、核心能力强的老年学习团队以及部分班级、学员作为实验对象。

二是思想引领。通过学习讨论，引导志愿者树立积极养老观念，提高志愿服务的自觉性，鼓励学员发挥余热，参与社会志愿服务。主要包括三项内容：（1）骨干吹风，召集团队骨干就实验活动进行讨论，了解团队成员对实验活动的态度和想法；（2）核心成员开会，讨论、确定活动载体和切入点；（3）利用团队活动进行动员。

保健服务队是我校志愿服务的先进典型，在全市常设 5 个志愿服务点，每周至少服务一次，已经坚持志愿服务二十多年。实验中，保健服务队，尤其是徐汇区湖南街道服务点注意发挥党员的作用，组织大家学习党的十九大文件精神，积极响应习近平总书记“不忘初心，牢记使命”的号召，带领服务点志愿者成员投身公益，践行社会主义核心价值观。

经络养生沙龙团队在志愿服务活动中，根据自身特点，把健康中国作为此次实验活动的主题，认真学习党的十九大报告和习近平总书记关于健康中国的论述，围绕健康中国和老龄化给城市管理带来的压力，以及老年人的作用进行讨论，激发大家的责任感和荣誉心。大家一致认为，老年人也是社会的重要资源，应该老有所为，发挥自身作用。大家表示愿意发挥余热，在学校“充电”，到社会“放电”，为健康中国尽绵薄之力。

三是组织培训。学校举办志愿服务工作培训班，邀请上海市学习型社会建设服务指导中心办公室主任彭海虹来校指导。彭主任以“我们拥有共同的身份——上海社区教育志愿者”为题，从全球趋势、全国环境、上海发展等角度为大家介绍了建设学习型社会的形势和任务、举措和成效，以及社区教育志愿服务的重点和突破点。彭主任为大家梳理了社区教育志愿者的概念、特点和任务；向大家介绍了社区志愿者的工作现状；分享了各志愿服务工作站的工作特色和成效。培训让大家开阔了眼界，打开了思路，提高了对素质教育、志愿服务重要意义的认识，坚定了保持高度服务热情、不断提升服务质量的信念。学校还有针对性地为志愿者提供相关课程，为志愿者的专业学习和知识更新提供方便，为他们提高技能、增强自信创造条件。

四是搭建平台。素质教育的成果可以通过志愿服务来体现。通过开展实验活动，学员对志愿服务的内涵有了新的认识。学校搭建志愿者服务平台，让志愿者有用武之地，让志愿者精神广为传播，让志愿者的精神境界得到升华。这是以社会主义核心价值观为导向的素质教育成果最直接、最有效的体现。主要包括三项内容：（1）鼓励、支持学员和学习团队走出校门，走进社区，把投身公益作为团队活动的重要内容；（2）借助上海市社区教育志愿服务总队举办的志愿服务品牌项目活动，组织和开展以保健服务队为主体，相关团队、个人积极参加的志愿活动；（3）立足校园，组织开展参与面广、形式多样的志愿者活动。学校围绕中心工作，积极组织志愿服务活动。我校地处闹市商务楼，高峰时段人流量较大，乘坐电梯时容易引发矛盾。为维护乘坐电梯的秩序，学校组织了“兴文明风，做文明人——安全、有序乘电梯活动”，2018 年 3 月发起招募志愿者。学员纷纷响应，如今每到下课时间，志愿者都会身着绿背心，认真维持秩序，宣传文明乘梯，提醒来往学员小心慢行。

五是表彰激励。志愿服务开展素质教育的重要一环就是正面引导，及时表彰。通过表彰，树立典型，凝聚力量，榜样带动。实践让我们认识到，素质教育不能单靠简单的说教，而是要以生动实际的模范事例展现出来，并大力开展表彰倡导活动，发挥示范引领作用，激励带动更多的学员加入志愿者队伍。2018 年底，学校对两个志愿服务先进集体、十位十佳志愿者、六十位荣获“心系校园奖”“热忱奉献奖”“文明新风奖”的志愿者进行表彰，并举行了隆重的颁奖仪式。获奖代表吴鸿芳、沈燕、傅旭华先后发表感言，一致表示要为弘扬志愿者精神、形成社会文明新风尚贡献自己的力量。

表彰先进、宣传获奖者的事迹，给学员树立了榜样，激发了学员参与志愿者活动的热情。

四、实验效果

实验活动不仅拓宽了老年人“求知、有为”的空间，还激发了越来越多的学员和学习团队服务社会、践行志愿者精神的积极性。

（一）志愿者境界得到升华

实验活动使广大学员对志愿服务有了进一步的了解，对自己正在做的志愿服务工作有了更深的认识。经络养生沙龙成员邱云仙说：“多次学习党中央提出的健康中国战略后，我深刻认识到，一个人的健康关系一个家庭的命运。我们到社区开展养生保健知识宣传，能为国家贡献一点力量，感到非常自豪。我们会继续投身公益，为健康中国出力。”

（二）志愿服务更加自觉主动

实验活动的过程是学习的过程，也是实践的过程。学习提高了学员的思想境界，使其对志愿者素质要求、志愿者精神有了更深刻的理解，促使学员用娴熟的技能服务群众，用一颗爱心温暖群众。积极向上、崇德向善、互助互学的校园文化氛围正悄然形成。

保健服务队湖南街道服务点原负责人陈孝瑞是位老党员，年岁渐高仍在一线忙碌。他对经络推拿颇有心得，每到服务日慕名找他推拿的人很多。陈孝瑞来者不拒，尽心尽力。服务之余，他还到上海远程老年大学湖南社区居委收视点担任辅导员，热心指导收视点学员，已经连续几年被湖南街道社区教育委员会评为“优秀辅导员”。如今，学校考虑陈孝瑞年事已高，让他退出一线服务，但每到服务时间，他仍然准时出现在服务现场。李月光身患癌症，病情稳定后，她不仅积极参加社区志愿服务，还经常到癌症俱乐部，帮忙贴耳穴，宣讲保健知识。张妙珍不慎摔跤，头部缝了四针，她不顾家人劝阻，只请了一次假，马上就参加服务活动。谢丽君、陈吟秋、茅建英、陈明宝、秦惠民等队员，只要是公益活动，他们随叫随到。

巧手编织社组织社员编织了 200 多件御寒物品，捐赠给养老机构，给老人们送去暖意。玉兰书画社的学员手绘折扇和书法作品，赠送给老年公寓的老人。90多岁的丁锡湧，泼墨挥毫，按时保质保量完成任务，给需要帮助的老人送去一份清凉。经络养生沙龙的沈国雷、邱云仙、毛雪云、董国珍在静安区共和新路街道开办“中老年实用保健讲座”，介绍养生知识，受到居民热烈欢迎，并回应居民要求，讲座由过去的每月一次调整为每周一次。舞蹈队的老年学员克服困难，忘我排练，不计得失，为基层社区、企业、养老院义演。志愿者精神无处不在。

2018 年，我校围绕申报的“养生宣讲送健康”志愿服务品牌项目，组织和开展了大量的志愿活动。项目实施过程中，保健服务队参加了黄浦区五里桥街道铁二居委会、湖南路街道党员活动中心、普陀区石泉街道管弄居委会、银发大厦、锦南商厦等服务点的服务活动，参加了黄浦区退休职工管理委员会组织的“月月为老服务”、上海市退休职工管理办公室在复兴公园举办的一年一度的大型敬老服务及各方邀请的公益活动，为市民推拿 1372 人次、耳穴 3630 人次、刮痧 216 人次、量血压 2245 人次、拔罐 140 人次、艾灸 520 人次、手穴 119 人次、理疗 154 人次，自编宣传资料 4 份，教材 2 种，在各服务点等场所开办养生保健宣讲会 8 次，受益万余人次，取得了良好的社会效果。2018 年，“养生宣讲送健康”志愿服务品牌项目被评为上海市社区教育优秀志愿服务品牌。

学员积极参与学校开展的“树立文明新风，做文明学员——安全、有序乘电梯活动”。2018 年有 874 人，3778 人次参与志愿服务，参与面更广，营造了良好的氛围。

不少学员积极参加社区志愿活动。傅旭华、吴鸿芳、徐耀栋、童林芬、顾韫等志愿者都是热心社区志愿活动的“大忙人”，是志愿者精神的传播者。

（三）存在的不足

一是宣传不够，部分学员对实验活动的了解不够全面，没有达到最佳效果。

二是实验样本不够全面，主要针对目前志愿服务工作开展得较有起色的团队或项目进行研究，对个人、班级的实验较少。

三是广度和深度不够，仅在本校范围内进行研究，普遍性、深入性不够。

（四）几点思考

一是要加强思想引导。老年志愿活动的开展，主要受老年人参与意愿的影响。志愿服务工作要持续健康发展，需要有坚强的精神支撑、正确的思想引领。学校应通过素质教育活动，提高老年人对社会主义核心价值观的认识，努力让老年人提升境界，自觉参与志愿活动，积极发挥余热。

二是要注重核心人员培训。通过走出去、请进来的方法，组织讲座培训、学习交流活动，互相激励，以点带面。

三是要持续在全校开展素质教育活动，让素质教育融入学校的教学工作，渗透进校园文化氛围里，反映在学员的精神面貌上，让“奉献、友爱、互助、进步”的志愿者精神，成为校园的主旋律。

（结项时间：2019 年）

倡导志愿精神，加强学校志愿者队伍建设的实验

上海老龄大学

上海老龄大学志愿者队伍组建于2012年4月20日，2013年被上海市老年教育协会评为优秀学习团队，2014年成为上海志愿者协会社区教育志愿服务总队上海老龄大学工作站。成立以来，该团队努力承担服务员、信使员、安全员、迎宾员、矛盾化解员和学科建设领军者的“五员一领军”职责。目前，全校注册志愿者76人，下设6个特色服务队。志愿者热心，有奉献精神，“有需求、有困难，请找志愿者”成为老龄大学的传统，给予广大师生美好的道德示范和精神享受。志愿者还用自己在学校所学的知识反哺社会，用行动诠释了“奉献、友爱、互助、进步”的志愿精神，全方位多层次展示了老年志愿者的风采。

近年来，党中央倡导弘扬社会主义核心价值观，习近平总书记提出“把培育和弘扬社会主义核心价值观作为凝魂聚气、强基固本的基础工程”，犹如春风吹拂，给学校志愿活动增添了正能量。志愿者在培育和践行社会主义核心价值观、服务社会、帮助他人的过程中体现着自己的价值——虽然老了，但不是社会的包袱，而是社会建设的一支重要力量。

为此，我校成立了“倡导志愿精神，加强学校志愿者队伍建设的实验”项目课题组，从注册志愿者队伍建设入手进行研究，通过实验活动，进一步思考如何深入、持久地开展这项活动，形成常态化、制度化、具有标志性的校园文化。

一、认可

课题组通过座谈会、访谈等形式，对学校开展志愿活动能否为广大志愿者所认可和接受开展调查，并于2015年5月对我校全体注册志愿者开展了问卷调查。

注册志愿者人数虽少，约占学校学员总数的0.7%，但他们来自全校各个系，涉及各种年龄层次和文化层次，在学校影响比较大。本次调查共发放问卷46份，回收43份，回收率93.5%。调查统计分析结果如下：

(一)概况

性别：男性占 20.9%，女性占 79.1%，见图 1。

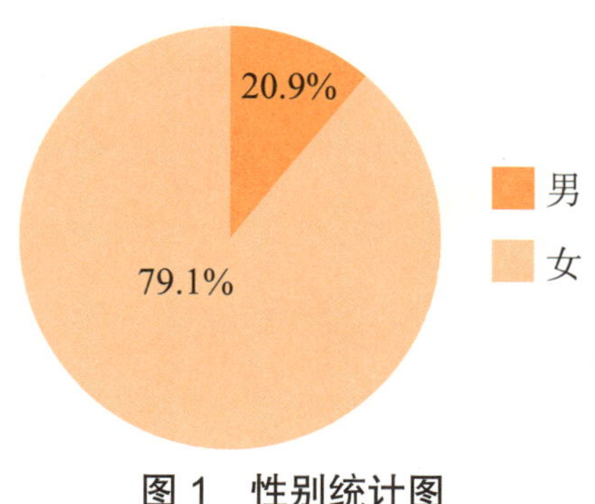

图 1 性别统计图

年龄：60 岁及以下占 20.9%，61 至 70 岁占 65.1%，71 至 80 岁占 14.0%，见图 2。

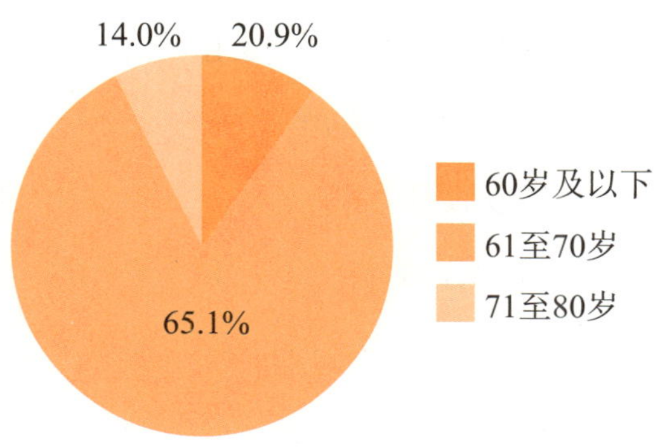

图 2 年龄统计图

参加志愿活动时间：1 年以下占 4.7%，1 至 2 年占 34.9%，2 至 3 年占 14.0%，3 至 4 年占 16.3%，4 年以上占 30.2%，见表 1。

表 1 参加志愿活动时间统计表

时间	百分比	有效百分比	累积百分比
1 年以下	4.7%	4.7%	4.7%
1 至 2 年	34.8%	34.8%	39.5%
2 至 3 年	14.0%	14.0%	53.5%
3 至 4 年	16.3%	16.3%	69.8%
4 年以上	30.2%	30.2%	100.0%

以上数据说明，男学员参加的比例比女学员低，在参加志愿活动方面，男学员还有很大的空间。年龄在 70 岁及以下的学员占 86.0%，说明只要身体健康，这个年龄段的学员是愿意参加志愿活动的。参加志愿活动时间在 4 年及以下的学员占 69.8%，他们大多是学校成立志愿者队伍后参加的，但也有 30.2% 的学员早在学校成立志愿

者队伍前就已经自觉参加志愿活动。

（二）学员参加志愿活动的感受

1. 能否从学校领导和办学人员身上感受到志愿者精神

74.4% 的学员能在绝大多数学校领导和办学人员身上感受到志愿者精神，25.6% 的学员能在少数学校领导和办学人员身上感受到志愿者精神。

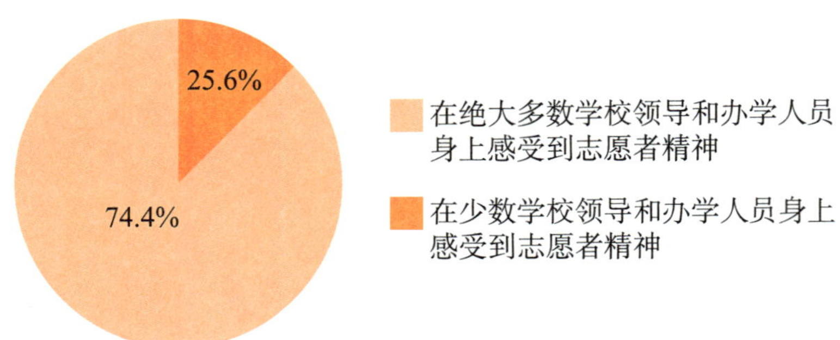

图 3 “能否从学校领导和办学人员身上感受到志愿者精神”统计图

2. 能否从教师身上感受到志愿者精神

60.5% 的学员能在绝大多数教师身上感受到志愿者精神，34.8% 的学员能在少数教师身上感受到志愿者精神，4.7% 的学员没有在教师身上感受到志愿者精神。

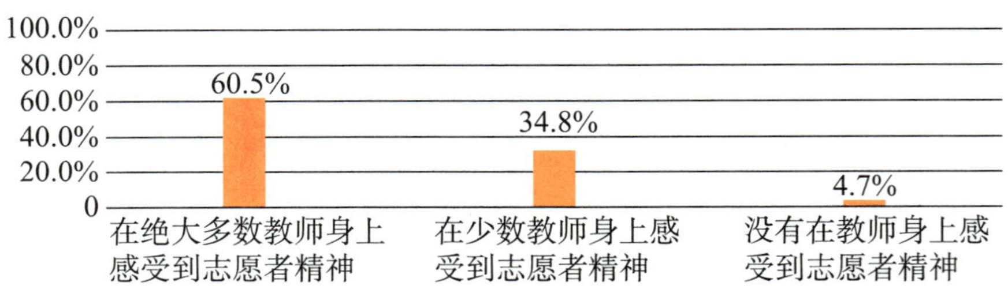

图 4 “能否从教师身上感受到志愿者精神”统计图

3. 对学校志愿者氛围的感受

34.9% 的学员认为学校已经形成志愿者氛围，65.1% 的学员认为学校正在形成志愿者氛围。

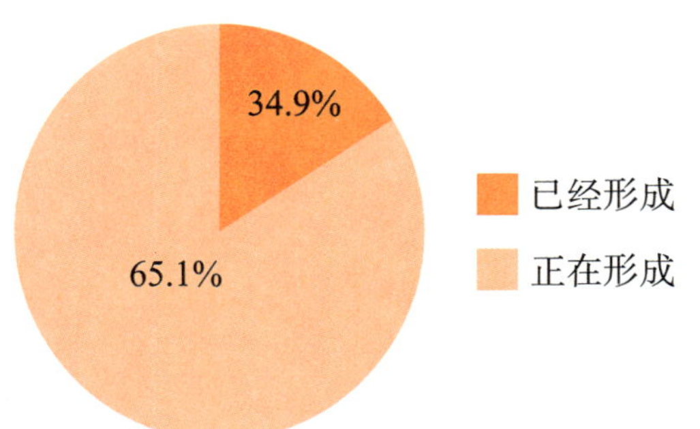

图 5 “对学校志愿者氛围的感受”统计图

可以看到，学员无论是从办学人员身上还是从教师身上都能感受到志愿者精神，志愿者氛围正在学校范围内形成。

4. 对参加志愿活动的感受

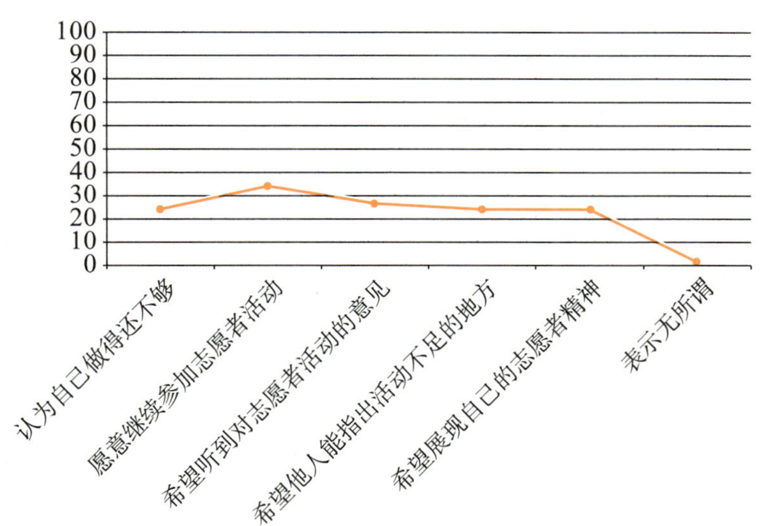

图 6 “对参加志愿活动的感受”统计图（单位：人次）

统计结果显示，很多学员愿意参加志愿活动且有持续参加意愿。这说明此项活动是可持续的。

5. 对周边的影响

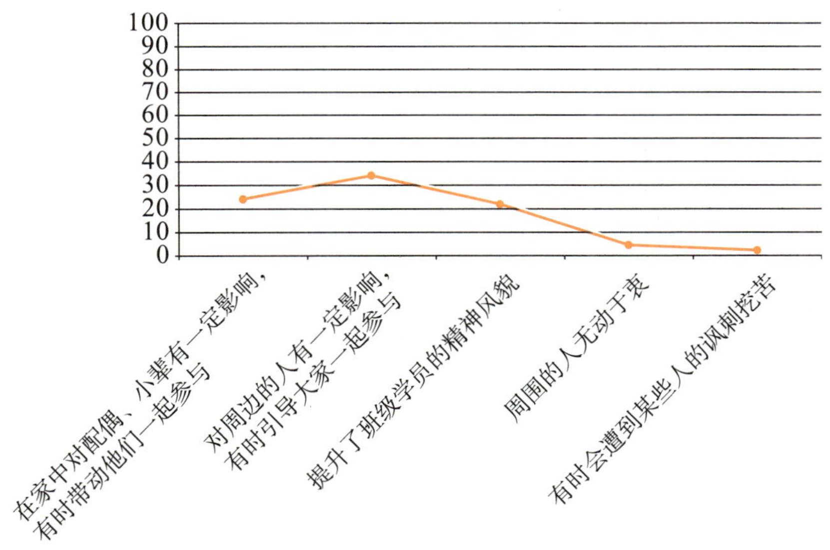

图 7 “对周边的影响”统计图（单位：人次）

统计结果显示，很多志愿者能影响周边的人。组织学员参加志愿活动，有助于促进班级和谐，提升学员精气神，但对家庭成员的影响作用还不够大。有时会遇到周围的人不理解的情况。这说明老年志愿者要想得到社会的认可，还需要一定时间。

6. 是否参加了所在社区或其他社区的志愿活动

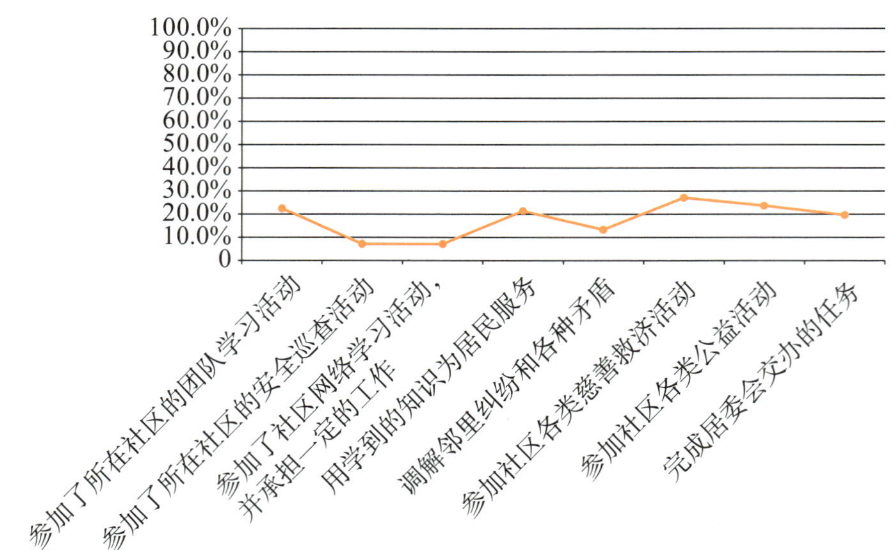

图 8 “是否参加了所在社区或其他社区的志愿活动”统计图（单位：人次）

统计结果显示，多数学员能积极参加社区有关活动，是社会治理中不可忽视的力量。

（三）学员作为志愿者，关心学校各项工作

1. 必须提醒或制止的校园不文明行为

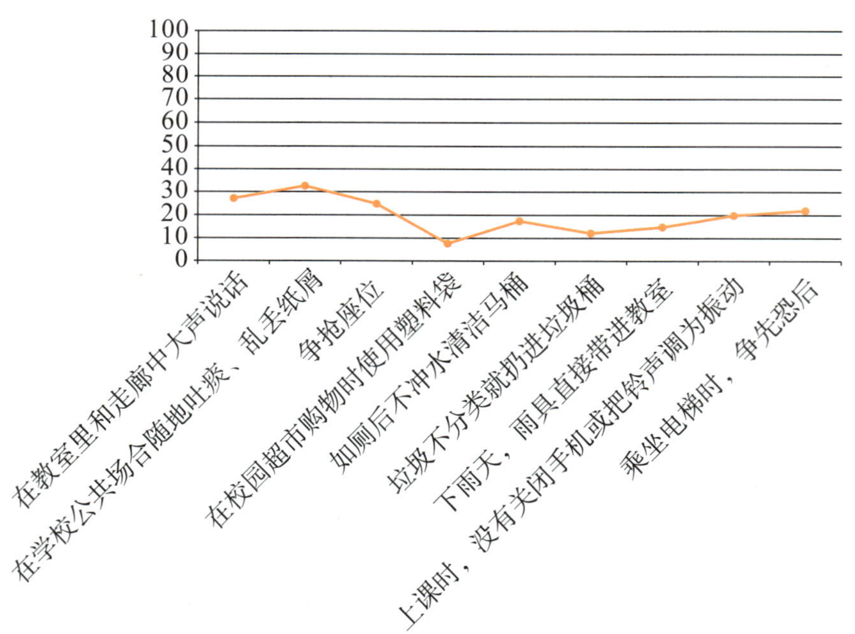

图 9 “必须提醒或制止的校园不文明行为”统计图（单位：人次）

学员作为志愿者，关心学校环境和教学秩序。针对学校公共场合出现的大声说话、随地吐痰、乱丢纸屑、争抢座位等现象，很多学员能提醒或制止。

2. 对学校教学设备故障、学员之间矛盾的关注情况

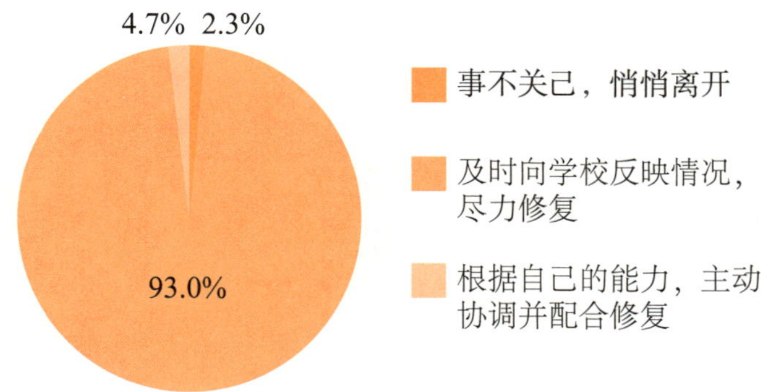

图 10 “对学校教学设备故障的关注情况”统计图

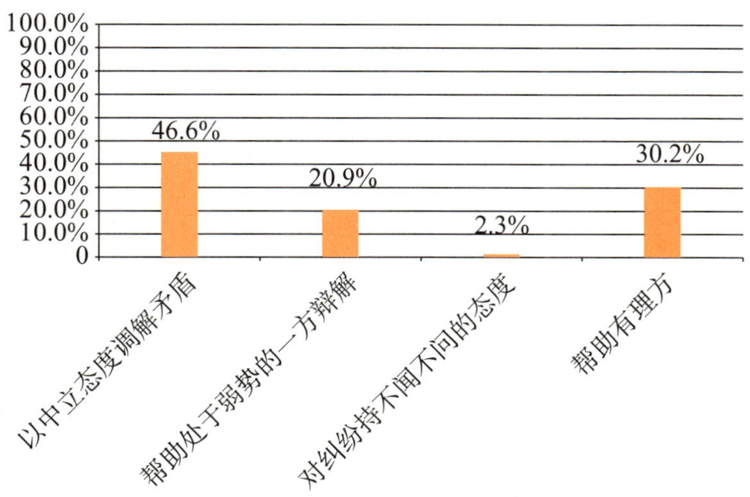

图 11 “对学员之间矛盾的关注情况”统计图

统计结果显示，多数志愿者能主动关心教学设备故障，调解学员之间的矛盾。

（四）对志愿精神的理解

1. 志愿者的行为规范

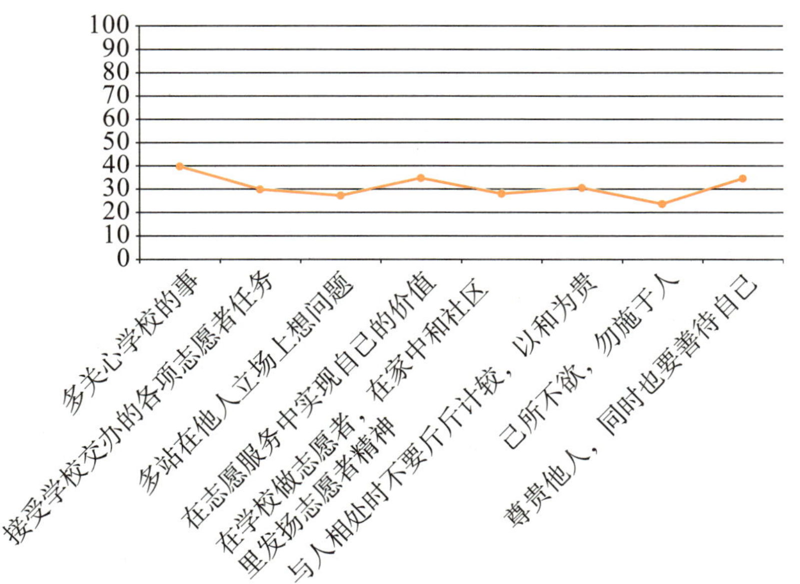

图 12 “志愿者的行为规范”统计图（单位：人次）

统计结果显示，很多志愿者认同志愿者的行为规范。

2. 以志愿者精神要求自己

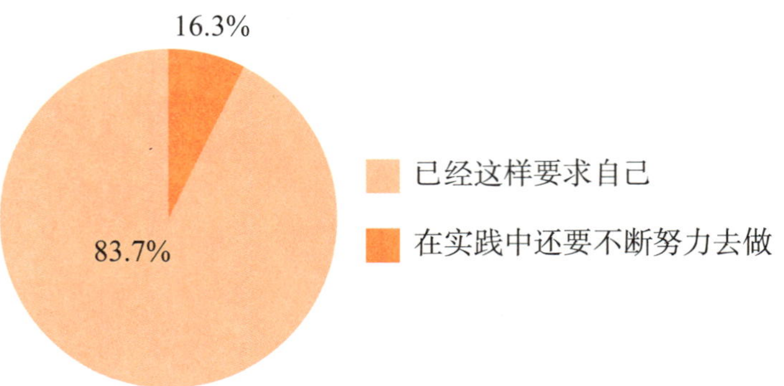

图 13 "以志愿者精神要求自己"统计图

统计结果显示，很多学员对自己有行为规范要求并能以志愿者精神要求自己。

3. 志愿者应有的风采

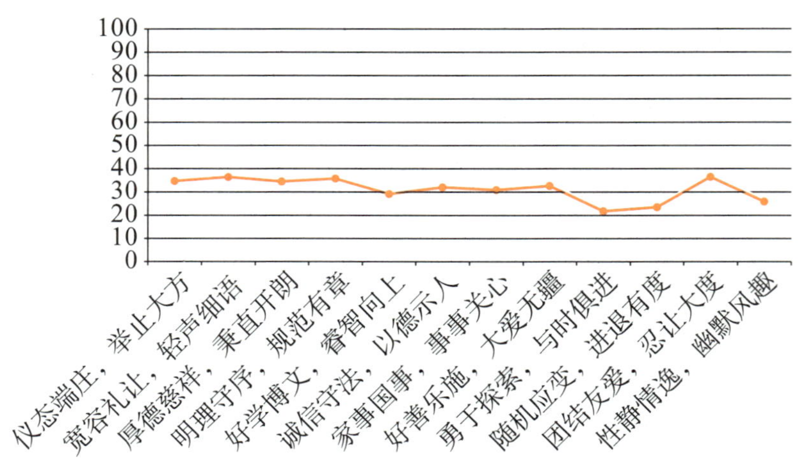

图 14 "志愿者应有的风采"统计图（单位：人次）

学员比较认可的志愿者风采包括：（1）仪态端庄，举止大方；（2）宽容礼让，轻声细语；（3）厚德慈祥，秉直开朗；（4）明理守序，规范有章；（5）团结友爱，忍让大度。

（五）对学校开展志愿活动的建议

1. 建议学校在哪些方面改进志愿活动

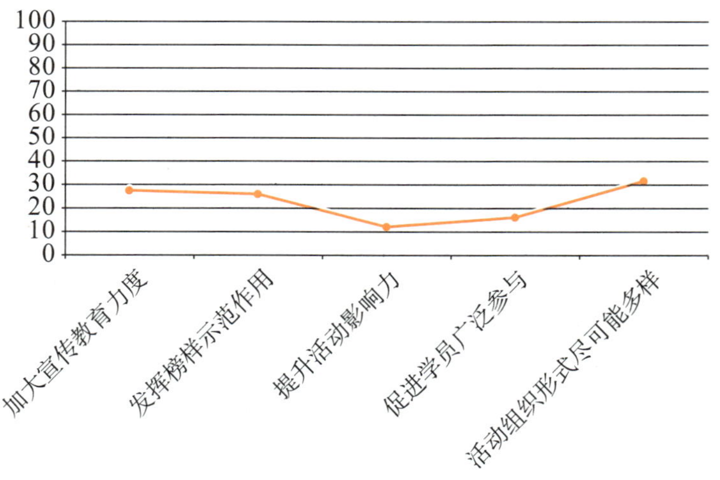

图 15 "建议学校在哪些方面改进志愿活动"统计图（单位：人次）

统计结果显示，很多学员认为学校应加强宣传，提升志愿活动影响力。

2. 是否赞成学校扩大志愿者队伍

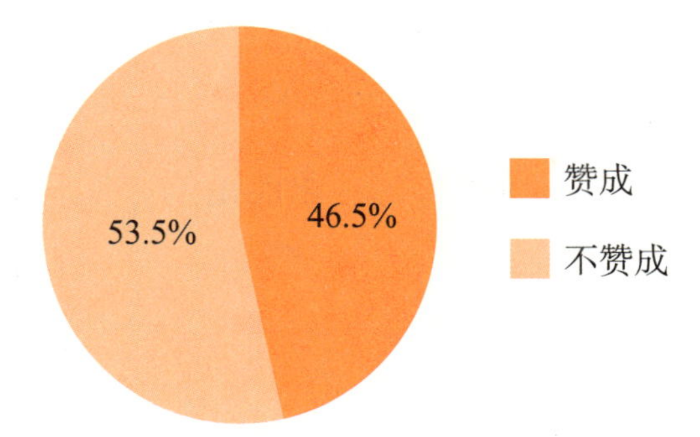

图 16 “是否赞成学校扩大志愿者队伍”统计图

统计结果显示，很多学员赞成学校扩大志愿者队伍。

二、提升

学校组织了很多演讲活动。学校组织了以“世界因你我而温暖”为主题的演讲活动，通过深度挖掘，发现典型，收集相关素材，向全校展示志愿者集体或个人的风采。“三送”志愿服务活动中，上海老龄大学为敬老院送快乐、送健康、送温暖。“11 年，与阳光歌声一起飞翔”活动，介绍了志愿者为社区癌症患者服务的故事。“伉俪志愿者”活动，介绍了多对学员夫妇为学校服务奉献的事迹。“编外摄影队”活动，记录了学员外出采风、在学校大型活动中的精彩瞬间。“服务达人魏碧蓉”活动，介绍了魏碧蓉在校学习期间的服务故事，她以校为家，关心学校各项工作，承担了学校的很多修理、制作工作。“社区文化的引领者”活动，介绍了学员把在学校学到的知识用于社区服务，成立社区书画社、朗诵队，丰富社区公共文化的故事。“健康守护神”活动，介绍了保健志愿队为学员和社区居民服务的故事。

可见，发扬志愿者精神是提升老年学员素质的重要途径。这里所说的老年学员素质涉及两方面。其一，通过老年教育的各个环节，包括课堂教学、学习团队活动、校园文化建设、社会服务活动，提高学员的思想道德修养，增长学员人文艺术、科学技术、养生保健等方面的知识和技能，从而完善学员的知识结构，提升学员的文明素养。其二，保持学员融入社会的能力，提升学员的生活质量，使其能在家庭、社会建设中发挥积极作用。老年学员借助自己在学校习得的知识和技能，服务学校，服务家庭，服务社区，服务社会，充分展示自己的素质和风采，体现自己的生命价值。

学校要加强老年人志愿服务社会宣传。学校应多举办志愿者风采方面的演讲活动，宣传老年人为社会作贡献的事迹。他们在上海老龄大学不仅学习好，还不断挖掘潜能，充分利用自身学到的知识服务社会，丰富社区文化生活，协调各类社会矛盾，倡导社会文明新风，为社会传递正能量，促进社会和谐。

三、启示

（一）收获

通过实验项目的实施，展示了上海老龄大学志愿者的风采，体现了老年朋友的价值和老年教育的价值。

1. 志愿活动是对社会主义核心价值观的生动诠释

老年人在学校的学习和生活中，遵守教育常规、礼让、谦逊、进行志愿服务，把社会主义核心价值观的宣传日常化、具体化、形象化、生活化。

2. 志愿活动是老年学校开展素质教育的有效途径

志愿活动是老年学校开展素质教育的有效途径，能使老年学员保持融入社会的能力，用自己在老年大学习得的知识和技能，服务学校、服务社区、服务社会，并在家庭、社会建设中发挥积极作用。

3. 志愿活动是学员参与学校管理的重要平台

学校创新教学 3 + 2 管理模式，发动班长和志愿者一起做好教学管理工作，形成各司其职、层层负责的管理服务格局。学员参与管理，提升了学校的影响力和文明指数，为学校的建设和跨越发展作出了积极的贡献。此外，依托志愿者建设校园文化，营造学习氛围，让老年学员一进校门就浸润在文明和煦之中，丰富了学校的文化内涵。

4. 志愿活动是老年教育向社会延伸的重要形式

通过开展志愿活动，鼓励老年学员走出校门，走进社区，用学到的知识和技能为居民服务，为社区服务，为社会服务，用自己的模范行为和高尚人格感召、带动群众，在为家庭谋幸福、为他人送温暖、为社会作贡献的过程中提高精神境界、培育文明风尚，为社会传递正能量，实现老年人的自身价值。

（二）不足

课题组从注册志愿者队伍建设入手，用时半年对志愿者开展项目实践，感到还有一些不足。

首先，实验对象有限，研究者较多关注已注册的志愿者，还应关注面广量大的班长、学习团队骨干、在社区发挥作用的老年学员，他们中也有不少典型案例，值得去发现、去挖掘。

其次，很多志愿者风采展示活动是学校组织、安排的，但还有不少是学员自发组织的，学校要进一步加强志愿者队伍的组建、培训，整合资源，使志愿活动常态化。

最后，学校要加大宣传力度。老年志愿活动想得到社会认可，还需要一定的时间。随着老龄化程度的加快，老年志愿者将发挥重要作用。

（三）建议

1. 重视注册志愿者队伍的建设

学校要有计划地扩大注册志愿者队伍，使活动能持续开展，新吸收人员要经过选拔程序，具有无私奉献精神，身体条件良好，年龄控制在 70 岁以下。队伍要总体稳定，有序更替。

2. 动员更多学员参与志愿活动

在老年学校，除了注册志愿者，还有更多为学校和社会服务的志愿人员。针对注册志愿者、班长、团队骨干、在社区发挥作用的学员，学校要进行分类引导。对注册志愿者要加强系统培训，特别是技能培训，使其提高本领，提升服务品质。同时，注重对班长、团队骨干的培训，提高班长在教育管理方面的工作能力，通过组建特色团队，培养优秀的团队骨干。对自发在社区参加志愿活动的学员，要予以鼓励，并加强协调，及时掌握其在社区发挥作用的情况。

（结项时间：2015 年）

在老年素质教育中发挥学员主体作用的实验
——创建老年学生会自主管理模式的实践探索

松江区老年大学

一、实验背景及意义

在教学管理过程中，松江区老年大学初步形成了“学校—联络员—班长”的三级管理模式，即由学校终身教育办公室负责教育教学总体管理工作，在职教师担任各老年教学班联络员，每个老年班由 1 到 2 位班长承担班级管理工作。

随着招生规模的不断扩大，学校在教育管理方面的压力越来越大。老年人对思想教育、学风建设、校园文化建设、文体活动、服务社会等方面的需求越来越强烈，让学校领导看到了学校在管理上的短板。为充分调动那些热心社会公益事业、在群体中有威望、有口碑、有思想的优秀学员的积极性，学校探索创建了松江区老年大学学生会（以下简称“老年学生会”）。

二、实验目标

创建老年学生会，充分调动老年学员和各社团自主学习的积极性，发挥学员的主人翁作用，进一步体现“老有所为”目标，提升学校的教育管理水平。

（一）老年学生会的定位

老年学生会是在学校党支部领导下，开展自我管理、自我教育、自我服务的群众性组织。老年学生会以服务老年学员为宗旨，围绕学校中心工作，通过参与管理、参与教学、参与活动，在学校与学员之间发挥桥梁和纽带作用。

（二）老年学生会的组织机构

活动部：主抓学校文化建设，开展各类学习成果展示活动；组织校内外的文艺演出活动；践行“老有所为”理念，开展老年志愿者服务队工作，组织学员参加社会实践和社会公益活动。

服务部：协助学校做好后勤服务工作，包括宣传、摄影、资料收集、展示汇总等；协助学校办好老年学习报，做好宣传栏的征稿工作。

党员志愿站：储备志愿者，发挥老年党员在学校文明建设、素质教育、志愿服务等方面的先锋主体作用。

（三）老年学生会的工作内容

1. 学员思想建设

一是思想教育。配合学校的思想政治教育工作，引导学员形成符合新时代要求的精神取向，对学员进行社会主义核心价值观教育，让老年人体现“长者风范”。

二是时政教育。主要围绕时政热点新闻开展各类教育学习活动。

2. 管理队伍建设

建设学生会队伍、党员队伍、班长队伍、志愿者队伍。

3. 学风建设

发挥桥梁和纽带作用，开展促进学风建设的活动，引导广大学员以良好的精神状态投入学习，在亲切、和谐、宽松、友善、互帮互助的氛围中提高技艺。

4. 校园文化建设

开展丰富多彩的校园文化活动，丰富老年学员的校园文化生活，满足老年学员的精神文化要求，不断增强学生会凝聚力，提高全校师生的文化素养。

5. 社会服务建设

开展各类校外志愿服务活动，充分利用学校“云间枫情艺术团”资源，下基层，到最需要关爱的地方进行文艺巡演、义演，同时引导优秀学员在社区、居委会开展各类活动，在社区文明建设、学习型社区建设等方面发挥带头和示范作用。

三、实验过程

老年学生会的创建，凝聚着学校领导对学校事业发展的思考，满足了学员的实际需求，增强了广大学员、班长和联络员的主人翁意识，使其积极热情参与学校管理，为学校长远发展献计献策。

（一）发动宣传，知晓意义

松江区老年大学借上海市老年学校素质教育指导中心在老年学校中开展素质

教育实验项目课题申报的东风，在班长会议和联络员会议上，做到了广发动、广宣传和广知晓，明确了创建学生会的意义。

（二）公开招募，填写信息

学校同步发布招募公告，广大学员、班长和联络员都积极主动地自荐并推荐身边有爱心、有一技之长且组织协调管理能力强的优秀学员。

为全面了解参与者的情况，学校精心设计了一份学生会志愿者信息表，内容包括姓名、性别、出生年月、特长、政治面貌、离退休前单位、个人简历、自荐理由等。

（三）交流访谈，物色人选

学校在收集整理申报信息的基础上，与每位申报者进行面对面访谈，深入了解每位申报者的情况，从中物色理想人选。

（四）筹备会议，商讨决议

学校多次召开筹备商讨会议。第一次：学生会志愿者相互认识，畅谈对学生会的认识和想法；统一思想，明确学生会的定位和作用。第二次：确定学生会组织机构，商讨学生会工作职责、工作范畴、工作思路，民主推选学生会负责人与各部门干事人选。第三次：确定第一届学生会组建名单，包括主席一位、副主席两位、活动部干事四人、服务部干事六人、党员志愿站干事四人。第四次：学生会负责人会议，研讨工作内容与机制，初步制订工作计划。第五次：与学校沟通，讨论成立大会的相关事宜。第六次：商定学生会办公地点，明确相关保障机制。

（五）召开大会，正式组建

在成立大会上，校长和学校党支部书记为学生会揭牌，并宣读了第一届学生会成员名单和分工情况；校领导为学生会主席和副主席颁发了聘书；学生会主席进行了精彩的就职演说；校长进行了总结发言，对学生会的成立表示肯定和支持，对学生会提出了殷切期望。

（六）满怀激情，投入运作

学生会成立后，成员积极投入工作，建立值班制度、例会制度和报告制度；设立学生会信息箱，做到信息畅通，信息共享，上通下达，发挥桥梁和纽带作用。各项学生会事务顺利开展。

一是实现日常管理。学生会周一至周五安排学生会干事值班，同时在东、西部设置学生会信息箱，了解老年学员在学习、服务方面的需求。学员也可以直接去值班室与志愿者交流沟通。

二是组织各项活动。根据老年学员学习成果展示、学校活动安排、社会服务等需求，组织多种活动，展示我校老年学员的风采，使老年大学真正成为老年人学习的田园、精神的家园、交友的乐园、休闲的花园。

（七）开展的主要工作

我们主要开展了以下工作：（1）征集对学校教育教学工作的建议；（2）学员学习成果展示活动的组织与协调；（3）学生思想教育活动的组织和策划；（4）老年党员志愿者的登记与活动安排；（5）承办“云间枫情艺术团”义演活动；（6）社会公益活动策划；（7）其他老年教育管理工作。

四、实验成效

（一）形成了工作制度

学校形成了学生会章程和条例，构建了学生会组织机构，明确了学生会各部门工作职责；形成了学生会干部选拔制度和各部门工作例会制度，落实了相关工作协调制度，形成了学生会活动保障制度。

（二）建立了工作机制

1. 明确工作内容与项目来源

学员需求方面，了解老年学员在管理、教育、服务等方面的需求，如对教学安排的建议。

学校安排方面，组织学校教育教学相关活动，如招生调研活动、艺术节活动、评优表彰活动、考察学习活动。

社会作用方面，坚持“老有所为”理念，与街道、福利院等社会组织联系，开展各类活动，如义演、巡演、春节对联书写。

2. 探索各种工作方法

学生会根据不同的工作内容，使用不同的工作方法，主要包括调研、协调、组织、落实、评选、推广、宣传等。

3. 明确工作目标

学生会坚持“全心全意为学员服务”的工作思路，本着“参与管理、参与教学、参与活动”的宗旨，遵循“团结、友善、包容、贡献”原则，开创学生会工作新局面。工作目标是提高教育教学质量，提高学校服务学员的水平，展现老年学员的风采，进一步规范学校管理的体制机制，提升老年学员的精神素养和生活品质。

（三）取得的成效

1. 得到了老年学员的积极响应

学员在早期生活中经历的风风雨雨对其人生观、价值观、社会参与模式会产生重要影响。现在，老年大学的学员大多接受过革命精神的长期熏陶，集体主义和奉献精神在他们的价值观上打下了烙印，所以他们更具有关怀精神，新建立的学生会成为这些老年学员重获组织感的重要途径。我们推选的学生会干部和干事，年龄在55岁至71岁之间，退休前大多有过管理一个单位或部门的经历，在思考判断、组织活动、发现问题、解决问题方面有很强的能力，热爱集体、热心服务。另外，他们中间有一些人长期担任班长，熟悉学员的特点，了解学员的想法，知道处理问题的方法，能够体会老人的心理状态。因此，学生会成立以来，开展各类活动都得到了学员的积极响应。

2. 开辟了老年学员参与学校管理的新途径

原来，老年学员参与学校管理只停留在班子层面，管理范围仅限于班级层面，参与度不够，以教学教务管理为主，在老年素质教育方面很难有所提升。学生会的成立与运作，丰富了管理的内涵，扩大了管理的范围，为老年素质教育的落实开辟了新途径。

3. 增强了老年学员参与学校管理的动力

在学生会的各种活动与项目实践过程中，老年学员与学校的关联度提高了。学员在课堂教学外，有了更多的文体娱乐和精神文化活动。学校的学习风气明显改善。老年学员参与学校管理、服务社会的空间也增加了。

4. 提高了老年学员对学校的认同感和归属感

老年学员对于学校的认同感和归属感是其参与学校活动的重要动力。他们参与学校活动，往往基于联系、互动的需要和责任、义务的动机，而非对利益关系的考量。在校老年学员对其利益的需求更多地依赖学校服务和公共活动。通过学生会的管理，学员在校内的学习和生活时间多了，社交增多了，对学校建立了深厚的感情，归属感也增强了。对学校的情感认同会增强他们对学校事务的责任感、义务感和对共同利益的认知，使其积极关注学校的发展和建设，自觉参与学校各方面的建设，与学校形成共同的价值观。

5. 提升了学员的生命价值感

通过学生会组织的学习成果展示活动、志愿者活动和其他公益活动，学员能够获得更多的尊重和社会认可，产生强大的精神动力。各种文体活动和比赛，使学员体会到付出之后的成就感，获得被需要的充实感，体会到生命的意义。因此，很多学员逐步成为社区、村居委各类活动的领头羊，同时也获得了社会的尊重与认可。在他们看来，来自社会的鼓励和认同，更是一种无上光荣。

五、反思与展望

老年学生会成立后，在学员的支持和配合下，开展了各种形式的活动，参与了学校各项管理工作，取得了较好的效果，同时，经过一段时间的实践，也有了许多需要进一步思考的问题。

（一）存在的问题

1. 学员对学生会的认识不统一

学生会是学校规范化管理的重要组成部分。学生会管理的质量和效果影响学校的健康发展。老年大学学员构成复杂多变，学员思想觉悟、文化水平、关注内容各不相同。一些学员到老年大学学习，有着打发时间、解闷玩玩的心态，不理解学生会管理的重要性，甚至表现出排斥态度，客观上增加了学生会管理的难度，增加了学生会干部的心理负担。

2. 个别学生会骨干的工作能力不强，影响自治管理水平

大部分学生会骨干协调能力强、工作认真负责，在学校管理中发挥了很好的作用。但也有个别成员工作中存在畏难情绪，工作完成得不到位。

（二）今后的努力方向

首先，进一步转变学生会的工作方式，提升学员对学生会工作的满意度。学生会工作人员要耐心对待每一位老年学员，和他们交朋友，虚心听取他们的意见和建议，不断改进自身工作方法和工作作风，持之以恒，用爱心和汗水去提升学员的满意度，促使老年学员自觉参与学校民主自治管理。

其次，加强学生会队伍建设，提升学生会自治管理能力。学校将通过培训方式，引导学生会干部掌握自治管理的工作内容和工作方法，提高自身修养，牢固树立服务学员的观念。

（结项时间：2015 年）

开展生命教育，促进老年人服务社会的实验

静安区老年大学

一、实验目标

本实验项目通过开展生命教育教学实践，引领老年学员参加社会实践活动，旨在提高老年学员的科学文化素质、思想道德素质、终身学习能力、社会奉献能力。

（一）深化生命教育理念和终身学习理念

静安区老年大学通过开展生命教育，帮助老年学员形成正确的世界观和生命观，使其在适应社会、服务社会的过程中建立新的人生目标，充当新的社会角色，掌握新的行为模式，进而产生更大的学习兴趣和热情，成为终身学习理念的忠实践行者、优秀示范者和直接受益者。

（二）引导老年人参与服务社会，体现人生价值

学校突出老年教育的实践性、娱乐性和服务性，把校内小课堂延伸到社会大课堂，为老年学员融入社会、服务社会、开展活动创造条件，为老年学员实现自我价值、得到社会认同和尊重提供机会。

（三）探索老年人服务社会的途径

学校以学用结合、学乐结合、学为结合的原则，组织和引领更多的老年人参与老年教育、社区管理服务等，为社会做一些力所能及的事，体现人生价值，获得社会尊重。

二、实验过程

（一）准备阶段（2018 年 4 月至 6 月）

在明确实验目标和要求后，实验团队根据分工进行调查研究。首先，通过互联网、图书馆等渠道查找相关文献资料，整理成文。其次，实验团队开展了头脑风暴，梳理出后续调查的方向和要点。最后，对个别老年学员进行了初步的访谈调查

和观察调研。在此基础上，设计了老年人服务社会情况的调查问卷，在小范围内开展了测试性的问卷调查活动。学校多措并举，充分做好前期调查研究工作。

（二）实施阶段（2018 年 7 月至 2019 年 7 月）

1.“学”——开展生命教育，帮助学员老有所学

老有所学，学有所成，这是老年人开展社会服务的基础。实验团队以“生命教育”为抓手，在老年教育中融入生命教育理念，提高老年学员的人文素养和精神素养，帮助他们形成正确的世界观和生命观，激发他们参与社会服务和实现自我价值的热情，引导他们在更广泛的领域开展实践，为社会作出贡献。

（1）开展专题式生命教育，引导学员学习服务社会的知识

学校通过学习需求调查，研发符合老年人需求的、有一定社会价值的相关课程，先后开设了多门生命教育专题课程。“文化纵横”课程讲授我国传统文化中的和谐理念，通过对比道家倡导的“平易”“恬淡”、佛家倡导的“因缘和合”、墨家倡导的“兼爱、非攻”，引导学员全面理解人际交往中的和谐理念。“论语解读”“读《庄子》享逍遥”等课程通过解读先贤思想，提升老年人对生命哲学的领悟能力。“岁月留痕——回忆录撰写指导”课程，帮助老年学员以正面视角审视过往，从而珍惜现在的生活。“生命画卷——做快乐长者”“生命画卷——心理与养生”等课程帮助学员放松、减压，形成良好的心态，创建良好的人际关系。

据统计，学校共开设生命教育相关课程 20 门次，通过发挥生命教育课程的引导性功能，启发和引领更多的老年人参与社会服务。

（2）开展渗透式生命教育，引导学员学习服务社会的理念

学校不仅通过开设生命教育课程激发学员的自我实现需求，还倡导教师把生命教育和教学课程相融合，以授课为契机，有意识地在日常教学中渗透生命教育。如教授“艺术插花”课程的教师在插花配色、造型比例等知识的讲授中融入中华文化中平衡与和谐之美，把对美的追求和生命意义有机融合。教授“家庭摄像基础”课程的教师注重以生命教育为主题的拍摄，鼓励老年学员多拍老同学、老战友、老同事聚会等视频，让学员通过拍摄过程，感受生存和生命的意义。教授“唐诗宋词鉴赏与写作”课程的教师从分析鉴赏作家作品出发，知人论世，鼓励学员积极创造实践，让学员在享受优秀传统文化带来的精神愉悦的同时，感悟学习和生活的价值。教授“朗诵与经典赏析”课程的教师自 2018 年起把生命教育融入课程教学，以《你是人间四月天》《太阳每天都是新的》《读书人是幸福的》等文章，引导学员乐观积极地看待事物，重视提高自己的生命质量，尊重与爱护他人。

据统计，学校60%的课程已在教学过程中融入生命教育理念，老年学员在学习知识、技能的同时，进一步认识生命的本质，理解生命的意义。

（3）开展体验式生命教育，引导学员初步实践学习成果

学校注重生命教育的知识传授和学员的实践体验，鼓励学员分享学习心得。2018年上半年，学校组织部分教师与学员一同前往位于上海市奉贤区的滨海古园，参观生命文化教育主题展，并与组织方进行了深入交流。本次活动唤醒了老年人丰富的生命情感和坚强的生命意志，引导其感悟生命、善待生命、尊重生命。部分学员在本次活动后主动加入志愿队，服务社区，创造新的生命价值。

2. “促”——挖掘老年人力资源，创新服务社会途径

学校结合老年学员特点，从挖掘老年人力资源入手，激发学员服务社会的热情，搭建老年学员服务社会的平台，把老有所学、老有所乐、老有所为的理念融入实际工作。学校积极分享已有的班级、沙龙、个人服务社会案例，有目标地开展志愿服务培训，推动有服务意愿的老年学员走向社会，参与社会服务活动，传递正能量。

（1）调研挖掘人力资源，激发服务社会意愿

通过调查得知，80%以上的学员对参与社会服务活动是有兴趣的，30%左右的学员已参与到社区、相关机构的服务项目中。老年学员有服务社会的意愿，这给了实验团队充分的信心。在此基础上，实验团队开始设计并落实填写学员服务社会情况记录表和个人信息表等。实验团队希望吸引更多的老年学员参与社会服务活动，并规范各项服务规章制度，提高学员服务社会的有效性和安全性，激发学员服务社会的意愿，让意愿化为真正的行动。

（2）调研走访联系机构，搭建服务社会平台

考虑到老年学员的活动范围和服务能力，学校重点联系了街道范围内、已开展过交流及服务活动的组织，重点调研了万航渡路小学、市西初级中学、七一中学等中小学校在日常教学活动中所需要的一些志愿服务和他们正在开展的一些对外服务项目。学校与静安区恒裕曹家渡老年福利院签订《学养结合长期合作协议》，为学员服务社会搭建平台。双方以丰富老年人的精神生活为目标开展社会公益性活动，由静安区老年大学的学员为养老院高龄老人提供“小老帮老老”服务，体现老有所学、老有所乐、老有所为的老年教育理念。双方加强沟通，开展调查问卷，了解福利院高龄老人所需要的服务，进行梳理、审核、登记。静安区老年大学把服务需求与学员所能提供的服务进行匹配，做到有的放矢、精准服务。

（3）分享服务社会案例，传播服务社会的理念

首先，了解老年学员服务社会的善举。班主任对参与各类社会服务的18位学员进行了一对一的访谈，获得了充分的信息。调研发现，老年人参与社区服务、长者服务和环境宣传的比例较高，他们通过指导社区文艺娱乐活动、辅导中小学生开展寒暑假社会实践活动、参加社区安全巡逻、参加健康养生讲座等，学以致用。

其次，整理这些鲜活的事例并在各类培训会上分享，让有服务意愿的老年学员了解先行者的故事。学校于2018年编写了学员《学习感悟荟萃》，分“个人篇——老有所学，提升自我”“家庭篇——老有所乐，家庭和谐”“社会篇——老有所为，传递正能量”三方面把学员的学习感悟和社会实践成果汇编成册，在校庆活动及各类老年教育交流活动中发放，也向在校学员赠送宣传。

最后，学校还借助新媒体传播方式，通过学校微信公众号发布老年学员服务社会的案例。学校微信公众号上推送的“以学促为，服务社会，我校在行动”老年学员案例分享，点击阅读量接近1000人次，起到了一定的宣传作用。

（4）加强注册队伍管理，逐步扩大服务规模

2018年，为有组织、有计划地开展社会服务，学校在上海志愿者网注册成立了“静安区老年大学金叶志愿队”，对每次活动进行记录和报道。金叶志愿队的成立与活跃，表明静安区老年大学在社会服务活动方面迈上了一个新台阶，从学校组织社会实践活动提升为学员主动开展社会服务活动。队伍建设初显成效。

（5）开展社会服务培训，提升服务社会能力

通过了解发现，学员中有参与服务社会活动的意愿，但还未迈出第一步的人较多。为此，学校进行了“志愿者的基础”专题培训，以提高他们的服务技能。

首先，集中开展“志愿者理念”培训，使老年人了解志愿者的概念，坚定当志愿者的信念。通过观摩上海志愿者宣传片《志愿，让城市更美丽》，引导学员学习上海志愿服务条例。介绍上海师范大学数理学院志愿者服务老年大学的事迹，分析老年志愿服务和大学生志愿服务的不同。

其次，集中开展“志愿者礼仪”培训，围绕仪容仪表、服务状态等进行讲解，使志愿者能在服务过程中给他人留下良好的印象，不损害志愿者团队的整体形象。学校特别制作了一批“志愿者”吊牌，提升了整个团队的形象。

在进行敬老服务前，学校集中对志愿者开展服务老人注意事项的培训，使志愿者具备基本素养和服务技能，提升服务质量。

3. “为”——开展服务社会实践，促使老年群体学有所为

老年学员参与社会服务活动，是老有所为、实现自身价值的具体体现。通过参与社会服务活动，老年群体建立起一种新的生活状态和生活秩序，提升了自我满足感。学校以金叶志愿队为主体，组织班级与沙龙，通过慰问演出、圣诞派对、摄影留念等主要活动，让接受过生命教育的学员参与其中，实践生命教育的学习成果。

（1）鼓励学员学有所成，积极参与公益活动

学校鼓励学员在获取知识、锻炼技能后，将所学所获用于实践。在此基础上，学校涌现出一批学成后将所学所获分享给他人、奉献给社会的学员。“朗诵与经典赏析”班的凌志强学员，结业后取得了一定的学习成果。在学校的鼓励与联系下，他发挥余热，前往恒裕曹家渡老年福利院担任朗诵表演的授课教师，自此坚持在志愿服务的第一线。声乐基础班学员孔妙珠通过在校学习提高自己的歌唱技巧后，加入公益合唱队进行社会服务，宣传文明交通，经学为静安寺街道残联的残疾人演出。家常素菜班学员游小虎经过在学校计算机班、烹饪班的学习，掌握了电脑的使用方法和烹饪技巧，在小区中义务指导老年人使用电脑，为居委烹饪班授课。油画班学员毛伟众经过学习，获得一技之长，成为一名社区油画教师，为老年人和儿童教授油画技法。插花班学员汪兰学习艺术插花后，多次在居委教学点为社区居民授课。学员个人服务社会的事例不胜枚举，他们都通过参与社会服务公益事业，奉献爱心。

（2）组织班级服务活动，提升主动服务意识

志愿队重点组织班级学员进行社会服务活动，让学员身体力行，感受奉献的快乐。学校开展了重阳节“以老敬老”系列活动，为福利院长者送祝福和温暖，共有 55 名师生参与，服务长者 17 人次。西点操作班 17 名师生制作健康饼干，送至长者手中，并送上祝福。文化纵横班 37 名师生迎接长者共同学习。艺术插花应用班 15 名学员制作花束献给长者。学校在班级中组织社会服务活动，在校内扩大服务活动的知晓度，提升全体学员的服务意识。

（3）建立沙龙合作单位，定期开展服务活动

志愿队组织沙龙成员，从学校走出去，用所学知识服务社会。在学校与恒裕曹家渡福利院开展学养结合长期合作的情况下，志愿队定期为福利院长者提供多项服务，对活动进行记录或报道。八十五式杨式太极拳沙龙把活动地点从校内移至福利院，每周二下午带长者共同做太极健康运动。C&C 英语沙龙在恒裕曹家渡福利院举办圣诞派对，丰富长者闲暇生活。朗诵沙龙针对长者的兴趣爱好，每学

期末在福利院进行慰问演出。聚缘摄影沙龙在重阳节为长者拍摄肖像照，丰富福利院“照片墙”。学校通过学习沙龙定期开展服务活动，培养学员参与社会实践的习惯，提高学员服务社会的积极性。

（三）总结阶段（2019 年 8 月至 10 月）

对整个实验过程进行全面的总结和分析，撰写实验报告，形成一套具有本区特色的老年人学有所成、服务社会的实践体系，并召开结题评审会，对研究成果进行评审。

三、实验成效

（一）展现老年学员学习风采，宣传终身学习理念

老年学员积极参与学校活动，丰富校园文化生活，促进了“老有所学、老有所乐、老有所为”，展现了老年学员的精神风貌和老年大学的时代形象，增强了老年大学的吸引力和凝聚力，使终身学习理念深入人心。

这一批批崇尚学习、乐于传播学习理念的学员，在追求自我提升的同时，把正能量传递给身边的人，带动更多的人参与终身学习。许多新学员反映，自己正是受在老年大学学习的朋友和家人的影响，才来报读老年大学。

（二）激发老年学员社会服务意识，帮助其实现自身价值

学校通过组织学员开展社会服务活动，激发了老年学员的社会服务意识，促使学员在社会服务活动中提升自身素质，体现人生价值，获得成就感。

学校多次组织学员开展朗诵演出、“老少乐”表演、圣诞派对等活动，通过社会服务提升学员素质。

（三）提升受助者的生命价值，传递正能量

学校坚持学用结合、学乐结合、学为结合的原则，积极组织和引领学员开展服务社会活动，鼓励学员用自身所学服务社会，让更多需要帮助的老年人成为受助者。通过社会服务活动，学员回馈了社会，提升了生活质量和生命价值，让更多受助者感受到终身学习的魅力。

（结项时间：2019 年）

参考文献：

蔡锋．从社会的发展看老年素质教育［J］．市场周刊（理论研究），2013（02）．

讲述身边的学习故事
——加强老年教育宣传员队伍建设的实验

普陀区老年大学

一、实验背景

普陀区地处上海市中心城区西北部，下辖8个街道、2个镇，是上海著名的老工业区。“十三五”期间，普陀区人口老龄化、高龄化程度不断加深。截至2018年年底，60周岁以上的户籍老年人口数为34.48万，占全区总人口数的38.69%。普陀区人民政府高度重视老年教育的发展和老年大学的建设。2010年9月，在区委、区政府的支持下，普陀区教育局正式组建普陀区老年大学。学校以“提升老年人学习生活品质，办高水平区级老年大学”为目标，持续推进软硬件建设，构建师资梯队，优化课程体系，拓展学习方式，实现了跨越式发展。2016年，学校被评为“全国示范老年大学”。

目前，普陀区老年大学开设人文素养、书画艺术、实用外语、信息技术、器乐声乐、保健养生、生活技能等10大类近60门课程，年开班300多个，学习人次逾万。如何丰富校园文化建设，提升老年学员的归属感与幸福感？如何推动学校内涵建设，提升老年学员的获得感与满意度？文化是隐性的、深层次的、无形的，老年大学要成为学习养老的场所，成为感悟生命价值的精神家园，就要构建积极的学校文化，发挥学校文化在办学和育人方面的作用。学校也有责任和义务做好终身学习理念的宣传工作，发挥示范和引领作用。

二、实验目标

实验以“讲述身边的学习故事”为引领，探索老年教育宣传员队伍的建设路径，发挥老年学员参与学校管理的主动性和积极性，传播终身学习和积极老龄化的理念，帮助更多老年人了解普陀区的老年教育，进而走进老年教育的课堂，参与学习、主动学习、终身学习。

一是组建一支老年教育宣传员队伍，借助宣传员队伍寻找发生在学员身边的学习故事。

二是整合与拓展宣传平台，利用多元载体传播鲜活的学习故事，传播老年素质教育的先进理念。

三是探索有效的管理运作机制，推动宣传员队伍健康、有序、可持续发展。

三、实验过程与主要内容

（一）组建宣传员队伍

在老年大学里活跃着这样一群人：他们是学校的热心人，是老年学习团队中的积极分子；他们乐于与人交往，善于发现学习中的感人故事；他们有能力、有热情，带领老年学员一起走进充满无穷魅力的学习世界。实验初期，学校通过班级招募、教师推荐、个人自荐等方式，以“讲述身边的学习故事”为理念，成功组建了一支由 86 人组成的宣传员队伍，平均年龄 62 岁，男女比例约为 1：3.5。随着实验的不断推进，为了更好地发挥宣传员挖掘信息、传递信息的枢纽作用，讲好身边的学习故事，项目组又把宣传员队伍细分为四个专项小组。其中，通讯员组 55 人，信息技术组 5 人，摄影组 11 人，演讲组 15 人。

（二）完善运作机制

学校为宣传员队伍配备了专职管理教师，提供支持服务与保障。学校形成了团队发展规划，明确了团队发展方向，逐步建立完善“四项机制”，推进宣传员队伍快速成长。

一是建立协作机制，完善组织架构。为更好地提升宣传员的专业能力，学校在宣传员总队下分设小组，明确各小组工作目标及成员工作职责。组织管理架构图见图 1。

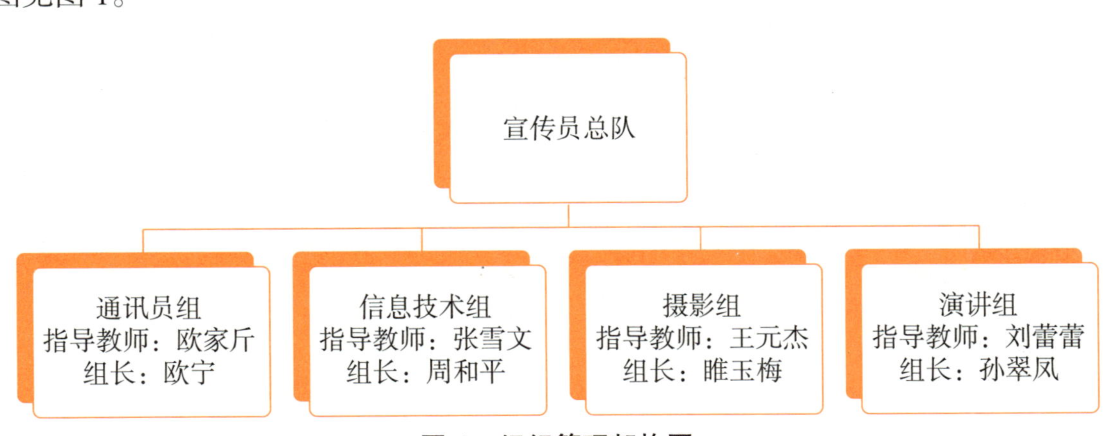

图 1　组织管理架构图

二是建立例会机制，加强学习交流。总队每月定期召开工作例会，组织学习研讨活动。总队及各专项小组均建立了微信工作群，用于沟通与交流。

三是建立培训机制，提高综合能力。定期邀请专家开办专题讲座，组织部分骨干宣传员外出交流学习，加强宣传员主体意识、宣传意识、创新意识的培养。

四是建立考核机制，增强队伍活力。形成宣传员考评标准，每学期对宣传员进行综合考评，根据考评结果表彰优秀、激励先进。

（三）按需开展培训

宣传员作为学校的文明之窗，通过写、拍、讲身边的感人学习故事，传递校园正能量。宣传工作专业性很强，要求宣传员有过硬的专业素养和一定的写作水平。为提升宣传员的综合能力，项目组设计了学习需求问卷，了解宣传员的学习诉求，先后组织了新闻稿撰写、手机摄影、照片后期处理、社交礼仪、老年人急救知识、公共危机应对等领域的专业培训。此外，学校提供机会，让他们参与“雅韵大讲堂”讲座、人文行走活动以开阔视野。通过学习与培训，宣传员人际沟通、写作能力、摄影水平都得到了提升，学习氛围浓厚，工作热情高涨。经验丰富、理论扎实、文字功底好的队员主动帮助其他队员，在提高团队整体写作水平和专业能力的同时，彼此结下了深厚的友谊，增强了队伍的凝聚力。

（四）搭建实践平台

为进一步推动队伍的成长与发展，普陀区老年大学为宣传员搭建了四大实践锻炼平台，提升宣传工作实效。

一是开辟新闻报道专栏，在《普陀社区教育报》设立学员心声、魅力课堂、班级活动、风流人物多个专栏，登载宣传员撰写的学习故事。

二是打造微信公众号平台，公众号设置学习风采、成果荟萃、精彩课堂等栏目，整合学习资源，展现校园动态，及时发布老年学员学习成果等。

三是鼓励参与志愿服务活动。宣传员积极参与老年大学各类助学志愿服务活动。九九重阳节活动、学校艺术节活动、敬老院慰问活动中都有志愿者的身影。他们用深情的笔触撰写出一篇篇感人的文章，用手中的相机定格一幅幅美丽的画面。

四是推出特色活动。为持续激发宣传员的创作热情，学校还推出特色活动，如“我眼中的老年大学”主题摄影和征文比赛、“我心目中的最美老年学员”主题讲述活动。

四、实验成效

（一）打造宣传工作队伍，讲好身边学习故事

项目实施以来，宣传员的综合能力不断提升。他们充分发挥自己的才能，及时发现新闻线索，积极撰稿，讴歌身边的动人故事，赞美幸福的新时代，弘扬新时代的浩然正气。《普陀社区教育报》上共刊登他们撰写的新闻稿件百余篇，新闻照片数百张。在老年大学里，他们不仅能学知识，练技能，还能感受伙伴氛围，体验有为精神，创造生命活力。

宣传员徐佩芳是摄影爱好者。2018 年 6 月，由上海市老龄办主办、上海老龄事业发展中心承办、各区老龄办协办的“银龄奥斯卡”上海老年人微电影培训计划一推出，她就积极报名，组建了 6 人团队参加，历时 3 个多月完成《拆迁风波》创作。故事选材源于生活，演员均为老年大学学员，大家从不了解微电影到一知半解，再到熟悉编剧、导演、摄影、场务，扛着摄影器材奔波在地铁、弄堂、菜场、医院，克服重重困难，拍老年人身边的故事，弘扬了慈孝美德与孝亲文化。最终，该作品获得了“优秀影片奖”。在上海市老年教育工作小组办公室、上海市老年学校素质教育指导中心组织开展的“我心目中的最美老年学员”评选活动中，宣传员队伍演讲组的张信芳讲述了徐佩芳的故事，经过学校、区级、市级层层选拔，徐佩芳最终荣获 2019 年上海市“我心目中的最美老年学员”三等奖。

（二）夯实学校宣传工作，锻造校园文化品牌

校园文化是学校教育的重要组成部分，是一所学校独特的精神风貌，也是学校综合办学水平的重要体现。普陀区老年大学注重校园文化载体建设，努力营造积极向上的校园文化。物质文化方面，注重校园环境建设，坚持以人为本的原则，一切设施设备的配置都从老人需要出发，营造时时、处处可学的适宜空间。精神文化方面，高端展览凸显文艺气息，专题讲座拓展理念视野，多元活动满足学员需求。

宣传员队伍的打造与宣传平台的创建，进一步拓宽了校园文化宣传渠道。宣传员通过“1 + 4 + X”模式（宣传员总队 + 四个小组 + 各班班长）与“五个一”宣传展示平台（一网、一报、一屏、一信、一厅）广泛宣传老年大学的人物、活动等信息，传递正能量。学校精心打造的“枫采荟”微信公众号，目前关注人数已逾三千。这一新媒体平台为更多的人了解普陀区老年教育打开了一扇窗户，也让学员更加了解和热爱自己的学校。

（三）引领善学乐学之风，弘扬长者精神风范

普陀区老年大学的宣传员队伍已成为学校里一道靓丽的风景线。宣传员活跃在校园的各个角落，用文字描述身边的动人故事，积极投稿，宣传自己的学校、班级、教师、同学；踊跃参加学校开展的摄影、摄像、志愿服务等活动，用镜头捕捉师生学习的美好瞬间。每当学校有大型活动，他们都第一时间记录活动现场，生动展现校园动态、学习成果与学员风采。宣传员队伍的建设，在真正意义上引领了老年人的善学、乐学之风，而宣传员则用自身行动诠释着长者的精神风范。

宣传员刘桂珍到老年大学学习以来，从最初的看到什么都想学，盲目选课，到现在逐渐有了自己的学习目标和方向。她热爱祖国传统文化，先后学习了太极拳、健身气功、茶艺等课程，并在太极拳方面学有所成，先后获得 2017 年第五届“迎春杯”上海市中老年人太极拳、剑比赛女子组一等奖，“五里桥杯”上海市中老年人传统武术太极拳个人四十二式太极拳二等奖，上海市业余联赛上海市民武术节武术大比武太极拳专场女子二十四式太极拳一等奖、三十二式太极剑一等奖等。学校招募宣传员时，她主动报名，积极参与各项培训活动。班里的同学年龄偏大、记忆力差，她用心记下上课时教师教的知识，回家后录制成视频，帮助同学复习。平时，她积极参加学校各类志愿活动，无私奉献，还当上了班主任志愿者。2018 年，她被评为普陀区“百姓学习之星”。

五、实验反思

（一）队伍需持续充实壮大

低龄老年人口快速增加，高龄老年人口平稳增长，老龄化比重持续加大，是普陀经济社会发展的重要特征。普陀区老年大学借助宣传员来寻找终身学习之美，展示终身学习之乐，为积极应对老龄化做好舆论先导工作。但从目前队伍的发展情况来看，在人员储备、服务类别上还不够完善，需要广泛动员、招募、培养具有信息技术、网络宣传、组织策划等专业能力的宣传员。

（二）宣传方式应进一步拓展

我们设立了微信公众号，构筑了优质学习文化圈，打造了立体宣传网络，发挥了校园文化的积极作用。但从宣传的深度来看还不够，需要进一步创新，如组建读书会、宣讲团，以讲故事的方式呈现老年人参与学习的过程，与更多的老年人一起分享学习的乐趣。

（三）运作模式可进一步优化

经过实践，宣传员队伍已形成良性运作机制，但从长期发展的角度来看，运作模式还可以进一步优化，逐渐从学校主导向自我管理发展。后续可将其纳入老年学习团队，以上海市星级团队建设标准规范团队管理，扩大其辐射范围与影响力，提升老年教育宣传效能。

（结项时间：2019 年）

以志愿服务为抓手，推进老年素质教育实践基地建设的实验

复旦大学老年大学

一、引言

随着人口老龄化形势的日渐严峻，近年来，我国政府提出了老年教育相关工作目标。我校积极探索老年素质教育实践基地建设的实践方法和有效途径，引导学员“老有所学、老有所用、老有所为、树立长者风范”。

研究表明，参与志愿服务能够提升老年人对于自我身体健康状况与功能的评价，提升老年人的幸福感，增强他们的自我效能感。老年人在社区中参与志愿服务不仅有利于老年人自身发展，还能够推动社区的发展，是老有所为的体现。在上海，随着人们预期寿命与身体健康水平的不断提高，很多退休后的老年人希望积极参与志愿服务。

为了进一步推动积极老龄化的进程，践行“老有所为”的理念，我校积极推进老年志愿服务，以志愿服务为抓手推进老年素质教育。本项目非常契合高校老年大学的自身条件和办学需要，得到各级领导和老年学员的一致支持。在推进老年志愿服务过程中，我校取得了显著的实验效果——老年学员增强了自我价值感，形成了自我认同。

二、概念与定义

志愿服务是指在不求回报的情况下，为促进社会进步而自愿付出个人的时间及精力所开展的服务工作。或者说，志愿服务泛指利用自己的时间、技能、资源、善心为邻居、社区、社会提供无偿、非职业化援助的行为。老年志愿服务是指把老年人作为志愿主体，为改善社会而提供的服务。

老年人应积极践行社会主义核心价值观，在参与志愿服务提高自身的同时，促进社会和谐。在志愿服务中，老年志愿者要不断提高自身素质，成为社会的积

极力量，为构建和谐社会作出贡献。老年学校要统筹协调发展老年素质教育，引导老年人积极践行社会主义核心价值观，发挥自身的表率作用。

三、项目概况

（一）志愿团队介绍

我校建立了较为完善的老年志愿者团队管理制度，有效动员老年人加入志愿者团队，参与志愿服务。我校设置志愿者工作站，管理相关志愿活动，根据学员个人情况分类分组，使其有针对性地参与实验项目。老年志愿者团队管理制度的建立，为有效管理不断壮大的志愿者团队提供了制度保障，使资源得到有效配置，使志愿服务发挥出最大的效能。

我校于 2014 年 6 月成立了“上海市老年大学复旦分校志愿服务工作站”，有序推进志愿者活动。2014 年完成 6 次志愿服务，累计服务时间超过 200 小时。2015 年 7 月，志愿者创作的沪剧《邻里情深》入围上海市“百强名角”。2017 年，我校志愿服务工作站被评为“上海市优秀社区教育志愿服务工作站”。2018 年，我校志愿服务工作站被上海市志愿者协会社区教育志愿服务总队、上海市学习型社会建设服务指导中心评为“年度上海社区教育优秀志愿服务工作站”。

（二）合作单位介绍

上海市杨浦区老年志愿者协会成立于 2010 年。它是全市首家依法登记的从区级层面组织老年志愿活动的社会团体，致力于开展老年志愿活动以及老年人才队伍建设。在实验期间，我校志愿服务工作站和杨浦区老年志愿者协会签订了《社区教育平台共建协议》。学校和相关机构开展了志愿服务合作洽谈，共同推进志愿服务。

四、理论意义与实践经验

我校以志愿服务为抓手推进基地建设。我校有一支自身素质较高、具备一定志愿服务技能又有奉献意愿的志愿者队伍，他们中的大多数人在我校学习多年，是终身教育的受益者。老年大学作为素质教育基地实践性很强，教师志愿者是素质教育的传播者，学员志愿者是素质教育的接受者。学校不仅能够通过教和学的各个环节培育和践行社会主义核心价值观，还可以通过师生志愿者的志愿服务，激励全校师生“完善自我、带动他人、传导小辈”。实践证明，借助素质教育实践活动，志愿者能够成为参与基地建设的骨干力量，在基地建设中发挥作用。

在实验先导阶段，我校通过校园文化建设激励老年学员发扬志愿精神，树立“长者风范”意识。随后，我校多次开展志愿活动，在校内寻找标杆，发挥榜样的带头示范作用，使学员深刻理解志愿精神的内涵并形成正确的价值观念。

在实验中，学校积极培育优秀学习团队和优秀志愿者，通过发挥优秀典型的模范引领作用推动基地建设。同时，学校为开展志愿服务搭建多样的平台，给学员提供参与志愿服务的机会。

（一）从志愿精神的宣扬和贯彻层面分析项目的重要性

十九大报告中指出，要推进诚信建设和志愿服务制度化，强化社会责任意识、规则意识、奉献意识。我校作为老年学习平台，在校内外大力弘扬志愿精神，多次开展志愿服务活动。近年来，我校培育了合唱团等优秀学习团队，培养了周德龙等优秀教师和侯妞妞等优秀学员。他们在项目实验中发挥了带头作用。

我校合唱团早在2012年就被评为上海市优秀老年学习团队，2017年被评为上海市五星级老年学习团队。为发挥优秀学习团队在基地建设中的引领作用，合唱团的志愿者从制度建设入手，加强队伍建设，提升团队凝聚力，取得了良好的成效。

周德龙是我校承担课程最多的教师，也是最早注册志愿者的教师。他的钢琴教学成绩优异，有200多名学员成功考级。他探索了一套适合老年人学习钢琴的教学方法，并作为教师代表参加了老年教育国际论坛，他的发言“我在老年大学教钢琴”获得与会者的高度评价。除做好本职工作，他主动担任合唱团的艺术总监，志愿教授合唱团的乐理课程，为优秀团队建设做了大量工作。

侯妞妞是我校学员，也是上海市社区教育优秀志愿者。她通过在居民区办班，把自己在老年大学学到的知识传授给居民，使小区居民受益。她亲自编写剧本，带领团队在社区街镇和多个艺术节舞台宣传身边好人好事，感动了无数居民。

实验过程中，我们对上述优秀典型进行了文字总结和宣传，促进了基地文明建设。我校有5名上海市优秀社区教育志愿者，有两个优秀老年人学习团队，有近百名志愿者。他们常年活跃在校内外各种志愿服务岗位上。我们将引导更多师生参与老年素质教育实践活动，推动实践基地发展。

实践证明，优秀的志愿团队和志愿者在推进志愿服务的过程中发挥着重要作用。在他们身上，我们看到了老年人做志愿者的可能性。他们带动更多学员加入志愿服务的行列，推动实验顺利进行。

（二）从老年素质教育层面分析项目的必要性

《老年教育发展规划（2016—2020年）》中明确提出，广泛开展老年志愿服务活动，到2020年，力争每个老年大学培育1至2支老年志愿者队伍，老年学校普遍建有志愿者服务组织。为建立有效的志愿者团队，我校积极进行校内引导，推动有组织的志愿服务活动，打造了两个志愿服务的亮点。

首先，我们从讲好复旦先进人物故事入手，成立了由15名学员组成的志愿者宣讲小组。老年素质教育实践基地应当成为弘扬正能量的讲堂。我们在校内外广泛宣传复旦教师、时代楷模钟扬的事迹。经过调查，多数老年学员对钟扬有所了解，但也有些学员仅仅听说过钟扬的名字，对其事迹一无所知。宣讲组用朗诵加舞台表演的方式宣传钟扬的事迹，学员反映强烈，纷纷表示要用钟扬的事迹教育后代。钟扬事迹宣讲会共有800余名校内外老年学员到场。

原有的志愿者队伍分三种情况：一部分是由本校志愿服务工作站注册的志愿者；一部分是由学员居住地注册的志愿者；一部分是积极参加学校和社区志愿服务，但未正式注册的志愿者。我们从加强志愿者队伍建设入手，整合这三部分人员，扩大了注册志愿者队伍。原社区教育活动和其他志愿者活动统一由学校志愿服务工作站管理，根据学员个人情况分类分组，并组织开展志愿服务活动。

其次，我们为老年志愿者提供多种实践机会，鼓励他们参与丰富多彩的志愿活动。学校把做好师资培训工作，作为建设老年素质教育实践基地的重要内容。2018年至2019年，志愿者积极参与了3次师资培训工作，从培训组织、课程选择、讲师聘请到具体实施，志愿者按照分工完成自己承担的工作任务，确保师资培训工作顺利完成，为基地建设作出贡献。志愿者参与师资培训工作已逐渐规范化和制度化，并作为长期工作纳入志愿服务工作站管理。

在实验中，我们发挥老年大学优势，通过师生志愿服务向校外延伸，展示老年素质教育基地的教育成果，形成了两个常态工作模式。早在2014年，我校志愿服务工作站就在兰花教师公寓居民区建立了工作点，长期互联互动，在项目实验过程中进一步丰富了素质教育的成果。在优秀志愿者侯妞妞的带领下，我校沪剧班、烘焙班在教师公寓开办了“第二课堂”，邀请居民到校学习，发挥了志愿者在社区和老年大学之间的桥梁作用。

在实验期间，我校充分发挥高校老年教育机构、上海市老年素质教育实践基地和社区教育志愿服务工作站的职能和优势，组织优秀的志愿者和讲师团队伍，深入社区开展工作。我校志愿者到杨浦区所属 8 个街道开展了讲课活动，参与了杨浦区老年协会的“园丁计划”活动，到会听课的居民共 200 余名。

在实验过程中，我们不断创新共建方法。两次组织志愿者“小分队”到敬老院慰问演出，通过志愿服务向老年人传递爱心和温暖。三次组织志愿者到老年公寓参观访问，寻找志愿服务的可行项目。许多老年志愿者表示，自己不仅在活动中提升了素养，还获得了“老有所为”的快乐。

五、问题分析和对策

（一）存在的问题

在树立优秀学习团队和优秀志愿者典型方面，优秀模范代表人数较少。我校把学习团队合唱团、教师周德龙、学员侯妞妞作为榜样示范。在操作过程中，我们发现，面对校内学员基数庞大的事实，仅树立三个优秀典范，其辐射带动作用远远不够。

在志愿服务的合作平台方面，参与的平台不够多。我们更多地集中在校内及社区，存在一定局限性。

在志愿者积极性方面，虽然相比之前志愿者的人数得到扩充，但仍有一部分学员持观望态度，对加入志愿者团队、参与志愿服务存有疑虑。

（二）解决方案

培养一个优秀的学习团队和一支优秀的志愿者队伍不可能一蹴而就，我们将在全校范围内，继续发现和培养优秀志愿者，并通过组织志愿者沙龙，增强志愿者的集体荣誉感和责任意识，让每一位志愿者都发挥模范带头作用，进而推动全校学员树立志愿服务意识，发扬志愿精神。

寻找相关合作单位，努力拓展志愿服务网络，按照循序渐进原则，充分调动人力、物力、财力，为合作开展志愿服务搭建更加广阔的平台，争取逐步形成多层次、全方位的志愿服务格局，满足志愿者多样化的需求。

进一步调动老年学员参与志愿服务的积极性，开设志愿服务讲堂，弘扬志愿精神；建立老年学员加入志愿团队以及志愿者参与老年素质教育实践基地建设的激励机制。

（结项时间：2019 年）

老年教育新探索与老年素质教育

老年大学开展学员党组织建设的实验

松江区老年大学

一、实验背景

（一）离退休干部党员党建工作的需要

近年来，国家层面和市级层面出台了一系列重要文件，《关于进一步加强和改进离退休干部工作的意见》（中办发〔2016〕3号）、《关于本市进一步加强和改进离退休干部工作的实施意见》（沪委办发〔2017〕8号）、《关于加强和改进机关事业单位离退休干部党建工作的若干意见》（沪委组发〔2016〕15号）等，要求重视离退休干部党员的党建工作。

（二）离退休干部党员自身政治生活的需要

老年大学开展学员党组织建设工作，是离退休干部党员自身政治生活的需要。成立离退休干部党组织，旨在为离退休干部党员办好事、干实事、搞好服务，增强离退休干部党支部的吸引力、凝聚力和战斗力，不断提高离退休干部党员的自我教育、自我管理、自我提高、自我服务能力，使他们更好地适应社会的发展，真正做到与时俱进。

（三）老年大学开展素质教育的探索

老年大学是加强老年人思想政治建设，满足老年人精神文化生活需求的重要载体，是党和政府联系老年人、凝聚老党员的重要纽带和桥梁，也是加强基层党组织建设的重要主体。素质教育工作是老年大学内涵发展的重要方面，“学校要发展，党员要带头”。松江区老年大学结合本校工作实际，聚焦老年学员中的党员群体，下功夫落实党建进校园工作，充分发挥党员的先锋模范作用和党组织的战斗堡垒作用，积极探索开展素质教育的新路径，为推动学校整体发展和凝聚学员正能量注入新动力。

二、实验目标

（一）创新老年大学开展学员党组织建设的组织形式

以离退休干部党员党建工作为抓手，以老年大学班级或团队为单位，以学校素质教育工作为落脚点，成立临时党支部，创新党建组织形式。

（二）丰富老年大学开展学员党组织建设的活动方式

发挥学校教育资源优势，探索老年大学开展学员党组织建设的活动方式，拓展“老有所学”的内涵，提升党组织建设的活力和效力。

（三）发挥党员在老年大学开展学员党组织建设中的作用

引导学员“老有所为”，服务社会，提高其“老有所乐”的品位，形成党员带头学习、学员积极学习的良好氛围。

三、实验内容

（一）创新组织设置

在老年大学中组建党的基层组织，把党建工作开展起来。以老年大学老兵志愿服务团队、枫叶合唱团和学生会等为试点，组建松江区老年大学学员临时党支部。根据老年党员的特点和需求，将其组织关系仍保留在原单位，同时引导他们加入老年大学临时党支部，参与学校党建活动，做到“有党员，就有组织；有组织，就有活动；有活动，就有成效”，使老年党员及时得到党组织的教育和关心。

（二）加强思想引领

老年大学把加强思想政治建设作为老年学员党组织的首要任务，引导广大党员同志不忘初心，牢记使命，永葆本色。老年大学积极探索研究策略，采取有效措施，创建“有利于教育管理、有利于发挥作用、有利于参加活动”的老年大学党组织，在老年大学扎实开展党建工作，凸显老年大学的政治优势和组织优势。

（三）发挥独特优势

老年大学积极发挥老年党员的政治优势、经验优势和威望优势，鼓励和引导广大离退休干部党员争当“六大员”（党的政策宣传员、社会道德示范员、和谐社会促进员、教育后代辅导员、社会风气监督员、社区文化倡导员），为社区建设和社会治理贡献力量。发挥榜样作用，提高老年学员整体素质。

四、实验步骤

（一）宣传发动，营造氛围（2018年4月）

宣传老年大学学员党建工作。采取专题讲座、座谈会、宣传海报等多种形式，大力宣传老年大学创新开展党组织建设的目的和重大意义，营造老年大学开展党建工作的外部环境和内部氛围。

（二）调查摸底，收集信息（2018年5月）

通过调查摸底，了解情况。以班级为单位，以党员为调查对象，对调查党员的年龄、党龄等基本情况及其对老年大学开展党员活动的看法有了更充分的了解。

（三）形成方案，确定试点（2018年6月）

形成方案，选择了学员相对稳定、党员比较集中的老兵志愿服务队（总人数70人，平均年龄71岁，党员66人）和枫叶合唱团（总人数60人，平均年龄68岁，党员16人）两支学习团队，以及老年大学学生会干部，开展老年学员党建试点工作，建立临时党支部，形成学员党支部建设方案，健全学生党组织，选好配强党支部负责人。

（四）建章立制，明确分工（2018年7月）

明确临时党支部工作职责和工作计划，落实责任分工，采取相关措施。

要求临时党支部的党员永葆党员风采，在学校和社区发挥学习带头人、服务参与者、政策宣传员、教育辅导员作用。

（五）多措并举，积极推进（2018年8月至2019年9月）

一是政治引领，不断优化学习活动的环境。精选学习内容，以学习、研讨、听报告、互动学习等方式，加强老年党员的思想政治建设。

二是骨干带头，创建团结和谐的校园环境。临时党支部参与学校民主管理，引领老年学员逐步做到自我教育、自我管理、自我服务。

三是上下联动，党员帮教，提升其他老年学员学习水平。

四是服务社会，主题鲜明，永远跟党走，开展老有所为志愿活动。

（六）总结经验，接受验收（2019年10月至11月）

认真总结实验成效，提炼做法经验，完善工作制度，形成实验报告，接受评估验收。

五、实验成果

（一）进行调查摸底，了解老年大学党员情况

2018 年 5 月，对老年大学部分班级中的老年党员进行了调查，内容包括个人基本信息、党员参加志愿活动情况、对参与老年大学党员活动的看法、对老年大学开展党员活动的看法及建议四大部分。共发放问卷 150 份，回收有效问卷 142 份。

调研发现，61 岁至 70 岁的党员数量较多，是学校老年党员的中坚力量。他们学习和活动的时间较长，对老年大学的情况比较熟悉，有助于开展工作。

这些党员学历层次较高，思想比较活跃，有主动学习、提升自身能力素质的意愿。工作经历方面，他们大多承担过管理工作，有很强的领导与管理能力。

我们了解到，老年党员参与组织生活的愿望比较强烈，更愿意在学校的各类活动中发挥党员的先锋模范作用。

（二）完善组织架构，打好党组织基础

我们把组建老年学员临时党支部作为新时期加强组织建设、推进党建工程的基础工作来抓，坚持与时俱进，紧密结合实际。2018 年 7 月，我们以老兵志愿服务团队、枫叶合唱团、学生会为试点组建临时党支部，选定临时党支部支委成员。我们对临时党支部组成人员的要求是讲政治，能与学校党总支和老党员保持一致，年富力强，身体健康，有较强的责任心，在学校中有一定的群众基础和号召力。我们依据现有班级、团队组织的人员，建立临时党小组。老年大学临时党支部三名支委成员和书记负责支部全面工作，两名成员，一名负责学习宣传工作，一名负责开展组织活动。临时党支部下设两个党小组，以班级为单位。班长是党员的，原则上也是党小组组长；班长是非党员的，由各班民主产生党小组组长，党组织覆盖到每一名党员。

（三）出台文件，保障党组织运行

学校出台了《松江区老年大学临时党支部参与学校党组织活动的有关要求》文件，明确老年大学临时党支部支委分工制度、支委联系党员制度、党员联系群众制度、学习制度和民主生活会等制度。考虑到在我校参加活动和学习的老党员，党组织关系仍在原工作单位，既要参加原单位党组织各项活动，又要参加老年大学团体、班级的活动，年事已高等具体情况，学校对这些临时党支部如何开展工作、发挥老党员的先锋模范作用提出了明确要求。

（四）加强思想政治工作，深化理论学习

学习是提高老党员思想政治素质和政治理论水平，使广大老党员政治坚定、思想常新、理想永存的有效手段。临时党支部把加强老党员思想政治工作作为支部工作的中心环节，以学习活动为抓手，促进学习教育常态化，引导老党员正确认识国内外形势，客观分析问题，正确对待自己，坚定建设中国特色社会主义的信念，树立正确的世界观、人生观、价值观。一是发放党的十九大相关学习资料，组织学习活动，使老年党员坚持时事政策学习，从思想上、政治上与党中央保持一致。二是创新老年党员活动方式，加强学习阵地建设，丰富老年党员的组织生活。如组织临时党支部的党员聆听生命教育讲座、观看教育影片、参观陈云纪念馆、参与学校党总支的主题党课活动。三是把临时党支部负责人纳入我区优秀老年学习团队负责人沙龙组织“云间学林社”，参与学习团队发展研讨和体验学习。

（五）党员帮教，提升老年人学习水平

老年大学是老年人学习知识、提升技能的主要场所，因此，党建工作也要服务学校的根本职能。临时党支部的党员更要在学习上严格要求自己，体现“老有所学、学有所用”。一是自己积极参加学习，同时带头营造学习氛围，在班级内自发形成互助结对学习小组，由党员牵头开展帮困学习。二是充分利用班级微信群，利用现代通信工具，与教师、同学随时随地交流学习，主动在微信群提交作业，发表学习体会，使微信群成为课后助学的第二课堂。三是到社区养老机构教学。学校选派素质好、水平高的老党员，推荐给相关社区居委会，开设相应的课程，或组织学员赴敬老院义务教学，让学员既服务社会，又提高自己的专业水平。

（六）成立“茸耀”志愿服务队，发挥老年党员作用

老年党员有学历高、党龄长、志愿服务意愿强的特点。他们不仅有志愿服务的热情，更具备志愿服务的能力。我们根据党员的特长，组建演讲团、合唱团、社会服务团三支分队，利用信息化平台，对他们的志愿服务活动时间进行记录，起到了较好的激励效果。

2019 年，临时党支部在松江区老干部局的指导下，成为“茸耀”志愿服务队的成员。志愿服务队以“服务社会、奉献爱心、倡导新风、传播文明”为宗旨，坚持“自愿自觉、量力而行、注重实效、尽力而为”原则，围绕“红、绿、蓝”三色行动规划，开展红色宣讲、绿色守护、蓝色关爱系列服务活动，围绕“革命传统教育传承、社区家园环境建设、关注未来和关心下一代”这三项重点工作，广泛开展志愿服务。

（七）参与学员党组织，党员素质提升

老年大学临时党支部的党员在多次参与活动后，有了深刻的体会。

1. 找到组织

老年大学的党员来自不同的党组织，退休后，较少参与党组织生活。老年大学建立临时党支部后，大家感觉又找到了组织，可以在老年大学的学习过程中参加组织生活。

2. 发挥作用

党员活动是党建工作的重点，老年大学党组织经常组织党员活动，引导党员牢记党员身份，坚定理想信念，保持对党忠诚的政治品格。一名党员就是一面旗帜，老年党员在学校牢记自己的党员身份，推动班级和学校各类活动的开展，积极为学校和班级服务，成为学校工作的好帮手和班级、团队的排头兵。学员积极参与学校管理，增强了主人翁责任感，积极发挥先锋模范作用，用实际行动为社会增添正能量。

3. 视野开阔

通过参与学校丰富多彩的党建活动，党员进一步了解了国际形势和国家的发展变化，掌握了更多的知识与技能，眼界开阔了。老年党员在志愿活动中结识了更多的优秀党员和学员骨干，他们热爱集体、任劳任怨的精神激励了老年党员。

4. 身心健康

形式多样的党员教育活动，激发了党员积极向上的热情，提升了老年人的自我修养。老年党员主动作为，关心帮助困难学员。在志愿活动中，党员得到了群众的认可，责任感和使命感油然而生，心情愉悦，身心也健康了。

六、思考与体会

（一）处理好四种关系，做到三个结合

1. 处理好四种关系

一是理顺临时党支部与班级团队的关系。临时党支部是核心，发挥引领作用，支持和引导班级团队开展各项教育教学活动，班级团队是平台。

二是处理好临时党支部成员与非党员班长的关系。班级管理以班长为主，临时党支部成员（党小组组长）配合班长管理班级，把关政治方向，协助班长做好日常工作。

三是处理好临时党支部与学校管理的关系。临时党支部不能超越学校领导，必须服从学校统一安排，配合学校做好教育教学和服务工作。

四是处理好老年党员与原单位的关系。老年大学学员党组织应该与学员原单位党组织各司其职、配合互助。

2. 做到三个结合

一是老年大学党建工作与教学工作相结合。教学工作是中心，党建工作是保证，二者相辅相成。支部管理与班级管理可以统筹协调，以教学工作为主。

二是党员的先锋作用与学员的积极参与相结合。老年大学的各类活动不能仅局限于党员参加，可由几名党员组织、带头，鼓励广大学员积极参与，组成团队，营造活动氛围，扩大老年大学影响力。

三是支部活动的数量与质量相结合。学校层面对支部活动开展没有硬性要求。活动开展量力而行，不定指标、下任务、给压力。这样有利于党员调配老年生活与党组织的关系。

（二）不断加强临时党支部建设

目前学校开展学员党组织建设试点工作的面还不广，应努力做到全校覆盖，完善老年党员登记制度，让更多的老年党员参与党组织活动，加强临时党支部的建设。学校应着重抓好三方面工作。

一是加强班子建设。首先，要按照要求，选择党性强、威信高、作风实、身体好、有丰富党务工作经验的老党员担任党支部委员。其次，要选好成员，根据情况让热心临时党建工作的老党员担任助手。

二是加强制度建设。要本着有利于老年党员参加组织生活和发挥作用的原则，加强临时党组织制度建设，定期召开党支部会议，引导学员参与学校党员大会，定期上党课。

三是加强党员教育管理。以增强党性、提高素质、发挥作用为目标，从实际出发，针对党员学员开展教育和管理，引导骨干党员学员先行一步，发挥好带头作用、骨干作用、桥梁作用。充分发挥好老年学员“传、帮、带”的作用，积极营造学习氛围。

（三）积极探索老年党员教育管理形式

一是教育内容要实。要多安排一些适合老年党员的项目活动；多宣传一些优秀典型，用身边的典型人物和事例教育老年党员永葆共产党员的先进性；多开展一些交心谈心和交流学习活动，引导学员相互交流、相互帮助。

二是教育形式要活。学习讨论会、政治理论讲座等传统的教育形式要继承，上党课等行之有效的形式要坚持，但也要与时俱进，灵活开展一些活动，如公益事业志愿服务活动、寓教于乐的文化体育活动，让老年党员在活动中受教育。

三是教育方法要新。要在继承优秀传统的基础上，引导老年党员自觉参与教育活动。

（结项时间：2019 年）

上海安亭·江苏花桥“学悦双城”老年教育一体化建设的实验

嘉定区安亭镇老年学校

一、项目概述

（一）项目背景

安亭属于上海市嘉定区，花桥经济开发区属于江苏省昆山市，两地虽分属不同的行政区域，但道路、田地、居住生活区相互连接。随着两地文明共建的深入开展，一个“你中有我、我中有你”融合发展的格局正在形成。

2000 年起，我校开始文明共建，其中最为成功的是“双城共舞”共建项目。我校陆续开展了“共享书香”老年人书法比赛、基层社工能力提升联合培训、政府职能部门携手共建等活动。这些均成为“学悦双城”实验项目谋划的基础。

2013 年，安亭、花桥联合开展了跨区域共同推进学习型社区建设模式的探究。2013 年 4 月，以安亭迎春社区与花桥新安社区为跨区域共建基础，以上海市社区教育重点实验项目“‘邻里’共建社区教育学习点模式的探究”为抓手，安亭与花桥开展了基层学习点的第一次跨区域共建探索，成为构建“学悦双城”实验项目的基石。

2015 年初，在全面总结跨区域共建经验的基础上，全面实施了安亭（迎春社区、博泰社区、新源社区、墨玉社区、玉兰第一社区）与花桥（新安社区、横潰社区、绿地社区、时代社区、徐公桥社区）的共建，把前期共建实施经验由点向片拓展，并申报“社区教育学习点跨区域多点联动机制建设的探究”市级社区教育实验项目，全面开展学习点跨区域联动机制的实践，积累了一些经验。这些点与片的跨区域联合实践，为全面开展“学悦双城”实验打下了基础。

（二）项目剖析

“学悦双城”项目以安亭、花桥两个行政区域为平台，通过联合、整合、融合、跨区域共建等，构建资源整合、优势互补、学员融合、成果共享、共建双赢的老年人学习圈，从而促进安亭与花桥老年教育的新一轮发展，促进“美丽安亭”“美丽花桥”建设。

（三）实验目标

第一，以前期社区教育实验项目点与点、片与片跨区域联合建设探究的成果为基础，通过有针对性的实践，全面推进安亭、花桥社区老年教育资源的共享、互补、融合、辐射，营造两地老年教育跨区域联合建设的氛围。

第二，借助大型主题活动、社区老年学习点共建、老年学习团队交流、老年人自主学习等，探索推进各主体联合建设、联合发展的有效方法和途径，寻求老年教育一体化建设的创新机制，打造“学悦双城”品牌，全面促进安亭、花桥老年教育的内涵发展。

（四）实验内容

首先，进一步总结回顾，为本实验项目的“一体化”构建、实施和推进提供有效经验，为老年教育一体化发展夯实基础。

其次，探究“学悦双城”老年教育一体化建设的机制和路径。主要内容：（1）通过大型主题活动的跨区域联合实施，探索老年教育活动的联合实施机制；（2）通过基层社区的跨区域共建，探索学习点老年教育优质学习资源的互补、辐射实施机制；（3）通过基层老年学习团队的跨区域联合发展，探索老年学习团队跨区域交流平台建设、老年学习团队跨区域自主交流和团队领军人物联合培育机制；（4）通过“学悦课堂”建设，探索老年市民跨区域自主学习的方法和途径；（5）通过老年教育跨区域一体化建设，打造“学悦双城”项目品牌。

（五）实验方法

研究者主要采用经验总结法、行动研究法、对比法、个案研究法、文献研究法、问卷调查法、行为观察法、访谈法等方法。

（六）实验步骤

第一阶段，准备阶段（2018 年 1 月至 4 月），成立项目领导小组，研究形成项目实验方案和制度，确保实验工作顺利开展。

第二阶段，实验阶段（2018 年 5 月至 2019 年 9 月），逐步开展实验，完成中期汇报。

第三阶段，总结阶段（2019 年 10 月至 11 月），在前期实践探索的基础上，完成项目报告。

二、实验过程

2018 年 3 月 7 日，召开“学悦双城·双城共建”联席会议，就“学悦双城”各项工作进行商议与策划。

2018 年 3 月 20 日，召开“学悦双城”读书月活动筹备会，“学悦双城”项目正式启动。

2018 年 3 月 30 日，在黄炎培故居顺利举行“学悦双城”社区老年教育工作者素质教育培训活动，两地学习点管理干部、学习团队骨干参加活动。

2018 年 4 月 25 日，在花桥“兆丰 99”城市生活广场启动“学悦双城”读书月活动。

2018 年 7 月 24 日，在安亭万创坊举行“学悦双城——老少抒真情，歌唱新时代”诗歌朗诵会。

2018 年 8 月 2 日，在“上海南京路上好八连”驻地举行“学悦双城——红旗引我成长”青少年进军营双拥活动，两地多名青少年、老同志和志愿者参加。

2018 年 9 月 17 日，召开“学悦双城”项目工作推进会，就老年教育一体化建设各项工作进行交流和商议。

2018 年 10 月 10 日，召开“学悦双城”工作研讨会，就“学悦双城”全民终身学习季（周）活动进行研讨。

2018 年 10 月 18 日，“学悦双城”项目组参加昆山市第十一届全民终身学习周开幕式，参观了花桥市民终身学习体验点天福湿地。

2018 年 11 月 16 日，召开了“学悦双城”主题社区教育实验项目阶段研讨会，举行了“学悦双城”优秀学习型团队才艺赛（第二届）。

2019 年 2 月 22 日，召开“学悦双城”2019 年第一次联席会议，对全年工作进行研究。

2019 年 3 月 6 日，召开“学悦双城”工作推进会，构建学习型社区跨区域一体化建设推进制度。

2019 年 3 月 23 日和 5 月 21 日，分别在花桥和安亭开启年度“学悦双城”“学悦之旅”人文行走活动。

2019 年 4 月 16 日，嘉定安亭·昆山花桥第三届“学悦双城”读书月活动开幕。跨区域一体化建设微信公众号“学悦双城”正式启用。

2019 年 5 月 15 日，嘉定安亭·昆山花桥第三届“学悦双城——舞进新时代，芬芳满玉兰”社区广场舞比赛在安亭举行。

2019 年 6 月 5 日，在花桥召开“理论引领共建，实践推进学悦”主题实验项目和科研课题推进研讨会。

2019 年 6 月 12 日，在安亭举行“腾飞中国，辉煌 70 年——我为祖国点赞”市民朗诵比赛。

2019 年 8 月 20 日，进行嘉定安亭·昆山花桥“社会信用”科普知识竞赛决赛。

2019 年 9 月 3 日，安亭老年学校和花桥老年学校“校际教师轮岗”计划正式启动，这是跨区域老年教育一体化发展的一次新探索。

三、实验所得

（一）形成了“学悦双城”老年教育一体化建设管理机制

经过项目实践，以安亭老年学校、花桥老年学校为主体，各相关职能部门积极参与的工作联席会议机制基本形成。每年 3 月和 9 月定期召开项目联席会议，同时，根据工作推进需要，召开相关工作协商会、推进会、研讨会。“学悦双城”老年教育一体化建设管理机制见图 1。

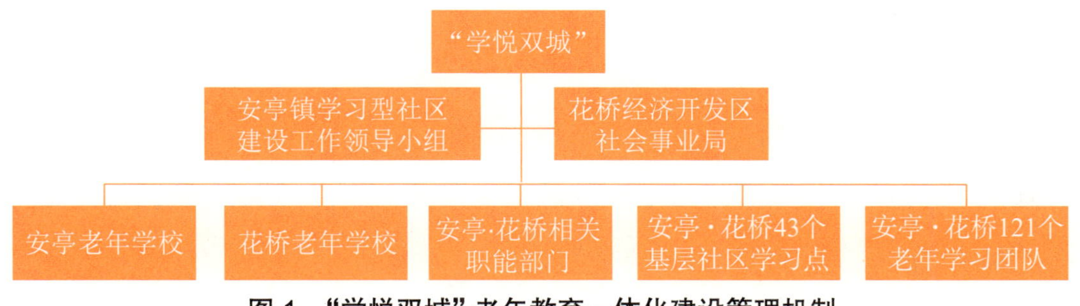

图 1 “学悦双城”老年教育一体化建设管理机制

（二）形成了“学悦双城”联合举办主题活动的机制

研究者以“学悦双城”项目联席会议为平台，以年为时间单位，轮流举办读书月和全民终身学习活动季（周）等大型活动，逐步形成了联合举办主题活动的机制。“学悦双城”主题活动基本实现了计划统筹安排，活动统筹实施，人员统筹到位，经费统筹使用，保障统筹落实。

（三）形成了基层学习点跨区域联合发展的携手机制

“学悦双城”项目实践过程中，进一步明确了基层学习点联合发展的目标，通过基层社区跨区域共建，推进老年教育优质学习资源的有效互补，促进终身学习资源的有效辐射，深化学习点内涵建设。通过两轮的基层学习点共建，安亭 30

个社区与花桥13个社区全面实施了跨区域联合发展。基层学习点活动的联合开展，实现了学习点优质资源的跨区域共享。两年来，各基层学习点先后开展了“双城齐学八连精神，你我齐承优良传统”“美食当道，安全为先”“雪媚娘亲子手工”“垃圾分类知识竞赛”等联合活动。

（四）形成了基层学习团队跨区域联合的培育机制

两地通过组织老年学习团队展示活动和社区学习团队交流活动，推动学习点优质资源跨区域共享。两地基层学习点119个学习团队以传统节日文化、中华人民共和国成立70周年等为契机，积极开展团队建设交流活动，促进基层学习团队发展。2018年和2019年，两地新增33个基层老年学习团队。

（五）形成了老年人自主学习机制

2018年，项目组进一步实施“学悦课堂”计划，促进学习点优质资源跨区域共享，实现两地基层优秀老年学习资源、优秀教师跨区域融合。两年来，共在基层开设“学悦课堂”36班（次），举办“学悦课堂”讲座和DIY活动339期（次）。借助读书月、全民终身学习活动季（周）、学习团队才艺赛、社区广场舞比赛，先后有97个老年学习团队参与了终身学习成果展示交流。

四、实验成果

通过“学悦双城”项目的有效实施和探索，以“学悦学习点”“学悦团队”“学悦课堂”“学悦之旅”等活动为支点的两地老年教育联合发展机制已逐步形成，推进了安亭、花桥老年教育跨区域一体化发展。

（一）促进了两地老年教育的新一轮建设

“学悦双城”项目，为两地老年教育发展注入了新思路、新方法、新资源、新机制，促进了两地老年教育的内涵发展，促进了两地老年教育的新一轮建设。

（二）促进了两地基层学习点的示范化建设

通过学习点优质资源的共享，两地联合举办基层学习点各项活动，加快学习点示范化建设。近年来，安亭和花桥先后实施了22个基层学习点的标准化、示范化建设，先后完成4个市民终身学习体验点建设，促进了两地老年教育发展。

（三）促进了区域学习型团队的品质化建设

“学悦双城”项目推进了两地老年学习团队的自主交流和学习互动，使两地老年学习团队的建设机制、管理机制、扶持机制更加完善。近年来，安亭新增26个老年学习团队、2 个市级五星学习团队、75 个市级（优秀）学习团队、6 个区级优秀团队。花桥新增 9 个社区学习团队、7 个省级或市级学习团队。

（四）促使老年人积极践行终身学习理念

项目实施两年来，先后有 11 个职能部门、43 个社区、121 个老年学习团队参与了“学悦双城”各项活动。截至 2019 年 9 月，两地“学悦双城”老年志愿者有 291 名，“学悦之星”有 93 名，“学悦团队”有 60 个，两地老年人参与终身教育、终身学习活动满意率均超 88%，两地老年人终身学习氛围更加浓厚，终身学习能力得到了进一步提升。

五、实验结论

上海安亭·江苏花桥“学悦双城”老年教育一体化建设的探索和实施，符合新时期老年教育的发展要求，能够满足新时期老年人终身学习的需求。

安亭、花桥在学习型社区建设中虽然存在工作管理、工作推进、工作保障等方面的差异，但通过本项目的有效实施，借助工作共商、活动共建、资源共融、成果共享，安亭与花桥学习型社区必将迎来新一轮的发展。

六、相关思考

（一）项目实施所缺

由于两地老年人组成多元化、自身分层化、需求多样化，老年人学习资源建设尚有欠缺。安亭镇老年学校在 2020 年老年教育专项经费中专列 20 万元用于老年教育资源建设。

（二）项目实验所虑

老年教育跨区域一体化建设成效虽已初步显现，但由于时间较短，相关机制不够完善，有待在后续工作中进一步实践、调整。

（三）项目发展所思

嘉定安亭·昆山花桥学习型社区跨区域一体化建设“1 +”项目已于 2019 年 10 月 15 日正式启动，昆山陆家镇、青浦白鹤镇加入学习型社区跨区域一体化建设项目。两地变四地，老年教育一体化建设机制如何适应新变化，还需要深入思考。

（结项时间：2019 年）

采用“1 + N”师资配送方式建立“网上学习圈”的实验

宝山区吴淞成人中等文化技术学校

一、项目背景及意义

随着全球人口老龄化程度的日益加深，我国不可避免地进入老龄化社会。社区教育的主要服务对象是中老年群体，以老年人居多。社区教育在老龄化加剧的今天，面临着缺少优质师资、缺乏互动条件两大问题。

宝山区吴淞成人中等文化技术学校是一所专门开展社区教育的学校，有专职教师 27 人，但绝大多数教师都处于从学历教育向社区教育转型的状态。近年来，为了使教师更好更快地适应社区教育，我校采用“1 + N”师资配送方式，把师资、教材、课程等资源配送到吴淞街道、杨行镇、淞南镇三个街镇居委学习点开展社区教育，取得了一定的成效。在配送过程中，我们发现，随着时代的进步和科技的发展，学员的观念已经有所转变，传统、单一的教学模式已经不能满足他们的学习需要。他们学习主动性强，渴望学习新知识，希望社区教育的学习内容更丰富，学习方式更便捷。因此，我们开展了向居委学习点推广“网上学习圈”的实验。

本实验方案设计的初衷，一是把社区学校优质的教育资源配送到居委学习点，解决学习点教育资源匮乏的难题，进一步提升学习点的管理水平；二是采用“网上学习圈”的方式，突破场地、师资等限制，使用与时俱进的教学方法，激发居民的学习热情，拓宽社区教育的受众面，让居民老有所学、老有所乐。

二、两个关键词的解释

（一）“1 + N”师资配送

这一社区教育教学管理模式由宝山区教育局提出。“1”是指一所社区学校或者一位教师。这里所提到的社区学校具有稳定的师资和丰富的教学资源，不同于仅负责管理的普通街镇的社区学校。“N”是具体数字，指 N 个街镇或居委学习点。

在本实验中，主要是指本校承担着托管三个街镇的职责，本校的每一位专职教师负责一个街镇的 N 个居委学习点的指导工作。

（二）网上学习圈

这是一种基于互联网的交互学习模式，充分体现了教与学两方面的需求，具有资源丰富、形式多样、灵活便捷、适合各类群体的特点。

“网上学习圈”是在“网上学习点”的基础上形成的更大范围的互动学习模式，它让更多的社区居民足不出户就能接受来自社区学校的教育培训，也使社区学校不再受场地和师资人数的限制，教师和学员互教互学、共学共享、乐学乐友。

专职教师在推广“网上学习圈”过程中的任务：（1）指导居民使用智能手机、平板电脑等；（2）提供学习资源，辅助居委学习点建立课程学习微信群；（3）指导建立“网上学习圈”，让学员相互学习、交流。

三、实验目标

第一，通过本实验，在各居委学习点，普及智能手机使用知识，进一步提高微信的使用范围和使用效果。

第二，通过“1 + N”师资配送这一辐射方式，帮助居委学习点建立“网上学习点”，在区域内形成“网上学习圈”，拓宽社区教育受众面。

第三，在吴淞街道、杨行镇、淞南镇三个街镇的学习点推广“网上学习圈”，培育特色“网上学习点”。

第四，通过本实验，提高我校专职教师利用互联网进行社区教育的能力。

四、实验内容

第一，以“1 + N”师资配送为抓手，根据学员的实际情况，引导学员掌握电脑基础知识和操作技能，帮助他们运用互联网学习、交友，改变生活方式，提高生活质量。

第二，根据社区学员的实际需求，整合现有的学习资源，开发学员喜闻乐见的网络课程，拓展微课、微讲座、微学堂、微视频、微杂志等网上学习空间，打造灵活自主的学习队伍，拓展移动学习等多种学习形式。

第三，建立“1 + N”师资配送的联络员机制，形成一支专业人才队伍。辅助学习点创建微信公众号，为更多的老年人提供学习便利。安排信息技术人员参与网络学习点建设，保障网上学习圈的资源更新和维护改进。

第四，以微信公众号为平台，建立网络学习点，实现资源共享，进而扩建“网络学习圈”。

第五，根据各街镇的特色，创建特色网上学习内容，促使社区居民拓宽知识面，提升自身能力，积极参与社区活动，推动学习型社区建设。

五、实验方法

（一）调查研究法

对社区学员和相关专职教师进行抽样调查，为实验项目的开展做好前期准备工作。在项目实施过程中，访谈教师、居委学习点干部、骨干和志愿者，了解其需求，为实验的顺利开展提供依据。

（二）行动研究法

根据实验目标开展实验，在实践过程中，边探索、边总结，逐步完善。

（三）比较研究法

通过分析实验前期、中期、后期主要街镇学习点参与网上学习情况，为实验的推进提供依据。

六、项目的实施与进展

（一）分析调查数据和访谈结果

本项目调查对象是宝山区吴淞成人中等文化技术学校的社区班学员和吴淞街道、杨行镇、淞南镇三个街镇居委学习点的学员，发放问卷 120 份，回收有效问卷 114 份，回收率为 95.0%。通过数据统计分析得知，很多居民对智能手机感兴趣，其中，78.3% 的居民使用智能手机，20.0% 的居民使用老人机，1.7% 的居民不用手机；19.8% 的居民经常使用微信，26.5% 的居民偶尔使用微信，42.2% 的居民很少用微信，11.5% 的居民没用过微信。居民最喜欢的学习材料呈现方式是书本和网络课件，48.1% 的居民选择书本，29.6% 的居民选择网络课件，18.7% 的居民选择录像带，3.6% 的居民选择广播电视。

从对教师、居委学习点干部、骨干和志愿者的访谈中得知，微信的使用有待普及，居民需求较大，应建立一些微信群，线上线下同时教学，满足更多社区居民的学习需求。

（二）项目具体实施

了解社区学员的需求后，项目组制订了计划，确定了“以点带面，由易到难”的项目推进策略。

一是以点带面。教师先指导校内的社区班建立课程学习微信群，在我校教师配送的40个居委学习点建立课程学习微信群，再在三个街镇所有居委学习点建立“网上学习点”，并形成特色“网上学习点”，在区域内形成“网上学习圈”。

二是由易到难。对学员进行培训时，从开关机教起，教会他们使用微信。在学习点开设智能手机、平板电脑基础班，指导学习团队和班级建立微信群，建立微信公众号，在群与群之间形成“网上学习圈”，学员可以相互学习、交流。

1. 加强培训，指导居委学习点的骨干学员和社区志愿者合理使用微信群

在实验前期，项目组对我校中青年教师及校内班级的任课教师和班主任进行培训，让这些人员参与到实验中来，为实验的顺利开展提供强大的支撑。我们意识到仅仅依靠学校教师的力量是不够的，便组织各居委学习点的骨干和社区志愿者一起参加网络基础知识、微信操作技能、智能手机使用、微课制作、微视频制作等培训。为此，学校投入了一定的资金，加强硬件建设，如更新电脑设备，购买了20台笔记本电脑，50台平板电脑，供教师在学习点教学使用。确保培训后，骨干和志愿者都能够合理使用微信群。

2. 开发课程，指导学校社区班建立课程学习微信群

学校鼓励教师开发微课、微讲座、微学堂、微视频等课程。目前，我校专职教师已开发的微课和微视频包括“外环线内禁止燃放烟花爆竹”“垃圾分类”“公共场所禁烟”“学一学交通法规”“楷书捺画的表现和运用”“楷书点画的表现和运用”“楷书横画的表现和运用”“中国结的编织”“水兵舞基本动作”“萨克斯演奏技巧”“智能手机使用”等，深受学员欢迎。

陆静是我校一位青年教师，承担编织班的教学任务。编织班报名学员很多，陆老师便建立了编织班微信群，在线讲解编织知识。

专职教师指导班级建立课程学习微信群，由各班班长作为负责人，把学习资料上传到群里，教师与学员线上线下进行交流。如摄影班学员把外出采风拍的照片上传到群里，学员相互点评、学习；编织班学员把教师教学的步骤拍摄下来，回家后教左邻右舍；书法班学员根据教师的微课，反复练习。现在，17个校内社区班全

部建立了学习微信群，已有500多位学员加入学习群。

3. 相互学习，指导校内班级建立“网上学习圈”

校内17个班级的微信学习群中的微课、微视频，为学员提供了随时随地学习的可能。师生之间互动频繁，既提高了学习效果，又融洽了班级感情。

由于场地原因，许多学员不能参加运动养生班的线下学习。他们通过加入微信学习群，在课外随时随地看视频学习，及时与教师和同学交流，共同提高。摄影班开发了室内摄影课程。钢琴班、声乐班和中华诗词诵读班的学员分别加入各自的学习群，随时随地交流合作，钢琴班还为声乐班和中华诗词诵读班伴奏。智能手机班的学员在教师的带领下，应用课堂上学到的“美篇制作”知识，制作我校的招生简章，图文并茂和优美音乐的制作效果，使师生都很有成就感。

赵丽萍老师是宝山区的学科带头人，她在我校开设了广场舞基础班。众所周知，广场舞是一项很受欢迎的健身运动，所以招生名额远远不能满足需求。针对这样的情况，赵老师决定采用线下线上同时上课的形式。她在线上建立了两个微信群，即广场舞班级群和非广场舞班学员群，每次上好课后，都会把广场舞的分解动作制作成视频，上传到微信群里。这样不仅能让班级学员课后及时巩固动作要领，还满足了更多学员的学习需求，得到了学员的好评与赞赏。

4. 以学校社区班为基础，建立居委学习点

在推广伊始，有的学员因缺乏计算机操作技能和网上学习能力，仍重传统面授学习而轻网上学习。教师把光盘、远程教育教材、微课带到学习点时，学员使用率不高。送教教师耐心给学员讲解网上学习的优势，转变他们的观念，成功指导所在学习点的团队和班级建立课程微信群开展学习。

微信群加强了教师和学员、学员和学员之间的交流，学员可以在群里预习知识点，可以在群里上传回家作业，随时随地与他人进行交流。

2018年端午节，宝山区吴淞新城居委会特意邀请陆静老师线上线下同步教授端午香囊制作方法。香囊和粽子一样，既是端午民俗文化的承载物，又和手工编织紧密相关，材料成本不高，制作工艺简单，深受居民喜爱。通过微信群实时转播教学过程，社区居民的参与人数也创造了吴淞新城学习点班级学习人数的新高。学员的香囊作品，得到了多方好评。不少学员反映，这是他们的劳动成果，比买来的有意义多了，希望我们学校能多配送这样的课程。

实践证明，“网上学习点”具有学习、查询、展示三大功能。

一是学习功能。学员在课堂上或回家后，可以依托微信群中的文字、视频进

行学习。如在舞蹈队的指导教学中，授课教师把教学视频上传至群里，弥补了一周只上半天课的不足，还要求班干部负责把队员们每天练习舞蹈的动作，拍成视频上传至群里，随时点评。在教师的指导下，舞蹈队队员不断进步，在市、区许多大型活动中大放异彩。

二是查询功能。学员可以同时查询几个班级的教学内容和进度、上课时间等信息。吕芳老师在校内和居委学习点开设了多个智能手机班，在不同的群进行资源共享。

三是展示功能。学员可以随时把自己的学习成果和心得体会上传至群里，与教师和其他学员进行交流。李一兵老师在书法班教学中，把新年写春联活动中学员的作品上传至群里交流展示，学员津津乐道。

5. 重点指导，建立特色学习点

微信贯通生活，学习与时俱进——杨行镇天馨一居居委学习点

杨行镇天馨一居居委学习点是宝山区首批示范学习点。为方便社区居民学习交流，及时了解社区动态，我校配送 5 名教师，送教电脑、智能手机、书法、八段锦、亲子等课程，指导学习点创建了 5 个微信学习群和 2 个微信公众号，内容覆盖居民生活的方方面面。如天馨一居特邀专业教师开展“与你分享——DIY 自制手工精油皂”活动，居民线上观看视频，线下体验制作，整个活动取得了很好的效果。

微信群自创建以来，已经吸引了数千名居民加入。学习内容、社区动态会第一时间发布在微信群里，遇到学习上的难题，居民也会在群里咨询。天馨社区教育知晓率、参与率达到 100%。天馨社区教育的成功做法通过电视台、报纸、宝山微社区公众号等途径分享、推广。

倡导健康，特色花开——吴淞街道西朱新村居委学习点

“健康自我管理团队”是西朱新村居委学习点的特色团队，每周三上午都组织老年人上课、听讲座、看电视节目，然而由于场地限制，参加学习的人数有限。送教教师了解到居民需求后，组织团队骨干和志愿者一起创建了“西朱健康自我管理团队”微信群，学员从原来的 50 人一下子增加到了近百人。

微信群学习内容丰富，寓教于乐。学员线上线下有问有答，相互交流学习心得，介绍自己控制病情、调整心态、合理用药的方法和体会，具有很强的实用性和可操作性。

通过活动，居民走出小家庭，融入“大家庭”，互帮互助，邻里和谐，社区凝聚力和影响力大幅提升。

在实验项目的推动下，西朱新村居委学习点逐渐形成了以“健康自我管理团队”和“扯铃操”为代表的两个拳头产品。这两个特色产品代表宝山区参加基层群众健康展示表演，赢得了国内外专家的一致好评。

两个学习点的探索成果，对我们实验后期的进一步推广起到了激励作用。

七、成果与展望

在学校领导和宝山区教育局职业教育与成人教育科的支持下，项目组成员、社区班级和教学点全体教师及志愿者同心协力，实验项目取得了预期的效果。

第一，初步建立了吴淞、杨行、淞南三个街镇居委学习点的“网上学习点”。“网上学习点”的建立，拓宽了社区教育受众面，使参与社区学习的人数大幅度增加。杨行镇天馨一居居委学习点、吴淞街道西朱新村居委学习点、淞南镇长宏新苑居委学习点实验前后变化情况见表1。

表1　实验前后微信群数量、公众号数量、学习人数变化情况统计表

单位	微信群数量（单位：个）			公众号数量（单位：个）			学习人数（单位：人）		
	实验前期	实验中期	实验后期	实验前期	实验中期	实验后期	实验前期	实验中期	实验后期
天馨一居	2	10	15	0	1	2	390	807	908
西朱新村	1	9	12	0	1	2	151	328	520
长宏新苑	1	6	8	0	筹备中	1	122	201	430

第二，根据街镇特色，建立了特色“网上学习点”，推动学习型社区发展。天馨一居、西朱新村、长宏新苑居委学习点同时荣获上海市老年教育示范学习点称号。

第三，在课程学习微信群之间，初步建立“网上学习圈”。

第四，以校内班级和团队为样本制作的微课和微视频，质量和数量上都有很大的提高，为指导居委学习点开展学习活动，创造了良好的条件，初步形成了“互联网＋社区教育”的教学新模式。

第五，形成了由专职教师、兼职教师和志愿者组成的“1＋N”配送师资队伍，解决了学习点教育资源匮乏的难题，这一配送模式受到了托管街镇居委干部、社区学员和居民的高度评价。

通过回顾与总结，我们明确了继续探索的方向。一是加快推进社区学校和各居委学习点微信公众号的建立，促进社区教育发展。二是继续总结、提炼项目成果，把更多的优质资源通过网上学习圈配送到居民身边，逐步扩大实验成果。

（结项时间：2019年）

加强老年教育示范学习点建设，优化老年素质教育平台的实验

闵行区马桥镇社区（老年）学校

一、实验目标

整合多方资源，开拓更多学习场所，实现社会公共教育资源与社区建设共享共用。依托马桥历史人文古镇的资源优势，以加强韩湘水博园、俞塘民众教育纪念馆、民主村农耕文化展览馆等老年教育示范学习点建设为切入点，进一步搭建老年教育平台，优化人力资源，丰富老年素质教育的内容和形式，提升老年人的综合素养，培育老年人的爱国爱家情怀，推进学习型社会建设。

二、实验准备

成立项目领导小组，针对实际完善实验方案，优化实验内容和方法；建立健全项目实验队伍，做好实验前的培训工作，明确任务和目标；建立项目实验经费保障制度，统筹安排经费使用，专款专用，确保项目顺利开展。

三、实验方法

主要运用行动研究法。课题研究团队成员都是老年教育工作者、研究者和学习点管理者。一是诊断老年教育示范学习点建设中存在的问题，并进行初步研究分析。二是设计实验方案。三是按照方案进行实践探索，观察、记录和评价行动研究过程中的各种情况，从理论上进行提炼升华，在此基础上形成研究报告，总结一些可推广、可辐射的经验。

四、实验内容

（一）加强学习点文化建设，充分发挥其人文育人功能

1. 韩湘水博园老年教育示范学习点文化建设

韩湘水博园整体规划面积约1200亩，近年来不断加大建设力度，通过政府投入、自筹、门票收入等资金筹措方式，每年投入400多万元，加强示范学习点建设，赋予生态园更丰富的科学内涵和人文底蕴。韩湘水博园文化建设及育人功能一览表见表1。

表1　韩湘水博园文化建设及育人功能一览表

类别	内容	人文育人功能
古生态园区	以河道、古桥、古树、景观石、仿古建筑为主要构件，其中，古桥有56座，代表我国56个民族；百年以上的古树有200余棵；形象生动、形态各异、取自不同地域的怪石数件；独具特色的古楼和亭台35座	古生态园就像一幅苍劲、幽深而又充满活力的古生态画，每一座桥、每一棵树、每一座亭台楼阁、每一块石都有动人的故事，都蕴含着厚重的生态文化
古文化园区	以马桥古文化遗址仿真馆、黄浦江历史文化展示馆、董其昌画院及本地的历史文化名人纪念馆、宗族祠堂等为主要构件	历史文化、艺术和环保教育
乡村休闲文化园区	江岸村落展示馆、农家休闲度假村、田野、果园、鱼塘	休闲文化教育
科普文化园区	航天科普馆、水生态体验馆、“乐生活”低碳小屋、浦江书院等	科普与文化修身教育

2. 俞塘民众教育纪念馆老年教育示范学习点文化建设

以钮永建先生的传奇经历为主线，再现其革命历程，及其为家乡建设作出的贡献。俞塘民众教育纪念馆文化建设及育人功能一览表见表2。

表2　俞塘民众教育纪念馆文化建设及育人功能一览表

类别	内容	人文育人功能
革命历史板块	以图文并茂的形式介绍钮永建先生的革命历程等	了解马桥革命爱国人士，激发爱国情怀
钮氏家族板块	介绍钮氏家族支持革命和教育的相关事迹	爱国爱民教育

（续表）

类别	内容	人文育人功能
民众教育板块	以图文并茂的形式介绍钮永建先生创办民众教育馆，进行民众教育，成为全国教育楷模，又将此经验推及江苏省，着手推动江苏省全民教育事业发展的事迹	了解钮永建先生为祖国和家乡无私奉献的精神，激发爱国、爱家乡情怀
创办强恕学校板块	展示钮永建先生创办强恕学校的相关资料	为发展家乡中小学教育无私奉献的精神，激发热爱教育事业的情怀

3. 民主村农耕文化展览馆老年教育示范学习点文化建设

建设以农耕文化为主题的展示馆，抢救性收集、留存和展示农耕文化遗物，传承非物质文化遗产，传播农耕文化和民俗文化，具有深远的意义。民主村农耕文化展览馆文化建设及育人功能一览表见表 3。

表 3　民主村农耕文化展览馆文化建设及育人功能一览表

类别	内容	人文育人功能
乡土变迁板块	以实物场景素材的形式，展示民主村近一百年的农耕生活，展示民主村今昔区域的对比地图，介绍乡土变迁基本情况等	了解乡土乡貌变迁的人文历史
乡情故事板块	以图文并茂的形式展示乡土人物，介绍民主村先后加入中国人民解放军的 88 名抗战英雄	激发敬重先贤、崇尚英雄的情怀
乡风民俗板块	以场景再现的形式展示客堂间、灶头间、杂作间等，介绍老房子、老农具、老炊具等	重温乡风民俗
乡野风情板块	以场景再现的形式展示一片金黄的玉米地、果园、正在劳作的老牛等	了解乡野风情变迁的人文历史

（二）整合资源，拓宽教师发展渠道，丰富教育载体和形式

1. 拓宽教师发展渠道，优化人力资源配置

马桥镇积极拓宽渠道，依托周边对口业务部门、高校、企业等机构，建立联动关系，对老年教育示范学习点的教师和管理人员进行培训，提升其教学和管理水平，推动老年素质教育发展。如，韩湘水博园与民主村农耕文化展览馆携手发展，

依托周边高校师资资源，采取“请进来，走出去”的方式，联合培养管理干部和讲解员，提升其管理和讲解能力。

2. 整合资源，多方联手，丰富教育载体和形式

一是聚焦线上线下，在人文行走中了解马桥人文历史。其一，搭建多元学习平台，全覆盖宣讲学习点的文化内涵。一是通过“村民周周会”平台进行宣讲，每周参与人数达 3000 余人。二是通过流动展板展览的形式进行宣讲。三是通过多个网络化信息平台进行宣讲，邀请考古专家、地方文化名人、社区教育专家、非物质文化遗产传承人等参与其中，通过语音等形式，让市民在线上了解马桥深厚的文化底蕴。其二，线下人文行走，直观感受三个学习点的文化内涵。2018 年马桥镇线下人文行走活动共有 2722 名老年人参加。2019 年，我们组织老年人到三个学习点各行走了 24 次。

二是多方联手，开展系列活动，挖掘学习点的多种教育功能。韩湘水博园老年教育示范学习点除了组织中秋拜月、水资源保护等专题活动和讲座，还依托浦江书院，每年为老年人开设 50 余堂修身课，2000 多名老年人直接参与课程。俞塘民众教育纪念馆和镇文明办、镇教委、社区学校、马桥各中小学联合开展老年人的各类培训和学习活动，努力提升老年人的综合素养。“阳台蔬菜的种植与管理”科普讲座、讲解员培训、图片巡展、“爱国主义在我心”探究小册子制作等活动，参与人数众多。民主村农耕文化展览馆联合马桥镇相关部门，开展系列展示活动，如民间食品制作活动、民俗文艺活动、民俗体育活动、农民丰收节活动等。

五、实验成效

（一）管理和师资队伍不断壮大，推动老年素质教育有效发展

一是通过多渠道培训，三个学习点的管理和师资队伍不断壮大，学习点的管理、指导、讲解水平得到提升。二是专家、志愿者等参与示范点教育活动，丰富了学习载体和内容，有力推动了示范点老年素质教育的发展。如聘请高校、区档案局的专家教授开办水资源保护、低碳生活、农耕文化专题讲座以及国学系列讲座，开展讲解员培训。为更好地宣讲三个学习点的文化内涵，开展好人文行走活动，我们邀请考古专家、马桥本地文化名人、社区教育专家、非物质文化遗产传承人等一起解读马桥人文历史。他们用亲身经历撰写马桥故事，让大家了解家乡故事、熟知家乡风俗、感受家乡魅力、激发家乡情怀，以主人翁的姿态看马桥，增强

认同感和归属感。

（二）丰富了示范学习点的文化内涵，提高了人文教育的实效

三个学习点在完善人文历史景观的同时，不断丰富文化内涵。如韩湘水博园老年教育示范学习点，2019 年在进行河道清理的同时，整合资源，增加科普、修身等系列课程。俞塘民众教育纪念馆老年教育示范学习点不仅搜集大量图片资料，充实展览内容，在纪念馆内开展各类学习和培训，还以展板形式送教下乡，使得人文教育的范围不断拓宽。民主村农耕文化展览馆在丰富老照片、老农具等展览物品的同时，组织系列展览和喜庆农民丰收活动。

（三）老年教育的受众面不断扩大，学习点的示范性得到凸显

三个学习点的学习平台不断优化，学习载体和内容不断丰富，学习渠道不断拓宽，老年教育的受众面不断扩大。如徐汇区华泾镇社区学校组织老年教育志愿者来韩湘水博园体验浦江书院国学文化，感受黄浦江畔生态园林的古风雅韵，聆听浦江书院王新华院长“生命智慧与人生”专题讲座。本镇参加三个学习点其他形式学习和活动的老年人数为 87107 人次。老年人的综合素养得以提升，逐渐具有了爱国家、爱家乡的情怀，推进了学习型社会建设。来三个学习点学习体验和通过网络媒体等形式了解三个学习点的人越来越多，2018 年至 2019 年达百万人次，示范点充分发挥了示范作用。三个老年教育示范学习点教育受众情况一览表见表 4。

表 4　三个老年教育示范学习点教育受众情况一览表

类别	时间	内容	受教育人次
本镇老年人参加示范点学习情况	2018 年	“马桥人看马桥”活动	2722
	2019 年	线下人文行走	7555
	2018 年至2019 年	线上人文行走：2018 年《马桥人文行走》语音专栏推送了 7 期，《阅马桥》专栏推送了 15 期，2019 年截至 9 月份，《马桥人文行走》语音专栏推送了 5 期，《阅马桥》专栏推送了 17 期	25000
	2018 年至2019 年	韩湘水博园修身活动系列讲座	＞4000
	2018 年	俞塘民众教育纪念馆各类教育活动	3000
	2019 年	俞塘民众教育纪念馆各类教育活动	19830
	2018 年至2019 年	流动展览进社区、进学校、进企业及宣传册发放	覆盖全镇
	2018 年至2019 年	全镇各教学点“村民周周会”平台宣讲活动	20000
	2019 年	民主村农民丰收节活动	5000

（续表）

类别	时间	内容	受教育人次
示范点对外辐射情况	2018 年至 2019 年	韩湘水博园接待全国各地参观学习	近 200000
	2018 年至 2019 年	俞塘民众教育纪念馆接待全国各地参观学习	＞10000
	2018 年至 2019 年	民主村农耕展览馆接待全国各地参观学习	＞10000
	2019 年	民主村农民丰收节活动中各媒体传播情况	799637

六、存在的不足

第一，马桥面积大，共有 26 个教学点，与三个老年示范学习点的距离相对较远，交通不便，制约了示范学习点老年人参与率。

第二，马桥人口结构多元，教育需求多元，教育内容和形式应进一步创新。

第三，教学点负责人更换频繁，很多新手经验不足，影响教育管理的有效性。

（结项时间：2019 年）

以“1号里·欣家园”为平台，探索老年教育融入社会治理途径的实验

闵行区吴泾镇老年学校

一、实验背景和意义

（一）实验背景

1. 时代背景

1999年10月，我国宣布进入老龄社会。发展老年教育，是积极应对人口老龄化、实现教育现代化、建设学习型社会的重要举措，是满足老年人多样化学习需求、提升老年人生活品质、促进社会和谐的必然要求。

2. 社会背景

闵行区全面落实2014年上海市委“一号课题”精神，积极探索创新社会治理路径，对社会组织如何参与、社会团队如何服务、群众自治如何实现提出了新要求。吴泾镇以居民需求为导向，以家园自治为手段，创新性地推出了吴泾“1号里·欣家园”建设，打造集“嵌入式管理服务、下沉式综合服务、菜单式志愿服务、一口式公共服务”于一体的“1公里社会治理服务圈”，既促进了“共治、共建、共创、共享”的家园治理，也为老年教育提供了一个新平台。

3. 学校基础

2012年，闵行区吴泾镇老年学校为提升镇老年教育整体水平，引导更多居民参与老年教育，要求下属村、居委学习点积极创造条件，加快课程建设，吸引更多老年人走进课堂，参与社区学习。各学习点老年教育师资可自行招聘，也可申请由老年学校配送。为提高志愿者参与老年教育的积极性，老年学校还适当支付一定的授课经费。

（二）需要解决的问题

随着闵行区城市化建设进程加快，一些年龄较大的农民由农村进入城市，在其融入社区生活过程中，产生了不少问题。

问题一，从农民到市民，角色需要转换。在人生暮年，离开了祖祖辈辈生活的老宅，告别了亲密无间的农作物，祖传的、熟稔的种庄稼技艺再也派不上用场，他们因失地而失落，对于陌生的动迁小区缺少归属感。

问题二，从农村到社区，环境需要适应。质朴的农耕生活使得部分农民不如社区居民那么注意生活细节，卫生和治安成了动迁小区中矛盾最突出的两大方面。小区内存在违章搭建、毁绿种菜、违规养狗等不文明现象，思想失信、道德失范、心理失衡问题有所增加。

（三）实验意义

吴泾镇把提高新市民的文明素养作为重点工作目标加以推进，推出了吴泾“1 号里·欣家园”建设。老年学校根据吴泾镇社区管理的总体目标和思路，以“提升老年农民素养，使其适应城镇化新生活”为主要内容，开展有针对性、实务性、实效性的教育培训。就老年学校在新形势下如何开展接地气的教育培训，帮助吴泾地区老年人实现自我教育、自我管理、自我服务，我们总结了一些成功的经验。

二、实验目标和内容

（一）实验目标

一是建立吴泾镇老年教育共同体，进一步促进社区老年人的自我教育、自我管理、自我服务，增强他们对吴泾家园的认同感和归属感。

二是发展吴泾镇老年教育文化，因地制宜地创设多种活动，进一步提升社区老年人的整体素养，提高区域文明程度。

（二）实验内容

一是关注本土文化，培育吴泾社区老年人的人文精神。结合“1 号里·欣家园”中老年人群的特点、心理及行为习惯，建立、培育和扶持老年学习团队，培养具有时代精神的吴泾新市民。

二是勇于探索创新，形成具有吴泾特色的老年教育体系架构。挖掘、整合、利用区域内的各类教育资源，调动社会参与老年教育的积极性和主动性，形成多元一体化、和谐、融合的老年教育模式。

三、实验方法

（一）调查研究法

研究者通过问卷调查、访谈等方法，了解“1号里·欣家园”的居民对老年教育的需求；咨询相关专家、领导，听取他们的可行性建议，为实验深入开展提供依据和参考。

（二）行动研究法

研究者围绕研究内容，制订研究计划，在原有工作基础上采取有效的研究措施，落实研究行动。

（三）对比研究法

研究者通过对比实验前后的调查数据，研究老年教育融入社会治理的达成度，探索有效的老年教育途径。

（四）案例研究法

研究者结合老年教育融入社会治理的典型案例，研究老年教育的功能和作用等，及时调整，提炼总结。

四、实验步骤

2016年4月至5月，形成方案，召开项目组会议。

2016年6月至2017年1月，组建队伍，明确分工，调查摸底，统计分析。

2017年2月至9月，项目推进，实践研究。

2017年10月，接受评估，整理材料，撰写报告。

五、实验过程

“1号里·欣家园”的动迁居民以原先的和平村、新建村和幸福村的村民为主，针对他们的特点，我们从四方面入手开展实验。

（一）开设市民课程，增添老年人的生活情趣

为了丰富老年人的生活，学校为“1号里”配送了约60门课程，涉及休闲技艺、养生保健等。原本面朝黄土背朝天的农民，开始走进明亮的舞蹈房，跳起了民族舞，扭起了秧歌；开始拿起丝线，串起了五颜六色的珠子；开始围着烤箱，做

起了美味的西式糕点。

每周三下午，华东师范大学的大学生志愿者都会准时来到“1号里·欣家园”，为老年人讲解智能手机使用方面的知识。他们从简单的开关机、接听电话、手机拍照教起，告诉老人如何用手机看新闻、听音乐，并详细向老人介绍微信的使用方法。老人拿着智能手机认真听课学习，不懂的地方积极提问。

有老人一边学一边开心地说：“我学会了使用微信，以后就可以经常跟我可爱的孙子视频聊天了，以后我拍的照片也可以通过手机发给朋友看了，真方便啊！”还有老人说：“以前我不知道手机这么方便好用，有了手机地图，手指轻轻一点就可以找到最方便的路线。”

在“1号里·欣家园”，丰富的活动让老人有了新的寄托。温馨的生活密切了党群关系，增进了邻里和睦，进一步凝聚了党心和民心。吴泾镇社区配送至“1号里·欣家园”课程表见表1。

表1　吴泾镇社区配送至“1号里·欣家园”课程表

时间	周一	周二	周三	周四	周五	周六	周日
上午	太极拳	烘焙	布艺	排舞	民族舞	修齐讲堂	创意手工体验
下午	剪纸	串珠	智能手机使用	丝网花	瑜伽	—	—

（二）举办市民讲座，提升老年人的思想意识

“家”对中国人有着特殊的意义，“1号里·欣家园”以家文化为纽带，把小家连成大家，用大家聚起家天下，以此来达到培养亲情、规范秩序、传承发展的目的。根据“1号里·欣家园”的建设目标，来自各行各业的吴泾区域群众宣讲服务团的讲师们从动迁居民的心理特征和行为习惯出发，以修齐讲堂为载体，使用老人容易接受的方言和生动的案例讲解，开办了系列讲座。

73岁高龄的讲师团团长王世林，本身也是动迁居民，他现身说法，通过“增量物业好处多”和“平常心态话发展”，让老人们从心理上真正认可了“增量物业投资是建立农民长效增收机制路径的创新，让参与的征地动迁享有了每年物业收益分配及股权增值”。精通医学的费忆春讲师和杨玉泉讲师对学员进行了有针对性的保健辅导。殷云富讲师坐镇小区的心灵坊，或疏导化解，或引导融合，让老人体会到镇政府对他们的高度关注。

作为地区标志，“1号里·欣家园”以利民惠民、提升居民幸福指数为宗旨，把核

心价值观的主要内容融入和谐社区构建，通过实实在在的行动向居民展示吴泾镇政府“社区牵头、居民自治、社会协同、公众参与”的价值导向。吴泾镇讲师团配送至“1 号里·欣家园”讲座见表 2。

表 2　吴泾镇讲师团配送至“1 号里·欣家园”讲座

序号	讲师	讲座
1	王世林	增量物业好处多
2	王世林	平常心态话发展
3	戚顺泰	人人参与，建设美好家园
4	殷云富	社区自治，你我参与
5	穆而立	怎样做好“楼组长”
6	王锦昌	践行生态文明，建设美丽吴泾
7	吴福根	人到老年要“放养”自己
8	陈思俊	老年人出行安全
9	蔡宗葆	糖尿病系列讲座 / 老年人怎样安度盛夏
10	费忆春	生命在于平衡

（三）开展市民体验活动，丰富老年人的生活

“1 号里·欣家园”作为市民邻里守望服务点，主要面向社区，与之配套的，还有既重科学教育又富趣味的镇市民体验中心和课程丰富、设施贴心的市民学校。在居民参与方面，“1 号里·欣家园”的体验周举办得红红火火，四个街坊 6500 户居民纷纷前往现场参观。此外，所有场馆的设置都以体验为先，让居民用感官来还原设计概念，用行动来链接场馆建设，用情感来促进地区进步。

我们设立在“1 号里·欣家园”的社区教育志愿者服务点常年开展活动，不仅有大众理论的宣讲，还有草编、布艺等特色课程的教学，满足了老年人的学习需求。我们结合社区主题活动周，策划了创意手工体验周活动，设计了趣味折纸、魅力草编等体验活动，丰富老年人的生活。

（四）培育市民学习团队，提高老年人的自治能力

吴泾镇为居民提供了自治平台。居民不仅是建设者是体验者，还参与了一部分管理工作。来自各个楼组的动迁农民成为团队的主力军，实现了政府力量和公民意志的有机结合，实现了志愿服务和核心价值观的内在统一。“1 号里·欣家园”共有 25 个团队，包括学习型团队和志愿型团队。舞蹈队参与了 2017 年春晚的演出，志愿型团队“翔翔团”管理规范，服务力和影响力不断扩大。

“巾帼彩织坊”的培育和建设卓有成效。二十多位女性成员基于对彩织的热爱聚到了一起。一位成员说：“最早也就是为了打发时间，交流交流彩织的技巧，现在更加有意义了。”“彩织坊”成立后，成员逐渐成为社区治理及公益活动的主体，让那些毛衣、帽子和手套，有了更暖心的含义。

每个季度，“彩织坊”都会组织一次展览。二十个成员分成四个小组，以小组为单位合力编织的创新作品，总是能引得大伙儿连连称赞。吴泾镇妇女节活动上，“彩织坊”的作品受到了广泛的关注，活动外场有作为义卖品的编织物，内场有模特身着小披肩参加开场秀。

“彩织坊”的巧手阿姨如今已小有名气，在社区学校、邻里中心、志愿联盟，都能看到她们精致的作品。阿姨们坚持每周开展活动，把传承这项技能的重任担在肩上。她们来到机关单位，走进小区，传授编织技艺，用自己的专长服务社区、反哺社会。她们来到鲁冰花舍，为孤残孩童带来亲手编织的毛线披肩；她们来到敬老院，为年迈的老人送来过冬的帽子和围巾；她们走进社区，为患有癌症的老夫妻送来温暖和关怀……她们还把爱心传递到了偏远山区，每年冬天都要为那里的贫困妇女送去 50 至 100 件手织毛衣。

六、初步成效

（一）提升了社区居民对职能部门的认同感

老年学校为“1 号里·欣家园”学习点提供智库资源，不断开设各类课程，使居民在家门口就能得到各种学习机会，有效提升了学习点的知晓率、居民的参与率和满意率。“1 号里·欣家园”被评为上海市远程收视示范学习点。

（二）增强了社区居民对“1 号里·欣家园”的归属感

我们通过需求对接、项目锁定、菜单发布，为老年人就近提供医疗健康、生活服务、文体教育、公益互助等教育内容，让老年人在社区享受学习带来的乐趣，从而主动参与社区老年教育活动。

七、问题与思考

经过一年多的实验，我们在老年人参与社会治理方面取得了一定的成效，初步建立了长效机制，但还存在一些问题。我们对“1 号里·欣家园”的 500 名老人进行了问卷调查，回收了411份有效问卷。调查结果表明，老人们对“1号里·欣家园”的建设及其提供的教育、服务内容有更多的期待。无论是吴泾镇“1号里·欣家园”品牌项目的打造，还是本实验的开展，都值得我们深入思考和讨论。下一阶段，我们将重点落实三项工作。

一是进一步加强社区居民的精神文明教育。开发更多的与社会管理相关的课程，如公民道德建设、社会公共安全管理（治安、食品、消防）、法律知识、道德教育等方面的课程；开展更多的科学知识普及活动，加强对社会热点问题的引导等；开展更多的寓教于乐的文体活动，丰富居民精神文化生活，引导居民提高自身素养。

二是进一步整合教育资源，形成“校区、园区、社区”联动机制，健全老年教育培育网络，探索相应的教育途径。

三是进一步培育学习团队，梳理以“翔翔团”“巾帼彩织坊”等为代表的学习团队培育案例，形成经验，在区域里有效推广。

在参与“1号里·欣家园”建设过程中，我们认识到，老年教育管理是社会管理的一个重要组成部分。基于社会治理的视角，推进多元协同治理，建立教育共同体，培育老年人学习型社团，发展社区自治、社团主角、居民主体的草根性教育学习，既是老年教育管理创新的路径选择，也是社区教育内涵发展的必由之路。

（结项时间：2017年）

以乡村茶馆为载体，丰富农村老年人学习途径的实验

松江区新浜镇成人中等文化技术学校

一、实验背景

（一）学习型社会建设要求

《上海市终身教育促进条例》要求教育部门开展符合老年人特点、丰富老年人生活、增进老年人健康的知识型、休闲型、保健型文化教育，形成全民学习、终身学习的学习型社会。

茶馆文化在我国源远流长，社区教育与茶馆文化相结合，引导老年人参加乡村茶馆课堂的学习活动，可以帮助他们丰富日常生活，陶冶情操，增强学习兴趣，提高生活质量。

（二）地域高度老龄化背景

新浜镇现有人口中老年人占 37.2%，常住人口中 50% 左右的年轻人都住在松江城区，城镇化进程加快使得农村高度老龄化。到村茶馆喝茶、打麻将成了乡村留守老人的日常活动，他们生活枯燥，很少参加学习活动。

（三）乡村茶馆课堂探索

新浜镇社区学校于 2013 年下半年尝试开展乡村茶馆文化系列讲座活动，内容从最初的“饮茶与健康”“中国茶文化”逐渐延伸到了老年人健康、保健、休闲、卫生、维权等，总计开办讲座三十余次，听众近千人。为丰富送教内容及学习方式，从 2014 年下半年起，学校正式启动了乡村茶馆课堂实验。目前主要问题有两个：（1）学习形式单一，学习模式尚未形成，老年人在茶馆中的学习受限于送教的内容，讲座这一单一的学习形式很难提高他们的学习积极性；（2）“乡村茶馆课堂”学习特色尚未形成，还停留在层次较低的送教下乡阶段，未深入挖掘其内涵及价值，缺少新浜特色，在扩大社区教育服务功能方面也有待提高。

二、实验目标与内容

（一）实验目标

一是提高农村老年人对社区教育的知晓率、参与率、满意率。

二是形成农村老年人自主学习、自我管理、自我服务的学习机制。

三是形成具有新浜特色的农村老年教育特色品牌。

（二）实验内容

一是建立乡村茶馆课堂志愿者讲师团。

二是探索以茶馆为载体的适合农村老年人学习的模式。

三是组织编写专用教材（讲义）。

四是落实学习模式效果评价。

三、实验过程

（一）开展调查研究，形成项目方案

成立实验项目组，通过实地观察、访谈、座谈等方式，就茶馆硬件设施、人群特点、茶馆功能、学习意愿等进行调研，并结合我镇老年教育工作实际，形成项目方案。

1. 茶馆硬件设施

新浜镇共有25个茶馆，其中，标准化茶馆13个，普通型茶馆9个，简陋型茶馆3个。每个村级居委会学习点（以下简称“村居学习点”）均有一个场地独立、设施较好的标准化茶馆，具备开展乡村茶馆课堂实验的硬件条件。

2. 人群特点

新浜农村空心化现象严重，不少子女都在松江城区定居，留下很多空巢老人。茶馆是这些老人消遣度日的地方。茶馆中，以男性居多，男女性别比为9∶1，年龄集中在65至75岁，多为小学、初中文化，甚至有一些老人是文盲。

3. 茶馆功能

茶馆本是一个居民聚会休憩、畅叙情怀、交流信息的场所，有着公共空间的功能。但我们通过走访发现，现在茶馆的饮茶功能、信息交流功能日渐消失，麻将、扑克成了“主角”，茶馆的文化教育功能难以发挥。

4. 学习意愿

在调查中，项目组随机访谈了 50 名老人。在回答“是否愿意参加学习”时，12 人表示完全不想学习；19 人表示不想学习，但如果在茶馆开展学习活动，不会拒绝参加；13 人表示愿意学习，但不知道学习什么；6 人表示非常愿意学习。可见，茶馆中老人的学习意愿并不高，不过虽然被动，多数受访者并不抵触学习，如果能够在茶馆开展一些适合他们的学习活动，他们是愿意参加的。

5. 学习距离要求

学习距离直接影响老年人学习的积极性。在回答“假设你愿意参加学习，您愿意在哪里学习”时，5 人选择社区学校；7 人选择村民小组；12 人选择村居学习点；26 人选择茶馆。可见，茶馆是一个受老年人欢迎的地方。彼此熟悉且离家较近，是他们选择这里的最大理由。

6. 学习预期

在调查中，12 人认为参与社区教育能够促进家庭和谐，28 人认为参与社区教育有益身心健康。可见，老年人参与社区教育更多是自身选择的结果，主要动力是满足自身需求。所以，在选择送教课程时，要着重选择有益他们身心健康的课程，同时也要注意在课程中传播家文化，促进和谐家庭建设。

（二）完善硬件配置

我们通过实地观察发现，在茶馆中开展学习与教学活动，缺少一定的硬件条件，为此，社区学校专门配备了三台移动投影仪和三台笔记本电脑用于移动教学，同时定制了围裙、小扇子、玻璃杯、多功能笔等实用物品，鼓励更多学员参与乡村茶馆课堂的学习活动。

（三）成立乡村茶馆课堂志愿者讲师团

为了丰富送教课程的内容与形式，吸引热心社区教育的有识之士加入，项目组发出了《乡村茶馆课堂志愿者讲师团招募通知》。社区学校教师、新浜学校教师、镇政府有关人员、司法所宣讲员、卫生院医生、各村居学习点有一技之长者组成了志愿者讲师团。

（四）开展形式多样、内容丰富的学习活动

学习内容从饮茶知识、健康常识逐步扩展为时政学习、消防知识、科普宣传、饮食健康、垃圾分类、市民素质、生活常识、心理疏导、民间故事、道德修养等。学习形式从“你讲我听”式学习（讲座）扩展为案例感悟式学习（道德讲堂）、团队合作式学习（学习团队）、活动体验式学习（红色新浜）等。丰富的学习内容和多

样的学习方式吸引更多老年学员走进乡村茶馆课堂。

1. 交流互动式学习

赵王村居学习点“十分钟学习圈”

“十分钟学习圈”是从乡村茶馆课堂衍生出来的一种更为便捷的学习方式，让老年人在走出家门十分钟的距离内就能参加学习。学习地点设置在志愿者家中，每次学习主题由学员根据自身需要拟定，有家长里短，也有政策方针，学员各抒己见，在宽松的氛围中聊天，在讨论、交流中相互学习。

案例分析：

老人们在聊天、讨论中获得各自想要的信息。居住分散、难以集中是农村老人参与学习的阻碍。邻里彼此熟悉，为学习创造了有利的环境，能够鼓励他们参与学习。学习主题由老人们自主决定，符合他们的生活需求及学习能力。但这种学习缺少导向性，需要有一个引导者。

2. 团队合作式学习

林建村居学习点“博弈茶香”学习团队

“博弈茶香”学习团队的前身是茶馆中爱喝茶的老年人小群体，他们每天聚在一起喝喝茶、聊聊天，并没有学习概念。某天，林老伯觉得一直聊天很无趣，便拿出象棋，想和老朋友老刘下一盘。林老伯没想到，其他人虽技艺不好，但也有浓厚的兴趣，而不会下的人也心里痒痒，想请会的教一教。于是，就有了一个学象棋的小团体。林老伯每天早早到茶馆，烧水、倒茶，等着老伙计们过来，下几盘棋，一起读书看报。“博弈茶香”学习团队渐渐成了茶馆中的风景。

案例分析：

兴趣是最好的老师，因为共同的爱好，老人们聚在一起学习切磋，形成了初级学习团队。有了团队，学习就有了组织，老人们就有了学习的动力。团队的组织者不仅要热心、耐心，还要有号召力。案例中的林老伯就是这样一位组织者，他是整个团队的核心，能够合理安排学习内容，有规律地开展学习活动，吸引新成员加入，带领团队走向美好的明天。

3. 案例感悟式学习

道德讲堂之榜样的力量

邻里矛盾是多数人都会遇到的问题，直接影响彼此情谊和生活质量。“退一步”是一个真实的案例，当事人老赵用朴实的语言讲述了他与邻居的恩怨。起初，老赵家的羊吃了邻居的南瓜藤，这件很小的事情在双方的骂骂咧咧、各不退让中变成了“深仇大恨”，后来闹得双方小辈都回家来了。孩子们都是明事理的人，认为两家因小事结仇不值得，各退一步海阔天空。当老赵说出“凡事都要争赢的人最后肯定是输得最惨的那个人”时，现场一片掌声。

老年人爱听故事，有着强烈的情感表达需要。当道德讲堂以故事形式呈现身边事时，他们表现出了极大的兴趣。这种学习方式提高了老年人的学习兴趣和道德修养，使他们乐于接受。

4. 活动体验式学习

体验“红色新浜”

新浜是一个有革命历史传统的地方，有毛主席像章纪念馆等红色基地，老一辈也都能随口讲几个红色故事，他们对这些历史有着独特的情感。正如顾老伯所说，“看着一张张照片，我感觉那段岁月并未远去，自己依旧年轻，很庆幸我能活下来，活到今天，得到了很多幸福”。“红色新浜”课程，是社区学校结合新浜历史开设的课程，让学员在看中思，看中学，满足了他们的怀旧情感需求。在体验活动后，每名学员还得到了一本学校自编的《新浜革命斗争故事》读本。

只有参与了，才会有体验。借助“红色新浜”课程，教师带着学员去感受、体验，以获取知识，增进情感。身临其境、主观感受、自主学习，让学员无论是知识的获得，还是情感的体验都深刻而真实。自编读本为学员在课外继续学习提供了依据，扩展了体验课堂的学习范围。

四、实验成效

（一）乡村茶馆课堂扩大了社区教育的服务功能

首先，乡村茶馆课堂固定学员人数稳定增长。截至 2017 年 9 月底，新浜镇所有村居学习点均建立了乡村茶馆课堂。参与学习的人群有了变化，乡村茶馆课堂中出现了一些五六十岁的学员，也吸引了一些女性学员和外地老人参加。乡村茶馆课堂学员人数变化图见图 1。

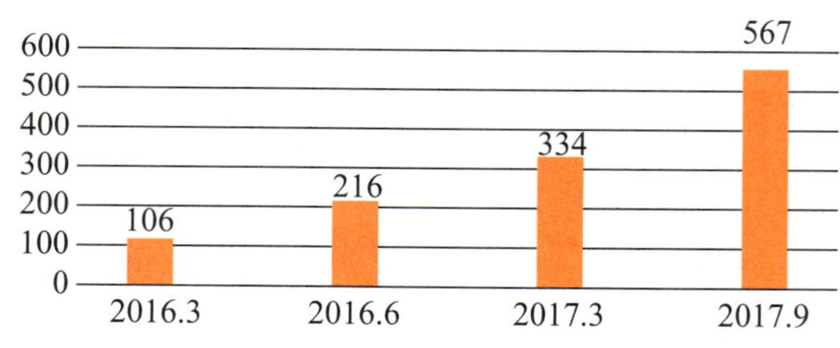

图 1　乡村茶馆课堂学员人数变化图（单位：人）

其次，乡村茶馆课堂的学习氛围逐渐浓厚。自乡村茶馆课堂运行以来，老年人对茶馆这一场所有了更多新的认识。他们开始期待教师的到来，开始读书看报，聊天中渐渐融入健康生活的元素。茶馆中学习氛围日益浓厚。

在成果调研中，调研组随机访谈了一些老年学员，非常愿意学习的人数与乡村茶馆课堂开展之初相比有了明显的提升，说明茶馆中老年人的学习意愿增强了。通过现场观察比较，我们发现老年人的学习态度也发生了显著变化。在刚接触乡村茶馆课堂时，老年人对于学习普遍热情不足。如果没有小纪念品发放，很难有师生间的良性互动，经常会冷场。这种现象现在有了很大的改观。我们从走访中得知，为了满足老人们对戏曲的渴望，减少他们的孤独感，秋风戏曲沙龙的学员自编了很多心理健康的小曲，每次演出，老人们都听得很认真，积极参与互动。这种变化源于老人内心对于乡村茶馆课堂的认可。

（二）乡村茶馆课堂的品牌初步形成

首先，乡村茶馆课堂菜单课程初步建立。乡村茶馆课堂在讲座的基础上，结合新浜人爱听戏、唱戏的生活习惯，同时考虑到老年人的学习需求、学习特点、学后评价，逐步丰富课程内容，最终形成了集小戏、讲座、流动展示于一体的菜单式课程。2017 年下半年有 6 个课程菜单，总菜单根据学员的反馈及时更新。表 1 显示了其中一个菜单。

表 1　菜单示例

<table>
<tr><th>编号</th><th>类别</th><th>节目</th><th>时长</th><th>表演及辅导人员</th><th>备注</th></tr>
<tr><td>—</td><td>讲座</td><td>纸巾的秘密</td><td>10 分钟</td><td>张文莉</td><td>互动体验</td></tr>
<tr><td>1</td><td>表演唱</td><td>人人做到“十不要”</td><td>5 分钟</td><td>赵美玲、林肖妹
方小妹、沈世娟</td><td rowspan="5">伴奏：
二胡：方雪军
杨琴：吴建新</td></tr>
<tr><td>2</td><td>沪剧片段</td><td>卖红菱</td><td>7 分钟</td><td>陈林珠、方爱华</td></tr>
<tr><td>3</td><td>表演唱</td><td>交通安全
人人有责</td><td>9 分钟</td><td>赵美玲、沈英超
俞秋芳、范亚娟</td></tr>
<tr><td>4</td><td>上海说唱</td><td>唱唱我们
合唱班</td><td>5 分钟</td><td>方爱华</td></tr>
<tr><td>5</td><td>表演唱</td><td>夸夸王磊
好青年</td><td>8 分钟</td><td>沈英超、赵美玲
俞秋芳、林肖妹</td></tr>
<tr><td>—</td><td>备用</td><td>吃馄饨</td><td>5 分钟</td><td>郑翠英</td><td>—</td></tr>
<tr><td>—</td><td>流动展板</td><td colspan="3">修身、“五艺”进社区等</td><td>及时更新</td></tr>
</table>

其次，运行机制逐渐形成。在乡村茶馆课堂推广过程中，形成了志愿者、讲师、管理员三支队伍。随着项目的不断推进，这三支队伍的分工逐步明确。管理员队伍是核心，讲师队伍是基础，志愿者队伍是保障。

最后，乡村茶馆课堂的影响力逐渐扩大，主要体现在三方面。其一，乡村茶馆课堂在老年群体中认可度提高。从试运行阶段鲜有人参与到现在场场火爆，甚至有很多学员提早占座，充分说明乡村茶馆课堂得到了老年群体的认可。聊到乡村茶馆课堂，老人们有很多话题，他们积极向朋友宣传，带动更多人参与其中。其二，乡村茶馆课堂在全镇的知晓率提高。为了让父母享受美好的晚年生活，一些年轻人会在网络平台交流、推荐茶馆课堂，也会在朋友圈分享父母的学习场景。《今日新浜》作为新浜的本土媒体，多次报道了乡村茶馆课堂，还专题报道了讲师团杨老师与茶馆课堂的故事。随着乡村茶馆课堂的火热开展，居民对社区教育的满意率度日益提高。其三，乡村茶馆的文化教育功能初步恢复。乡村茶馆课堂为全镇 13 个茶馆中的老人带来了 276 场讲座。422 名老人分别参加了品茶、汇茶、戏曲、读书、养生、书画、乐器等学习团队。适时开展了“建智慧城市，做智慧市民”“走近新浜老年学校”“参观中华艺术宫”“参观区级老年书画展”等学习体验活动。总计 1109 名老年学员走出茶馆，走进了体验课堂。“道德讲堂”已成功举办两期，巡回宣讲 26 次，观众达上千人。茶馆中还举办了新浜学习团队成果巡回展示活动。

如今，参与茶馆学习逐渐成为老年人的一种习惯，茶馆的教育功能逐渐显现。

（三）乡村茶馆课堂发挥了整合社区资源的作用

村居学习点的社区教育资源相对有限，需要最大限度地发掘和整合全镇的文化教育资源。在设施方面，把村居学习点的农家书屋及电视放映室纳入乡村茶馆课堂，弥补茶馆设施的不足；在人力方面，吸引镇卫生服务中心的医生、镇司法所的工作人员及其他企事业单位的能人加入，充实讲师团，提高专业性；在管理方面，与各村居学习点合作办学，把主动权与管理权下放给办学干部，提高乡村茶馆课堂的运行能力与生命力。

此外，学校还与新浜学校、镇文化体育局等合作编写了《田间生物八大样》《新浜革命故事汇编》《新浜民间故事汇编》等具有新浜乡土特色的社区教育读本。

五、实验结论与思考

（一）学习模式应凸显老年人的主体地位

老年人是终身学习的主体，乡村茶馆课堂学习活动的开展应当尊重并凸显其在学习中的主体地位，引导他们设定学习目标，寻求相应的学习内容和学习途径，完成自我调控和自我评价，形成适合自己的多元学习模式，而非依据学校和教师自身意愿及经验，代替老年人做出选择。

（二）学习模式应因人而异、因地制宜

要想深入开展乡村茶馆课堂活动，应丰富内容与形式，让老年人切实体会到学习的好处，应考虑老人们的实际接受程度，寻找恰当的切入点和推广方向，同时应结合各村居学习点老年人的不同文化习惯，打造具有各村特色的老年教育新模式。

（三）乡村茶馆是开展农村老年教育的有效载体

从历史渊源看，茶馆在文化教育传播方面有着独特的作用，乡村茶馆课堂可以作为茶馆文化传播的载体；从场所特点看，茶馆是老年人熟悉的地方，具有公共空间的功能，对于居住较为分散的农村地区来说是一个非常适宜开展老年教育的场所；从人群特点看，茶馆中聚集了大量的农村空巢老人，他们比城市中的老人更需要精神上的抚慰，是老年学校教育未惠及的人群，而乡村茶馆课堂是他们享受终身教育权利的有效途径。

（四）乡村茶馆课堂在推进社区教育和学习型社区建设中发挥着积极作用

随着乡村茶馆课堂的推进与普及，越来越多的老年人参与到学习活动中来。他们主动了解社区教育，熟悉终身学习，大大提高了社区教育的知晓率、参与率和满意率。乡村茶馆课堂已然成为宣传新浜社区教育的一张名片。此外，乡村茶馆课堂不仅发挥了学习阵地的作用，还成为老人们的情感纽带，具有实现老年人自我管理、自我教育、自我服务和激发老年人自治意识的作用。

（结项时间：2017 年）

后记

以老年素质教育实验项目活动为抓手，积极推进老年学校素质教育工作的广泛开展，是这几年上海积极探索老年素质教育的有效方法之一。自2015年以来，上海市老年学校素质教育指导中心先后举行了三轮素质教育实验项目活动。2015年开展第一轮素质教育实验项目活动，有40所老年学校参与。2016至2017年，围绕老年教育课程、教学和教师等主题，开展第二轮素质教育实验项目活动，有69所老年学校申报参加。2018至2019年开展的第三轮素质教育实验项目活动以加强校园文化建设、提升老年学校内涵为主题，全市各级各类老年学校共有95所积极申报。实验项目数量逐年增加，实验项目参与面逐步扩大，素质教育实践基地学校和闵行、松江两个实验区发挥作用明显。

本书从上述200多个素质教育实验项目报告中，精选出42个实验案例。这42个实验案例，选题特色鲜明，设计形式新颖，过程清晰流畅。实验案例中既有实践经验，也有理论提炼，可复制、可推广，具有一定的示范辐射作用。在书中，我们分"教育教学与老年素质教育""课程与老年素质教育""中华优秀传统文化与老年素质教育""校园文化与老年素质教育""学习团队与老年素质教育""志愿服务与老年素质教育""老年教育新探索与老年素质教育"七个篇章进行具体阐述，以此来展示通过各种途径和渠道开展老年素质教育的成果。实践表明，开展老年素质教育实验项目活动是老年素质教育从理念落实到具体实践的重要抓手，切实推进了老年素质教育无缝融入课程建设、学习团队建设、校园文化建设、志愿服务等办学全过程。

老年素质教育实验项目活动在全市各级各类老年学校的开展，得到了上海市老年教育工作小组办公室和各区老年教育工作小组办公室的大力支持；上海市老年教育理论研究中心对素质教育实验项目的开展提供了许多帮助；我们还邀请到华东师范大学周嘉方副教授、孙玫璐副教授对实验项目进行具体指导。在此，我们向所有为老年素质教育实验项目活动的开展付出过努力的领导、专家和同仁表示衷心的感谢！

上海教育出版社缪宏才社长、公雯雯主任和杜金丹编辑为本书的出版工作投入了大量心血，我们向所有为本书出版付出辛劳的同志致以诚挚的谢意！

编著中的不当之处，敬请批评指正。

本书编委会

2020 年 10 月

图书在版编目（CIP）数据

老年素质教育：实验与案例：2015-2019 / 王向群，蔡向东主编.
— 上海：上海教育出版社，2020.11
ISBN 978-7-5444-9290-4

Ⅰ.①老… Ⅱ.①王… ②蔡… Ⅲ.①老年教育－素质教育－案例
－上海－2015-2019 Ⅳ.①G777

中国版本图书馆CIP数据核字(2020)第216237号

责任编辑 杜金丹
封面设计 毛结平

老年素质教育：实验与案例：2015-2019
王向群 蔡向东 主编

出版发行 上海教育出版社有限公司
官 网 www.seph.com.cn
地 址 上海市永福路123号
邮 编 200031
印 刷 昆山市亭林印刷有限责任公司
开 本 889×1194 1/16 印张 20.25
字 数 355 千字
版 次 2020年11月第1版
印 次 2020年11月第1次印刷
书 号 ISBN 978-7-5444-9290-4/G·7652
定 价 88.00 元

如发现质量问题，读者可向本社调换 电话：021-64377165